法藏知津

六 編

杜潔祥 主編

第 8 冊

印順中觀思想及其繹論（下）

歐 陽 鎮 著

花木蘭文化事業有限公司

國家圖書館出版品預行編目資料

印順中觀思想及其繹論（下）／歐陽鎮 著 — 初版 — 新北市：
花木蘭文化事業有限公司，2019〔民 108〕
目 2+172 面：19×26 公分
（法藏知津六編 第 8 冊）
ISBN 978-986-485-392-2（精裝）
1. 釋印順 2. 學術思想 3. 佛教哲學
030.8   107001888

ISBN-978-986-485-392-2

法藏知津六編
第 八 冊   ISBN：978-986-485-392-2

印順中觀思想及其繹論（下）

作　　者　歐陽鎮
主　　編　杜潔祥
副總編輯　楊嘉樂
編　　輯　許郁翎
出　　版　花木蘭文化事業有限公司
社　　長　高小娟
聯絡地址　235 新北市中和區中安街七二號十三樓
　　　　　電話：02-2923-1455／傳眞：02-2923-1452
網　　址　http://www.huamulan.tw 信箱 hml810518@gmail.com
印　　刷　普羅文化出版廣告事業
初　　版　2019 年 3 月
定　　價　六編 17 冊（精裝）新台幣 36,000 元

版權所有・請勿翻印

印順中觀思想及其繹論(下)

歐陽鎮 著

目

次

第三章　印順中觀思想的顯著特徵

　　從前面的分析可以看到，印順中觀思想具有相當豐富的內容。這些內容也表現出顯著特徵。概括起來，主要有空有無礙、貫通三乘和會通三系三個特徵，現分述如下：

第一節　空有無礙

　　印順法師認爲空宗與有宗的區分，不僅是佛法與外道的標誌，而且也是佛教內部對空有關係不同觀點的標準。從佛法與外道來看，一切外道是有宗，佛法是空宗。因爲出世的佛法，必是符合於三法印、三解脫門的。外道是有我論，佛法是無我論的，說一切法歸於空寂，這是佛法與外道的不同處。從佛教內部來看，中觀宗就是空宗，該宗是深刻發揮空性的，以一切法空爲究竟了義的，以空有無礙爲本宗的特色。唯識等其他宗派爲有宗。在佛教內部，兩千餘年來的佛法，空有兩大系始終是存在的。空宗和有宗都講空義，但講空義的程度不同，從究竟和了義說，「眞正徹底的空宗，那唯有中觀者，唯有確立二諦都無自性的中觀者。」〔註1〕歸根結底來說，在中觀者眼裏，有與空猶如「大乘的『涅槃』與『空』一樣，不是空寂的，而是空有無礙，出世入世無礙。」〔註2〕從般若實相來看，「印順注意到，『空』有兩個方面的意義：一是無自性，這是空義，二是相成相待，這是幻有，即唯名義。二者是缺一不可的。世間法的自性無和緣起有就是般若空義的兩個發展方向。」〔註3〕在此基礎上，印順法師表明自己對空宗的立場。「我是同情空宗的，但也主張融

〔註1〕　印順講、續明記：《中觀今論》，正聞出版社，1992年，第256頁。
〔註2〕　蒲長春：《印順如來藏思想研究》，2004年北京大學博士學位論文。
〔註3〕　蒲長春：《印順如來藏思想研究》，2004年北京大學博士學位論文。

會空有。不過所融會的空有，不是空宗與有宗，是從即空而有，即有而空的中觀中，使眞妄、事理、性相、空有、平等與差別等，能得到相依而不相礙的總貫。」〔註4〕這表現出他是讚歎空宗的，而且主張空宗的空有無礙的中觀。這也可以說是他的中觀思想的顯著特徵之一。

印順中觀思想中的空有無礙特徵主要表現在：一是空與緣起的關係；二是空與有的關係；三是空、緣起與中道三者的關係。現分述如下：

一是空與緣起的關係。印順法師從以下幾方面作了說明：一是緣起與空性相成。如「龍樹重空性，而說緣起與空性，不但不是對立，而且是相成的。」〔註5〕性空與緣起，如鏡的明淨與影像一樣，不明淨，即不能現一切影像。從這一點來看，「很顯然，印順法師對『緣起』的理解，實際上是從般若中觀的立場來說的。」〔註6〕二是緣起與性空相統一。緣起與空性的統一，關鍵在沒有自性。緣起是無自性的、空的，所以可依緣起而契會空性。空性是無自性的，所以依空而緣起一切。「空寂與緣起的統一（大乘是世間即涅槃的），龍樹成立了中觀的性空唯名論，可說通於佛法而又彰顯爲久學者說的甚深義。」〔註7〕爲什麼一切法空？因爲一切法是沒有自性的。爲什麼無自性？因爲是緣起有的。有自性就不是緣起，緣起就沒有自性的原則，這樣，緣起是無自性的，無自性所以是空的；空無自性，所以從緣起，明確的說明了緣起與空性的統一。三是緣起與空性相等同。緣起與空性，不是對立的，緣起就是空性，空性就是緣起。從依緣而起說，名爲緣起；從現起而本性空說，名爲空性。「緣起與性空，從性空的方面看，是平等平等的，種種差別現象不離此平等；雖不離平等，然差別相宛然不失，並不因空性平等而諸法也就無差別。同時，也不因諸法差別而空性也差別。」〔註8〕可見，緣起是非常非滅的，與空性不二。所以經說如幻如化，是譬喻緣起，也是譬喻空性的。四是緣起與空性相即。緣起即空，是中觀大乘最基本而最扼要的論題。由於緣起而有，是如幻如化都無自性的，所以緣起即空。「大乘把握了即空的緣起，所以能成立一切法相；同時，因爲緣起即空，所以能從此而通達實相。」〔註9〕緣起即空，也就是世間即涅槃了。五

〔註4〕 印順講、續明記：《中觀今論》自序，正聞出版社，1992年。
〔註5〕 印順著：《印度佛教思想》，正聞出版社，1990年，第129頁。
〔註6〕 李崴：《印順法師佛學思想研究》，2001年北京大學博士學位論文。
〔註7〕 印順著：《人間佛教論集》，正聞出版社，1992年，第20頁。
〔註8〕 印順講、續明記：《中觀今論》，正聞出版社，1992年，第199頁。
〔註9〕 印順講、續明記：《中觀今論》，正聞出版社，1992年，第39頁。

是緣起與空性相通。這一點是從修證上說的。緣起觀、無性觀、空觀、假名觀，是同一的不同觀察，其實是一樣的。空性是假名說，緣起也是假名說的。說緣起，說本性空寂，都是如來本著了無戲論，畢竟寂滅的自證，爲化度眾生而方便說法。「因爲在這自覺的法性中，發見一切事物的緣起相待性，緣起與空性——二諦融通而並無矛盾。」〔註10〕至於在修證中如何達到緣起與空性相通，印順法師作了自問自答：「修定時如何修緣起空觀？答：先要深切瞭解緣起無自性的道理，然後把它歸納起來，歸納成原則性的。……從止再起觀，慢慢的止與觀兩者才可以相稱，到達止觀雙運。」〔註11〕

　　二是空與有的關係。從以下幾點可以看出：一是空依有現。無相無礙的虛空，是依有相有礙的存在法而幻現的。「虛空依於存在的有相而幻現，有集有散，所以空是緣起的，不能抽象的想爲絕對不變的遍在！」〔註12〕「無是依有而幻現的，是有——存在的矛盾性即相反的幻相；如沒有存在——有，無即談不到，所以說，若使無有有，云何當有無。離有則無無，離生則無滅，滅並非滅斷的全無。不瞭解此義，執無常有生有滅，即成邪見。」〔註13〕空相是不離存在而幻現的。二是空有相成。空從具體的有上顯出，有在無性的空上成立，空有相成，不相衝突。「依般若法門說，空和有是極相成的，二者似乎矛盾卻是統一的。佛法是要人在存在的現象上去把握本性空，同時在畢竟空的實相中去瞭解現象界的緣起法。能這樣的觀察、體驗，即得度一切苦。徹底的度苦，必須體驗空性，了知一切法空，生死間的苦痛繫縛，才能徹底解除。」〔註14〕假名有與無性空，是相成不相礙的。三是空有相即。一切皆空，同時即說一切因緣皆有；不但要體悟一切皆空，還要知道有因有果有善有惡。學佛的，要從離惡行善，轉迷啓悟的學程中去證得空性，即空即有，二諦圓融。「解除此項（指偏重）錯誤，必須了達空有相即——生死即涅槃，煩惱即菩提，成爲入世度生的悲智雙運。但如滯留於此，不能親證空性，戲論於『有即是空，空即是有』，即偏於內在的，即每每會落入泛神、理神的窠臼，甚至圓融成執，弄到善惡不分，是非不辨。」〔註15〕四是空爲有相。滅

〔註10〕印順著：《佛法是救世之光》，正聞出版社，1992年，第310頁。
〔註11〕印順著：《華雨集》第五冊，南普陀寺慈善事業基金會，2002年，第136頁。
〔註12〕印順講、續明記：《中觀今論》，正聞出版社，1992年，第128頁。
〔註13〕印順講、續明記：《中觀今論》，正聞出版社，1992年，第138頁。
〔註14〕印順講，演培、續明記：《般若經講記》，正聞出版社，1992年，第177頁。
〔註15〕印順講，演培、續明記：《般若經講記》，正聞出版社，1992年，第184頁。

與無，是緣起幻相的一姿態，非是都無斷滅。「故凡有相的存在，即現為無相的虛空；離有相的有邊限的事物，則無虛空，故空是存在法的又一特相。」〔註16〕五是空有如幻。所謂幻化即是如幻有，而如幻有亦即是空，空有的關係便是如此。有相物與無相虛空界，同是緣起相依的幻在。「佛法中，從因果緣起中體現一切空，空是緣起的真實，達到現與實的無礙。現是如幻的相有，實是如幻的性空，這一點佛法與世間學術分流。」〔註17〕需要說明的是，這裡的空與有的關係，從實質上來說，還是可以歸結為空與緣起的關係。因為這裡的「有」，是指因緣和合的「有」，不是自性的「有」，這個「有」在某種意義上來說相當於緣起，因此，也可以說，這種空與有的關係是空與緣起的關係進一步展開。

三是空、緣起與中道三者的關係。這主要體現在空、緣起與中道三者是同一的。三者同一，是龍樹一貫的思想，而且也合於緣起性空理論。「龍樹學，當然是發揚一切皆空的，但他的論典，即以他的代表作《中論》來說，不名此為空而名之為中。可知龍樹揭示緣起、空、中道的同一，而更以不落兩邊的中道為宗極。」〔註18〕「緣起無自性而即空，如標月指，豁破有無二邊的戲論分別而寂滅，所以空即是中道。中道依空而開顯，空依緣起而成立。依緣起無自性明空，無自性即是緣起；從空無自性中洞達緣起，就是正見了緣起的中道。所以，緣起、空、中道，在佛的巧便說明上，雖有三語的不同，而三者的內容，都不外用以顯明事物的本性。龍樹在《回諍論》中，既明白地說到三者的同一。在《中論》中也說：『眾緣所生法，我說即是空，亦為是假名，亦是中道義』（觀四諦品）。緣起、空、中道的同一，為信解佛法所應當先有的正確認識。中觀學，就是對此佛陀根本教法，予以深入而嚴密的闡發者。龍樹深刻的把握了這個，窺見了佛陀自覺以及為眾生說法的根本心髓。唯有這，才是佛法中究竟的教說。龍樹在《中論》中，標揭八不——即中即空的緣起說：『不生亦不滅，不常亦不斷，不一亦不異，不來亦不出。能說是因緣，善滅諸戲論。我稽首禮佛，諸說中第一』（觀因緣品）！依於八不的緣起，即能滅除世間的一切戲論而歸於寂滅，這是佛法的究極心要。」〔註19〕在修證上不離於緣起中道，「論到印度的大乘佛學，不外乎空有二輪——中觀

〔註16〕印順講、續明記：《中觀今論》，正聞出版社，1992年，第130頁。
〔註17〕印順著：《華雨香雲》，正聞出版社，1994年，第172頁。
〔註18〕印順講、續明記：《中觀今論》引言，正聞出版社，1992年。
〔註19〕印順講、續明記：《中觀今論》引言，正聞出版社，1992年。

與瑜伽。空有二宗，都從禪慧的修證中來，都是以正理來闡明眞義，安立現觀次第，作爲趣入大乘的軌範。在住持正法、適應時代的意義上，二宗有著一致的傾向，那就是尊重初期的佛法，從深一層的解說中，成立時代的佛學，引導當代的大乘佛教，離偏失而歸於中道。」〔註20〕這也是空、緣起與中道三者相統一在修證上的具體實踐。

以上三方面的說明，可以說，比較充分解說了印順中觀思想的空有無礙的特徵。對這一特徵，印順法師是持肯定態度的。「從空有無礙中，這樣的『一即一切，一切即一』，開顯了圓滿的中道正見。」〔註21〕爲了增強說服力，印順法師首先引用經論加以說明，說：「龍樹的《中論》，固然是說一切法空，然《中論》也說：一切實非實，亦實亦非實，非實非非實，是名諸佛法；佛法是不妨說實有的。」〔註22〕在《中論》的依據支撐下，他對空有無礙的思想作了進一步的發揮。「可以看到，印順引經旨在證明，『寂滅』和『生化』的相依相成：『無住』與『一切法』、『眞際』與『諸法』、『空義』與『一切法』、『空』與『色』、『即空』與『即假』，『空』與『緣起』、『不生滅』與『生滅』，等等這些對子都表示性空幻有之間的關係，二者的不一不異證明了從『寂滅』開出『生化』的必然性。」〔註23〕其次，印順法師在自己的著作中又進行了闡發。「他（指印順法師）早在三十六年講《中觀今論》時，就說過：龍樹的《中論》是以大乘學者的立場，確認緣起、空、中道爲佛法深義，逐抉發《阿含經》的緣起中道深義，而與般若空義相銜接。如今《空之探究》無疑是對該見解給予更確切的說明。」〔註24〕於是，根據空有無礙的思想，就可以統貫佛教中有關相對概念和現象。「印順認爲，若要以圓融的立場來調和空有，包括和會眞妄、事理、性相、空有、平等與差別等，必須對中觀學的空義適切把握，他即依龍樹之見，試著統貫佛教中各種不同的說法。」〔註25〕

對於空有無礙的特徵，印順法師不僅從理論上給予肯定，而且還從實踐

〔註20〕印順著：《華雨香雲》，正聞出版社，1994年，第221頁。

〔註21〕印順著：《我之宗教觀》，正聞出版社，1992年，第95頁。

〔註22〕印順著：《華雨集》第五冊，南普陀寺慈善事業基金會，2002年，第279～280頁。

〔註23〕蒲長春：《印順如來藏思想研究》，2004年北京大學博士學位論文。

〔註24〕釋昭慧著：《人間佛教的播種者》，東大圖書股份有限公司，1995年，第195～196頁。

〔註25〕林建德：《印順及聖嚴如來藏觀點之對比考察》，載《臺大中文學報》，2013年，第40期。

上加以確認。他指出，在實際的修證中，仍要「依緣起有，解自性空，這是佛教導我們，通達勝義，遠離虛妄的大方便。佛開示我們：在我們所了知的一切法，無一非依種種關係（條件、因素）——因緣和合而成立的。依因緣和合而生起的——物理的、生理的、心理的一切現象，決不如我們所執著的那樣。凡從因緣而生起的，必依緣而滅，所以因緣所生法，一定是無常的。既依因緣和合而有，就不能離因緣而存在，只存在於相依相待的因緣關係中，那就是沒有自性——無我的。一切是依緣而有，沒有實自性的——空性，也就是無常性，無我性，無生性，無滅性。空性，爲聖者所體悟的離言法性，雖不是我們所能解，卻可以因緣有的方便，經修持實行而通達它。佛說緣起有而自性空，指明了我們認識中的根本謬誤——執著一一法爲實有自性。以緣有性空爲方便，能引導到於一切法不生執著。」〔註26〕緣有性空雖然是體證中道的方便，但是它又是不可缺少的。空有無礙並不是一個虛設的概念，而是爲了度化眾生而設定的。因爲「佛（的教）法，是隨順眾生意而說的。如知道一切是應機說法，那適應人心，而展開的無邊佛法，似乎說有實（性）、說無實（性）等，各各不同，而在般若離執（佛法是滅煩惱處）中，能貫攝無礙。」〔註27〕這樣空有無礙的思想在佛法的修持實踐中得以確立。因此，可以說，「印順法師又通過對『空有』關係的分析，建立了對出世和入世關係的新的理解。」〔註28〕

　　爲了更加明確印順中觀思想空有無礙的特徵和意義，我們在這裡不妨引用一段較長的文字來說明。其具體內容爲：「最後再談談空有的問題。佛法中空與有之爭，是教中千多年來爭執不下的大問題。主空者認爲掃除一切有始能見空王——佛，認爲空居有之上；主有者則謂先空除一切，然後出現妙有，妙有者，佛境也，認爲有應居空之上。這種各執己見的爭論，即使再拖過百千年，還是不能獲得結論，因爲兩方立論的根據不同，論點當然迴異，怎能有結論呢！《今論》先根據現實世間的事實，（如據事實爲立論的根據，空、有兩方面論者均不容有異議了），闡明一切都是因緣條件而生起的，一切的事物裏除了形成它的因緣以外，一些兒其他的都沒有了，這說明世出世間的一切，必是緣起的，必是沒有它的自性的（所謂無自性即不是自成的，不是永

〔註26〕印順著：《佛在人間》，正聞出版社，1992年，第238頁。
〔註27〕印順著：《華雨集》第五冊，南普陀寺慈善事業基金會，2002年，第280頁。
〔註28〕李嬙：《印順法師佛學思想研究》，2001年北京大學博士學位論文。

恒不變的，不是自由自主的，不是獨斷不依賴其他的），所謂沒有自性（無自性）才是一切一切的通性——這無以名之，名之為空性。所以世出世間都是緣起而空無自性的。從世俗上看，一切雖都是緣起自性空，但各有其一定之特性的，這符合了現實世間的現象；從佛理的剖析上看，一切形成事物的根源是緣起，是緣起有其作用而自性卻是空的；這樣子的有偏重世間的事實現象，也符合佛理的緣起性空，如此兩方才一點不衝突不矛盾，可以併合一起毫無牴觸了。循此理以進，去體悟實踐，必能到達空、有不二的證悟境地，佛法的圓融無礙，竟是那麼美滿，竟是那麼與實際吻合呢！這是佛陀的偉大，也是導師的悟境，應當頂禮讚揚的。」〔註29〕可見，印順中觀思想的空有無礙的特徵是經得起論證和檢驗的。

　　需要補充說明的是，空有無礙特徵，其理論依據是緣起性空。緣起性空也是印順中觀思想的核心。因此，可以說，「印順從思想發展史的視角看『空』，認為從一開始它就建立在緣起無常的思維基礎之上，應當說是符合歷史真實的。」而且「其對空的認識首先是發展的，即從實際到理論，由具體至抽象，而後在理論上不斷深化，各抒自見。」〔註30〕我們從前面印順法師對空的解說中可知，他認為空是無自性的，從而否定了本體論的意義。他說：「世間的宗教者，哲學者，不能徹底正解緣起性空的中道義，都在尋求宇宙最後的，或最先的實體，傾向到本體論，形而上的神秘領域。佛所創覺的正法否定它，因為一切是緣起的，所以一切是性空——無自性的。」〔註31〕但是在學術界，與印順法師的看法是不一致的。郭朋研究員認為印順法師對空的認識已具有本體論的意義，他說：「『一切現象』，都『依空而有』，『以空為本』。這，同『以有空義故，一切法得成』的思想，不是已經很接近了嗎？所以，這裡的『空』，確實已經具有了『形而上的本體』的意義！『空』——由最初的空曠處的『空』，逐步發展到具有『本體』論意義的『空』，這其間，具有多麼大的變化！」〔註32〕他還進一步指出，印順法師所講的空性，就是中觀學派的一種本體，只是不講本體而已。「很明顯，這勝義諦，是屬於彼岸世界的；而

〔註29〕藍吉富編輯：《印順導師的思想與學問——印順導師八十壽慶論文集》，正聞出版社，1992年，第306～307頁。
〔註30〕麻天祥：《印順佛學思想解讀》，載《閩南佛學》（第四輯），宗教文化出版社，2005年。
〔註31〕印順導師著：《人間佛教論集》，正聞出版社，1992年，第192頁。
〔註32〕郭朋著：《印順佛學思想研究》，中國社會科學出版社，1991年，第243頁。

就其實指『空性』而言，則也可以說它就是中觀學派的一種本體（雖然中觀學派是只講『性空』而不講『本體』的）。」〔註33〕無獨有偶，麻天祥教授對印順法師的緣起中道思想也認爲是一種本體論。「印順對緣起，以及與緣起直接相關的中道的推崇，無疑得佛學之精髓。但他尚未注意到，作爲佛學緣起的非本體之說，在思維上仍然存在著本體的必然性，即莊子說的『有始』。這實際上是普遍存在的理論上的二律背反。中國佛學，當然也包括印順著作中後期發展的印度佛學，以心、識、眞如等爲眞、常的如來藏，也就是本體，實在是非本體的緣起論引生的必然結果。姑且稱之爲非本體的本體論。」〔註34〕不過，麻天祥教授稱這種本體爲非本體的本體論，只是名稱上有所不同而已，實質上，與郭朋研究員的看法是一樣的。

第二節　貫通三乘

當時，印順法師對佛教的大小乘（實含三乘即聲聞乘、緣覺乘和菩薩乘）的對立極爲不滿，認爲是佛法的可悲現象。他說：「《般若》等大乘經，發菩提心，修菩薩行，圓滿佛果而外，甚深義——一切法空，法法皆如的闡揚，都是涅槃別名，這應該是依《阿含》思想引發而來，怎麼會到達這樣的對立呢？傳統者指新興的大乘爲非佛說，大乘者稱《阿含》等爲小乘，尖銳的對立，能不說是佛法的可悲現象嗎！」〔註35〕在佛教界出現這種現象，他指出其原因有兩個方面：一方面是受考證學的局限。他分析說：「有人從考證求眞的見地出發，同情佛世的佛教，因而鼓吹錫、暹（泰）式的佛教而批評其他的。這種思想，不但忽略了因時因地演變的必然性，並漠視後代佛教，發掘佛學眞義的一切努力與成果」〔註36〕另一方面是受進化論的影響。他指出：「有些人，受了進化說的眩惑，主張由小乘而大乘，而空宗，而唯識，而密宗，事部、行部一直到無上瑜伽，愈後愈進步愈圓滿。……愈後愈圓滿者又漠視了畸形發展與病態的演進。」〔註37〕那麼要如何克服這種對立現象？印順法師提出要依據佛法的諸行無常法則，從佛法演化的見地中，去發現佛法

〔註33〕郭朋著：《印順佛學思想研究》，中國社會科學出版社，1991年，第275頁。
〔註34〕麻天祥：《印順佛學思想解讀》，載《閩南佛學》（第四輯），宗教文化出版社，2005年，第372～373頁。
〔註35〕印順著：《空之探究》，正聞出版社，1986年，第150頁。
〔註36〕印順著：《華雨集》第五冊，南普陀寺慈善事業基金會，2002年，第47頁。
〔註37〕印順著：《華雨集》第五冊，南普陀寺慈善事業基金會，2002年，第47頁。

眞義的健全發展與正常適應，從而理清大小乘佛教的共義，貫通兩者而避免對立。他在這裡所說的諸行無常法則，就是指他的緣起性空理論。印順法師認爲這個理論深義得以眞正確立的是龍樹的《中論》。他肯定「《中論》確是以大乘學者的立場，確認空、緣起、中道爲佛教的根本深義。與聲聞學者辯詰問難，並非破斥四諦、三寶等法，反而是成立。抉發《阿含》的緣起深義，將佛法的正見，確立於緣起中道的磐石。」〔註 38〕龍樹在《中論》中闡發的緣起性空思想是佛法的根本深義，可以貫通大小乘教義，從而避免兩者的對立。因爲「龍樹以無自性義，成立緣起即空，空即緣起，也就貫通了佛法（大乘稱之爲聲聞法）與大乘佛法的對立。」〔註 39〕下面我們來看印順法師是如何用緣起性空理論（即中觀思想）貫通大小乘的。

　　印順法師運用緣起性空理論來貫通大小乘教義，具體表現爲兩個方面：一是緣起性空含義的展開；二是《阿含經》義的抉擇與貫通。

　　關於緣起性空含義的展開，印順法師是從這三個方面來說的：其一是緣起爲大小乘的心要。從經論上來看，他認爲，不但《阿含經》如此，大乘經論的精髓，也還是以緣起爲宗本的。因「初期大乘的直顯深義，學者容易流入歧途，龍樹起來造論，說緣起無自性故空；以佛法的中道、緣起，貫通大乘佛法的性空、唯（假）名。……所以中觀是三乘不二的正觀，有貫通佛法與初期大乘的特長！」〔註 40〕從修證上、三乘聖者的自證上、佛陀的言教上、大乘論典等方面看，處處都足以證實緣起是佛法的心要。「不但阿含以緣起爲中心，就是後代龍樹、無著諸大論師的教學，也不外此事，無非解釋發揮這緣起流轉，和怎樣證得這緣起的還滅。」〔註 41〕所以從緣起中心的見地考察起來，可以說整個佛法是緣起法門多方面的善巧說明。

　　其二是性空爲大小乘的共義。從經論上來看，性空，根源於阿含經，孕育於部派的（廣義的）阿毘曇論，大乘空相應經，開始發展出雄渾博大的深觀，龍樹承受了初期大乘，主要是《般若經》的大分深義，直探阿含經的本義，抉擇阿毘曇，樹立中道的性空（唯名）論。所以，不讀大乘空相應經與《中論》，難於如實悟解性空的眞義。不上尋阿含與毘曇，也就不能知性空的源遠流長，不知性空的緣起中道，也就難以把握根本佛教的心髓。「中觀學値

〔註 38〕印順著：《中觀今論》，正聞出版社，1992 年，第 24 頁。
〔註 39〕印順著：《印度佛教思想》，正聞出版社，1990 年，第 131 頁。
〔註 40〕印順著：《印度佛教思想》自序，正聞出版社，1990 年。
〔註 41〕印順著：《唯識學探源》，正聞出版社，1992 年，第 5 頁。

得稱述的精義，莫過於大小共貫、眞俗無礙。龍樹論以爲：有情的生死，以無明爲根源，自性見爲戲論的根本。解脫生死的三乘聖者，體悟同一的法性空寂，同觀無我無我所而得悟。三法印即是一實相印，三解脫門同緣實相。這樣的三乘共空，對於從來的大小相爭，可得一合理的論斷。」〔註42〕因此，印順法師判《中論》，不分大乘小乘，因爲性空義，是三乘所共的。從修證上來看，大小乘的學者，都以性空爲解脫門，不同其他的大乘學派說。雖然「根本佛教注重遠離薩迦耶見，與大乘的廣明一切法性空，意趣完全一致。」〔註43〕所以佛法說無我，大乘佛法說一切法空，是相通而不相礙的。

其三是般若爲大小乘的法門。如約般若的廣義說，也就是專約能生聖法說，般若是三乘共學的法門。「般若是出世聖法的根本依處，所以是三乘解脫的所依處，三乘聖者都是依般若而解脫生死的。」〔註44〕

其四是緣起性空爲大小乘的原理。印順法師一貫就是把緣起性空法則作爲佛法的根本教義，實際上已把它作爲原理和定律看待了。因此他認爲佛法的小乘、大乘，雖有多少差別，而原理都是一樣。如眞能通了佛法，大小乘間，是可得合理會通的。「所以本人觀察佛法之五乘共法，三乘共法，及大乘不共法，原爲一貫。」〔註45〕但是三乘之所以存在差異，是因爲「佛法的因機設教，三乘一乘，都在學佛者的心行上立論」〔註46〕的緣故。

關於《阿含經》義的抉擇與貫通，印順法師是從這幾個方面來敘述的：其一是龍樹緣起說是對《阿含經》的繼承和貫通。從繼承來說，「龍樹依中道的緣起說，論破當時各部派（及外道）的異見；著重離見的空——中道，正是《阿含》與《般若經》義。」〔註47〕龍樹提倡的八不緣起說，也來源於《阿含經》。「近代的學者，……。不知龍樹學只是闡明佛說的緣起，繼承《阿含》經中，不一不異（不即不離）、不常不斷、不來不去、不生不滅（不有不無）的緣起；由於經過長期的思想開展，說得更簡要、充分、深入而已。」〔註48〕這是從另一角度說龍樹的八不緣起是繼承《阿含經》的緣起說，並作了一定

〔註42〕印順著：《中觀今論》自序，正聞出版社，1992 年。
〔註43〕印順著：《中觀今論》，正聞出版社，1992 年，第 244 頁。
〔註44〕印順著：《成佛之道》，正聞出版社，1993 年，第 334 頁。
〔註45〕印順著：《華雨香雲》，正聞出版社，1994 年，第 320 頁。
〔註46〕印順著：《佛法是救世之光》，正聞出版社，1992 年，第 144 頁。
〔註47〕印順著：《空之探究》，正聞出版社，1986 年，第 217～218 頁。
〔註48〕印順著：《空之探究》，正聞出版社，1986 年，第 226 頁。

程度的發展。從貫通來說，龍樹緣起說更多的表現為對《阿含經》義的貫通。「龍樹作《中論》，依大乘法，貫通《阿含》的中道緣起，說不生不滅，不常不斷（非常非滅），不一不異，不來不出的八不緣起。一切法空，依空而四諦、三寶、世出世法都依緣起而成立。」〔註49〕他「依無自性來闡明緣起與空的一致性，而《阿含經》的一切依緣起，《般若經》（等）的一切法皆空，得到了貫通，而達成緣起即空的定論。說明龍樹學的這一特色，還要從《阿含經》與《般若經》說起。」〔註50〕佛法的「中道的緣起說，不落兩邊，是《阿含》所固有的。通過從部派以來，經大乘《般若》而大成的——空性、假名的思想開展，到龍樹而充分顯示即空、即假的緣起如實義（所以名為《中論》）。」〔註51〕

　　其二是《阿含經》貫通大小乘教義和經論。龍樹是通過《阿含》的中道緣起的意義，來達到貫通《阿含經》與大小乘教義和經論的。教義的貫通，龍樹闡發《阿含經》中（依中道說）的緣起深義，善巧的貫通了聲聞與大乘，為後代的學者所尊重。其《中論》是依四諦次第的，只是經大乘行者的觀察，抉發《阿含經》的深義，與大乘深義相契合而已。在教義的貫通上，印順法師認為大乘佛教三系的主要教義也源於《阿含經》。「中觀者的緣起性空，瑜伽行者的唯識薰變，是淵源於阿含及部派佛教的；而如來藏，我，是後起的。如依大乘經說，如來藏與自性清淨心同一意義，那自性清淨心就是《阿含經》說的心性本淨，也有古說的依據了。」〔註52〕在經論的貫通上，「龍樹本著大乘的深見，抉擇《阿含經》（及阿毘達磨論）義，而貫通了《阿含》與《般若》等大乘經。如佛法而確有通教的話，《中論》可說是典型的佛法通論了！」〔註53〕而且「龍樹正本清源，貫通了大乘佛法與佛法。《中論》說世間即涅槃，是大乘論義。而二十七品中，初二品總明不生（不滅）與（不來）不出，以下依四諦開章，所觀察的，都是《阿含經》與各部派所說的。」〔註54〕可以說，龍樹會通了《般若經》的性空與《阿含經》的中道、緣起，也就貫通了大乘佛法與佛法，並使之互不相礙。

〔註49〕印順著：《人間佛教論集》（贈送版），正聞出版社，2002年，第39頁。
〔註50〕印順著：《空之探究》，正聞出版社，1986年，第245頁。
〔註51〕印順著：《空之探究》，正聞出版社，1986年，第226頁。
〔註52〕印順著：《華雨集》第三冊，南普陀寺慈善事業基金會，2002年，第139頁。
〔註53〕印順著：《空之探究》，正聞出版社，1986年，第214頁。
〔註54〕印順著：《印度佛教思想》，正聞出版社，1990年，第135頁。

　　其三是《中論》是《阿含經》的通論。這一觀點，與「自古學人皆說《中論》是依《般若經》而造的。」〔註55〕的看法不同，是印順法師的獨特見解。他說：「中論是阿含經的通論，是通論阿含經的根本思想，抉擇阿含經的本意所在。」〔註56〕這種說法，他從四個方面加以說明：一、《中論》所引證的佛說，都出於《阿含經》。二、從《中論》的內容去看，也明白《中論》是以《阿含經》的教義爲對象，參考古典的阿毘曇，破斥一般學者的解說，顯出瞿曇緣起的中道眞義。三、從《中論》開首的歸敬頌來說，緣起就是八不的中道。從引證的聖典看，從本論的內容看，從八不的根據看，都不難看出《中論》的意趣所在。龍樹的思想，不僅《中論》如此，《大智度論》也還是如此。四是佛法的空義源於《阿含經》。《阿含經》是從佛陀展轉傳來的根本教典，空義當然也是以阿含爲根源。「就是大乘學者，如龍樹、無著他們所顯了的空義，也有出於阿含的。」〔註57〕因此，阿含是古代大小乘學者的共同依據，空義有一切理論的共同本源。《阿含經》中的緣起中道，是佛法究竟的唯一正見，所以《阿含經》是三乘共依的聖典。

　　上面所談的，是印順法師用緣起性空理論貫通大小乘的內容。這是從理論上對大小乘貫通的探討，那麼在修證的實踐中又該如何貫通大小乘呢？對於這一問題，印順法師也給予了很好的回答。

　　其一、大小乘相通。大小乘在修行願行上有分別，但是在慧見上是相通的，都是爲了達到同一的目標，這也是它們之間相通的基礎。「因此，『三乘』——聲聞，緣覺，菩薩佛——一切『聖者』，都是依著這唯一的正法，同受唯『一』的解脫『味』，如長江大河入海，都同一鹹味一樣，同入『涅槃城』而得究竟的安息。論上說：『三獸渡河』，『三鳥出網』，雖然飛行有遠近，渡水有淺深，但總是不離於虛空與大河。所以說：『三乘同入一法性』，『三乘同坐解脫床』」。〔註58〕從這裡可以看到，雖然鳥飛行有遠近、獸渡水有淺深，但是它們都在同一虛空與大河，具有同一法性；大小三乘猶如鳥和獸一樣也具有同一法性，這是它們之間相通的根本點。從印順法師對於修持佛法的三要來說，大小乘也是相互統攝而相通的。「然如從不同的方法而進求它的實質，即會明白：佛法決非萬別千差，而是可以三句義（即一切智智相應作意，大

〔註55〕李潤生著：《中論導讀》，中國書店，2007 年，第 36 頁。
〔註56〕印順著：《中觀今論》，正聞出版社，1992 年，第 18 頁。
〔註57〕印順講、妙欽記：《性空學探源》，正聞出版社，1992 年，第 16 頁。
〔註58〕釋印順著：《成佛之道》（增注本），中華書局，2010 年，第 156 頁。

悲為上首，無所得為方便。也即菩提願、大悲心、性空慧）來統攝的，統攝而會歸於一道的。不但一大乘如此，五乘與三乘也如此。所以今稱之為『學佛三要』，即學佛的三大心要，或統攝一切學佛法門的三大綱要。」〔註59〕佛法修學三要是印順法師反覆強調的，從這一點看，大小乘之間是相通的。最後，從修行的因果來看，大小乘也是相通的。「聲聞乘與緣覺乘，是通於因果的。但大乘中，重於因行的，名菩薩乘；重于果德的，名佛乘。因圓果滿，為大乘法的全體。現在從成佛之道——因行來說，大乘是菩薩所乘的法門，依此法門，從凡夫地而趣入大菩提，也叫一切智海。」〔註60〕這就說明，大小乘修行如果因圓果滿，那麼都是大乘法的全體。

其二、大小乘相依。大小乘相依是必然的，這是因為「若無五乘、三乘共法，不共大乘法就沒有根基。」〔註61〕大乘若離開小乘，沒有聲聞的功德，而以為自己是大乘學者，不要小乘法，印順法師將比喻為等於病未愈而服補藥，必將引起不良後果。他結合修行實踐闡述道：「一般人的想法，大乘比小乘好，那麼學大乘不學小乘，專弘大乘不弘小乘，又有什麼錯誤呢？這錯誤可大了！如《十輪經》（卷六）說：『唱如是言，我是大乘，是大乘黨，唯樂聽習受持大乘，不樂聲聞，獨覺乘法。』又說：『說者聽者，俱獲大罪，陷斷滅邊，墜顛狂想，執無因論。如是眾等所有過失，皆由未學聲聞乘法、獨覺乘法，先求聽習微妙甚深大乘正法。』如有這種執大謗小的偏見，佛為大眾說，這是犯重罪的，聽這種人說法，也會犯重罪。主要的有三種過失：（一）起斷滅見，（二）起顛狂想，（三）執無因論。」〔註62〕他認為，這是一種執大謗小的偏見，並且具有三種過失：起斷滅見、起顛狂想、執無因論。尤其是針對不學小乘而修學大乘的現象，印順法師還進一步論述道：「若不學小乘而修學大乘，自行教他，自己與佛教都要走入岔道了！例如大乘經說空，如以為一切都沒有；大乘禪宗說不思善，不思惡，如以為無善無惡，那就都錯了。在小乘佛法中，顯示善惡因果，生死輪迴，苦惱在哪裏，問題在哪裏，然後如何修，如何證，才得永遠究竟清淨。這樣切實地認清了自己，認清了這些基本問題，才能深一層地體會大乘空義。否則，即墮以上所說三種過失：（一）墮斷滅見，即落於空。聽說一切皆空，以為空掉因果緣起，於是把因果

〔註59〕釋印順著：《菩薩心行要略》，中華書局，2010年，第37頁。
〔註60〕釋印順著：《菩薩心行要略》，中華書局，2010年，第96頁。
〔註61〕釋印順著：《菩薩心行要略》，中華書局，2010年，第166頁。
〔註62〕釋印順著：《菩薩心行要略》，中華書局，2010年，第166頁。

緣起、善惡報應、生死輪迴，都看作什麼都沒有。如起了這樣的斷滅見——空見，即使說心說性說悟，都不是眞正的大乘法。（二）顛狂想。聽說人人有佛性，人人可以成佛，就好像自己是佛，狂妄顛倒得了不得！學大乘法的，容易走此邪道，這是離開聲聞、緣覺法而學大乘所起的過失。（三）無因論。大乘經中，或說因緣不可得，因緣無自性，但這並非沒有因緣。但有些學者，卻由此而落入自然無因的邪見。……，這些變了質的，離根本佛法甚遠，都是偏向於大乘所引起的錯誤，也可以說這根本不成大乘法了。」〔註63〕在這裡，印順法師對不學小乘而修學大乘的三種過失：起斷滅見、起顛狂想、執無因論，作了更加明確的說明和發揮。從印順法師的論述中可以推斷出，如果沒有出世的聲聞精神，就不能有大乘的入世妙法。否則的話，大乘很可能就會成爲一般戀世的世間法。另外，從印順法師對待華譯聖典的態度，也可看出大小乘相依的思想。「由於歐日學者重視梵、巴、藏原典的價值，影響所及，連國人之受日人影響者，也多少貶抑華譯典籍的價值。他針對此一心態，四十一年秋剛來臺灣，在善導寺寫下了《華譯聖典在世界佛教中的地位》，以不卑不亢的態度，客觀剖析華譯聖典的特色。大意是：第一、巴利語系聖典，以初期佛教的聲聞乘爲主；藏文系以後期佛教的秘密乘爲主；華文系佛教雖以中期的菩薩乘爲本，卻前攝聲聞乘而後通秘密乘。故惟有從華文聖典的研探中，才能完整的理解佛教的內容。」〔註64〕在這裡，印順法師認爲華譯聖典包含了三乘的內容，就是以菩薩乘爲本而攝取聲聞乘和秘密乘，才構成完整的佛教。

其三、小乘是大乘的基礎。從佛法唯是一乘道來說，小乘本是大乘方便道，也是大乘的基礎。因此，按照這一修學的路徑，就必須先學小乘，然後再學大乘。印順法師引用佛教經典來說明這一道理，他說：「這樣，不學小乘法，就不能學大乘，如《十輪經》（卷六）明說：『不習小乘法，何能學大乘？』『捨身命護戒，不惱害眾生，精進求空法，應知是大乘。』又《十輪經》（卷七）說：『何故說一乘？』『捨離聲聞獨覺乘，爲清淨者說斯法。』這明顯地呵斥一般大乘謗小乘的，等於不會走而想跳一樣。」〔註65〕在此基礎上，他還根據修行的次第作了發揮，認爲「在小乘佛法中，顯示善惡因果，生死輪

〔註63〕釋印順著：《菩薩心行要略》，中華書局，2010年，第167頁。
〔註64〕釋昭慧著：《人間佛教的播種者》，東大圖書股份有限公司，1995年，第142頁。
〔註65〕釋印順著：《菩薩心行要略》，中華書局，2010年，第168頁。

迴，苦惱在那裡？問題在那裡？然後如何修，如何證，才得永遠究竟清淨。這樣切實的認清了自己，認清了這些基本問題，才能深一層的體會大乘空義。」〔註66〕這就告訴我們，必須先修小乘，獲得了一定的認識之後，才能進入並領會大乘法的修法。不管是修大乘，還是修小乘，都是為了獲得解脫智慧服務的。由此，印順法師結合修行實踐中產生的問題回答了要先修學小乘，然後才能修學大乘的原因。他說：「有些人以為：《法華經》說一乘，一切眾生成佛，學習小乘而終究回入大乘，那就學大乘法好了，何必再先學小乘？……這是最使人誤解，學大乘一乘，即不要小乘了。但佛為什麼要說唯一乘才是究竟，才能成佛？為什麼到最後不說三乘而說一佛乘？要知道，佛說一乘，不是一般性的，是為身心清淨的眾生，有資格受大乘法而如是說的。佛並沒有一開始即說唯有一佛乘。如《法華經》中，佛從三昧起，讚歎諸佛智慧甚深無量，不可思議。舍利弗請佛說法，佛再三止之，到舍利弗殷勤三請，才許可宣說。那時，五百增上慢人退席，佛說『退亦佳矣』！那時的法會大眾都是大乘根性，才宣說唯一佛乘。佛不曾開口教人學大乘，而確是因機施教而漸漸引入，到此階段，才為宣說一大乘法。換言之，小乘雖不究竟，但有適應性，對這樣根性的眾生，就必須說此法。佛於五濁惡世中建立清淨僧團，就需要這種嚴謹淡泊的小乘法，不為經濟家庭眷屬等所累。於人間建立清淨如法的僧團，即是於黑暗的世間現出一線光明的希望。故佛在《法華經》中，最初覺得此法甚深不可說，但再一想，過去現在未來諸佛，皆於五濁惡世說此法，皆為適應眾生根機，於一佛乘分別說三。若開始即說一乘，眾生還沒有清淨，不能接受，不但得不到功德，反令譭謗造罪。所以必須先說小乘，使眾生做對嚴謹淡泊的基礎，再薰受大乘的微妙正法。」〔註67〕在這裡，印順法師強調先說小乘，再薰受大乘是適合眾生根性需要的。與此同時，印順法師對不學小乘而直接修大乘所產生的危害，他引用了生動的比喻來加以分析：「總之，這都是未學聲聞、緣覺，即學微妙大乘正法引起的副作用。大乘如營養豐富的補品，病癒體弱的人服之，能強壯身體，精神百倍。若疾病還未治好而服補藥，必將引起副作用。聲聞、緣覺法，少欲知足，淡泊自利，少事少業，淨持戒律，為小乘的基本精神。大乘以利他為重，要救濟世間，不妨多集財物，利益眾生。然而，若離開少欲知足的精神而行大乘法，則走入了岔路，與世間的貪欲多求又有什麼分別？

〔註66〕印順著：《佛法是救世之光》，正聞出版社，1992 年，第 88～89 頁。
〔註67〕釋印順著：《菩薩心行要略》，中華書局，2010 年，第 168～169 頁。

沒有出世的聲聞精神，就不能有大乘的入世妙法，大乘必成為一般戀世的世間法。因此，若離開小乘，沒有聲聞的功德，而以為自己是大乘學者，不要小乘法，那等於病未愈而服補藥，必將引起不良後果。《法華經》中說，大乘道如五百由旬，小乘道如三百由旬。三百由旬就在五百由旬中，並非於五百由旬外別有三百由旬。所以看不學二乘而只學大乘法，必成大錯。」〔註68〕這是對忽視小乘是大乘的基礎之看法一針見血的深刻批判。最後，印順法師得出這樣的結論：「所以學大乘法，不能謗小乘，對小乘的基本理論、功德都要學習。有了小乘的功德為依據，那在學大乘法求空法時，才能穩當。」〔註69〕其實，這還是強調小乘是大乘的基礎。

其四、大小乘相互轉化。大小乘相互轉化主要表現在兩個方面：一是要隨順眾生的根機而靈活運用；二是大乘也可能會墮落小乘。我們先看第一個方面，前面我們說過，要學小乘，後學大乘，但這也不是絕對的，重要的是要能根據眾生根性而靈活運用。印順法師就強調指出：「然而，佛法決不是雜亂無章的，自有它一以貫之的、秩然不亂的宗要。古來聖者說：一切法門一方便的，究竟的，方便的方便，究竟的究竟，無非為了引導我們趣入佛乘。或是回邪向正的（五乘法），或是回縛向脫的（三乘法），或是回小向大的（一乘法）。諸佛出世，無非為了此『大事因緣』，隨順眾生的根機而淺說深說，橫說豎說。」〔註70〕從這裡，我們可以很容易得出，大乘、小乘都是為了適應眾生的根性而施設的，這也是大小乘相互轉化的一個重要方面。再來看第二個方面，大乘也可能會墮落小乘。實際上，大乘墮落小乘，是要具備一定條件的。這個條件就是修大乘如果缺少悲心，就可能會墮落小乘。對此，印順法師多次提到如果沒有悲心、或悲心不夠、或慈悲不足，就可能墮落小乘。他認為：「小乘法重視這信與智，而大乘法門格外重視慈悲。因為菩薩行以利濟眾生為先，如悲心不夠，大乘功德是不會成就的，可能會墮落小乘。」〔註71〕他又從大乘菩薩的修行角度闡述道：「因為在五濁惡世，菩薩的修行應該重在布施、持戒、忍辱、精進、慈悲、智慧……如不修習這些功德，福德不足，慈悲不足，專門去修定斷煩惱，是一定要落入小乘的。」〔註72〕由此，他推

〔註68〕釋印順著：《菩薩心行要略》，中華書局，2010年，第167~168頁。
〔註69〕釋印順著：《菩薩心行要略》，中華書局，2010年，第168頁。
〔註70〕釋印順著：《菩薩心行要略》，中華書局，2010年，第37頁。
〔註71〕釋印順著：《菩薩心行要略》，中華書局，2010年，第34頁。
〔註72〕釋印順著：《菩薩心行要略》，中華書局，2010年，第127~128頁。

斷出：「沒有悲心的菩薩行——布施、持戒等，乃至廣修禮佛、誦經、供養，這都是人天的果報，或者是小乘功德。」〔註73〕總的來說，對於在修行實踐中的大小乘相互轉化應該給予高度重視。

其五、大小乘都是自利利他的統一。印順法師在其著作中儘管明確指出大小乘的不同，但是這種不同只是自利他利的偏重而已，其實都是自利利他的統一。對於大小人乘的不同，印順法師認為在於小乘偏重自利，而大乘偏重利他。在他的著作中，有如：「聲聞道與菩薩道的差別，只在重於自利，或者重於利他，從利他中完成自利。」〔註74〕又如：「菩薩與聲聞的顯著不同，就是一向在生死中，不求自利解脫，而著重於慈悲利他。」〔註75〕再如：「所以菩薩的修學與小乘的出發於自利不同，一切是為了利他。如為眾生、為人群服務，做種種事業，說種種法門，任勞任怨，捨己利人，是直接的利他。修禪定、學經法等，是間接的利他。」〔註76〕大小乘雖然在自利利他方面有明顯的異同，但是這並不能抹殺它們都具有自利他利的作用。事實上，印順法師也認可兩者都有著自利他利的作用。他就指出過：「聲聞不是不能利他的，也還是住持佛法，利樂人天，度脫眾生，不過重於解脫的己利。在未得解脫以前，厭離心太深，不大修利他的功德。證悟以後，也不過隨緣行化而已。而菩薩在解脫自利以前，著重於慈悲的利他。」〔註77〕從這裡，同樣可以看到，小乘與大乘一樣，都具有自利他利的作用。不過小乘與大乘在自利他利的作用上也是有一定差異的，「然在佛法中，聲聞乘重在斷煩惱、了生死，著重於自己身心的調治，稱為自利。這在離繫縛、得解脫的立場來說，是不可非難的。聲聞乘著重身心的調伏，對人處事，決不專為私利而損他的。聲聞賢聖，一樣的持戒、愛物、教化眾生，這與凡夫的自私自利根本不同。大乘指斥他們為小乘自利，是說他過份著重自心煩惱的調伏，而忽略了積極的利他，不是說他有自私的損人行為。大乘道也不是不重視身心的調治（自利），只是著重利他，使自利行在利他行的進程中完成，達到自利利他的統一。」〔註78〕在這裡，小乘儘管不是積極的利他，但這並妨礙它自身具有的利他作用。

〔註73〕釋印順著：《菩薩心行要略》，中華書局，2010年，第147頁。
〔註74〕釋印順著：《菩薩心行要略》，中華書局，2010年，第91頁。
〔註75〕釋印順著：《菩薩心行要略》，中華書局，2010年，第92頁。
〔註76〕釋印順著：《菩薩心行要略》，中華書局，2010年，第89頁。
〔註77〕釋印順著：《菩薩心行要略》，中華書局，2010年，第91頁。
〔註78〕釋印順著：《菩薩心行要略》，中華書局，2010年，第89頁。

因此，可以說，大小乘都是自利利他的統一。

我們前面探討了大小乘在佛教理論上和修行上的貫通思想，這種貫通體現了佛教極高的圓融性，但決不是要混淆或模糊大小乘的界線和分別。對於大小乘的貫通，值得注意的地方，印順法師提出了自己幾點鮮明的看法。

一、讚歎具有慈悲的大乘，貶抑無慈悲的小乘。大小乘雖然可以貫通，但是其間的差異仍然是存在的。對此，印順法師也是肯定的，「大乘的真義，與帶有隱遁傾向的小乘行、帶有神秘氣息的天乘行，是不大相同的。」〔註79〕並認為大小乘的最主要的區別在於是否有慈悲。印順法師以自設疑問的方式解釋道：「聲聞呢？他雖也依佛口生，從法化生，而不免屬人了卑賤的血統。這種卑賤的傳統，不是別的，是釋尊適應印度當時的——隱遁與苦行的獨善心行。聲聞是佛法，有深智的一分，但不能代表圓正的佛法，因為他含著違反佛陀精神的一分，即沒有大慈悲，所以《華嚴經》中比喻二乘為從佛背而生。因此，偏從聲聞法說，專以聲聞的心行為佛法，那是不能說佛法以慈悲為本的。然依代表佛陀真精神的大乘來說，慈悲為本，是最恰當地抉發了佛教的本質、佛陀的心髓。」〔註80〕在這裡，印順法師指出無慈悲的小乘不僅不能「代表圓正的佛法」，而且也是違反佛陀精神的。然而，具有慈悲的大乘「是最恰當地抉發了佛教的本質、佛陀的心髓。」這是對具有慈悲的大乘高度的肯定。印順法師在對具有慈悲的大乘高度的肯定同時，對無慈悲的小乘還進行了進一步的貶抑。他是這樣說的：「然而，自己離水上岸，又怎麼能在水中救人？聲聞人急求自證，了脫生死，等到一斷煩惱，即『與生死作隔礙』，再不能發菩提心——長在生死修菩薩行。雖然大乘經中，進展到還是可以迴心向大的結論，然而被痛責為焦芽敗種的，要費多大的方便，才能使他迴向大乘呢？要再修多少劫的大乘信心，才能登菩薩地呢？即使回入菩薩乘，由於過去自利的積習難返，也遠不及直往大乘的來得順利而精進。所以大乘經中，以退失菩提心為犯菩薩重戒；以悲願不足而墮入自利的證人為必死無疑。不重悲願，不集利他的種種功德，一心一意地自利，以為能速疾成佛，這真是可悲的大乘真精神的沒落！」〔註81〕在這裡，印順法師簡直把無慈悲的小乘視為一種非常可悲的現象。印順法師在貶抑無慈悲的小乘時，也分析了其

〔註79〕釋印順著：《菩薩心行要略》，中華書局，2010年，第97頁。
〔註80〕釋印順著：《菩薩心行要略》，中華書局，2010年，第63～64頁。
〔註81〕釋印順著：《菩薩心行要略》，中華書局，2010年，第94頁。

產生的主要原因。一是大小乘的主機不同。他曾總結出這樣的結論：「所以聲聞乘的主機，是重智證的；菩薩乘的主機，是重悲濟的。」〔註82〕二是小乘學大乘難度大。通過比較，他認為：「菩薩是超過凡夫的，也是超過二乘的。戀著世間的凡夫心行是世間常事，如水的自然向下，不學就會。一向超出生死的二乘行是偏激的厭離，一面倒，也還不太難。唯有不著世間、不離世間的菩薩行，才是難中之難！」〔註83〕因為具有慈悲的大乘是「難中之難」。

二、反對無慈悲的大乘，肯定有慈悲的小乘。印順法師不是絕對的肯定大乘、反對小乘。他經過細仔的分辨後，提出了自己的看法。他在讚歎具有慈悲的大乘的同時，也反對無慈悲的大乘；在貶抑無慈悲的小乘的同時，也肯定有慈悲的小乘。這一點，從他的論述中可以看得很清楚，他說：「抗戰期中，虛大師從南洋訪問回來說：南方的教理是小乘，行為是大乘；中國的教理是大乘，行為是小乘。其實，南方的佛教雖是聲聞三藏，由於失去了真正的聲聞精神，幾乎沒有厭離心切、專修禪慧而趨解脫的。缺乏了急求證悟的心情，所以反能重視世間的教化，做些慈善文化事業。而中國呢，不但教理是大乘的最大乘，頓超直入的修持，也是大乘的最大乘。稱為大乘的最大乘，實是大乘佛教而復活了聲聞的精神——急求己利、急求證入，失去了悲濟為先的大乘真精神，大乘救世的實行，只能寄託於唯心的玄理了！」〔註84〕從這裡可以看到，大小乘貫通時，無論是在理論上，還是在實踐上，都存在著相當複雜的情況。

三、反對大小乘的互謗。佛法是圓融的，大小乘也是可以貫通的，但這並不能避免大小乘之間在修行可能會出現的種種矛盾。對於大小乘的互謗問題，印順法師是堅決反對的。他曾批評道：「另有一種，邪知謬解，修小乘的即謗大乘為非佛說；修大乘的即排斥小乘，認為不值得學。又如六度中，只修某一度門，而謗其他度門。這種無慚愧僧，不但不成法器，而且破壞佛法，所以不宜親近他。親近他，受了他的薰染，也就會起邪見，謗謗別乘別度，而要墮落地獄了！」〔註85〕他認為涉及大小乘互謗的人都不宜親近。值得注意的是，印順法師還特別批評了執大謗小的大乘者。他說：「偽大乘者不應親近，有些大乘學者，常公開宣揚他的大乘：說自己是大乘派，只有大乘經可

〔註82〕釋印順著：《菩薩心行要略》，中華書局，2010年，第91頁。
〔註83〕釋印順著：《菩薩心行要略》，中華書局，2010年，第66頁。
〔註84〕釋印順著：《菩薩心行要略》，中華書局，2010年，第93頁。
〔註85〕釋印順著：《菩薩心行要略》，中華書局，2010年，第165～166頁。

聽，大乘法才可學，聲聞、獨覺乘都是小乘法，都不要修學。換言之，這是執大謗小。」〔註86〕他在這裡，指出這種執大謗小的大乘者是「僞大乘者」，而且「不應親近」。鑒於此，他還進一步指出可能會產生的不良後果，他說：「菩薩應該貢高，應該贊佛乘而毀斥聲聞，雖然說這是符合事理，並沒有過份，但這樣的向聲聞佛教進攻，怕只會激發聲聞佛教界的誹謗大乘！」〔註87〕因此，印順法師鄭重地勸告大乘者要做到：「唯有了達得生死與涅槃都是如幻如化的，這才能不如凡夫的戀著生死，也不像小乘那樣的以『三界爲牢獄，生死如冤家』而厭離它，急求擺脫它。這才能不如凡夫那樣的怖畏涅槃，能深知涅槃的功德，而也不像小乘那樣的急趣涅槃。」〔註88〕

第三節　會通三系

在判教中，印順法師對大乘佛法判爲三系，即性空唯名、虛妄唯識和眞常唯心。三系說，也就成爲印順法師對大乘佛法判教的綱領和結構。「印順判大乘佛教爲性空唯名、虛妄唯識、眞常唯心三系，這是其思想的一個骨架。」〔註89〕從佛教思想發展史來看，印順法師的這種判教方法，具有其獨特性。因此，可以說，「印順法師對『大乘三系』的判教，在當時是一個創見。」〔註90〕這種獨特的判教方法，其重要特色在於：一是包含了佛教的所有宗派。對此，星雲法師曾說：「我曾經在公開場合表示，我們大家對印老的崇敬，應該將他的思想發揚，但不要將他歸納於某一派別，他提出虛妄唯識、性空唯名、眞常唯心三系說，實在包含了全宗派，他是佛教界的論師，而非只是人間佛教的推動者。」〔註91〕這就是說，三系說，不是僅涉及佛教的任何一宗派，而是囊括了整個的佛教宗派。二是涵蓋面深廣。「印順長老著重印度經論，並認爲從全體佛教去看，有的從法相而歸宗唯識，也有不歸宗唯識的，故於民國三十年，創說新三系：性空唯名論、虛妄唯識論、眞常唯心論。以對現代中國佛教思想有極大的啓示作用，在現代國際佛教學術界，則將三系名爲中觀

〔註86〕釋印順著：《菩薩心行要略》，中華書局，2010 年，第 166 頁。
〔註87〕釋印順著：《菩薩心行要略》，中華書局，2010 年，第 121 頁。
〔註88〕釋印順著：《菩薩心行要略》，中華書局，2010 年，第 94～95 頁。
〔註89〕蒲長春：《印順如來藏思想研究》，2004 年北京大學博士學位論文。
〔註90〕李嶸：《印順法師佛學思想研究》，2001 年北京大學博士學位論文。
〔註91〕星雲：《值得尊崇的當代沸學泰斗——永懷印順導師》，載《普門學報》，第 30 期。

學、唯識學、如來藏學，其涵蓋面則不若印順長老標示的三系名稱來得深廣。」
〔註92〕這種深廣的涵蓋面，對現代中國佛教思想產生過一定的影響。從三系
說來看，印順中觀思想的顯著特徵在於會通三系。會通三系在印順法師的著
作中得到充分展開。

一、八不中道可貫通三系。印順法師舉三論宗嘉祥大師爲例，來說明這
個問題。他說：「三論宗到了嘉祥的時代，已超越了攝山的本義，而成爲性空
與唯心，融攝貫通的教學了！」〔註93〕可見，嘉祥當時是本著三論宗義，引
用眞諦論，來達到貫通的目的。一方面是貫通唯識，「嘉祥引用了十八空論的
方便唯識與正觀唯識，認爲無境唯識是方便，而心境並冥的都無所得爲正觀。
這證明了無境唯識的宗極，與般若畢竟空義一致。」〔註94〕另一方面是貫通
如來藏，「然而，嘉祥確是引用這樣的眞諦譯，而使三論的八不中道，與如來
藏說，常樂我淨的大涅槃說相貫通了。」〔註95〕經過這樣兩方面的貫通，符
合八不中道的性空自然也就可以與唯識、如來藏相互貫通了。這樣，龍樹所
倡導的八不中道，貫通了三系，從而達到了《涅槃經》、《勝鬘經》所謂的大
涅槃。

二、三系是三法印的展開。三系代表了大乘的三大思潮，雖都接觸到三
方面，但各有偏勝。因此，可以說，三系就是三法印的具體開展。從「探這
三系思想的淵源，只是偏據某一法印而展開的三個不同體系。從佛教的發展
上看，眞常論是時代的驕子，瑜伽派與初期佛教的無常論有關，中觀派是第
二期佛教的繼續。」〔註96〕這就是說，三系思想是三法印在不同時期、不同
法印的展開。因爲三法印可歸爲一實相印，因此，源於三法印展開的三系說，
也就可以很容易會通了。

三、緣起性空是三系共義。這可從三個方面看：一是唯識與中觀相同，
都堅持緣起中道論。唯識宗在理論上保持緣起中道論的立場，「繼中觀者而興
起的唯識者，從因緣生法來顯示空義，說一切法空而重視因果；以空勝解，
成立不著生死，不住涅槃的大乘道，都與中觀者相同。在印度佛教中，這二

〔註92〕　釋聖嚴：《印順長老的護教思想與現代社會》，載《中華佛學學報》，1991年，
　　　　　第4期。
〔註93〕　印順著：《佛法是救世之光》，正聞出版社，1992年，第138～139頁。
〔註94〕　印順著：《佛法是救世之光》，正聞出版社，1992年，第137頁。
〔註95〕　印順著：《佛法是救世之光》，正聞出版社，1992年，第138頁。
〔註96〕　印順著：《唯識學探源》，正聞出版社，1992年，第43頁。

大流,始終保持了釋迦佛法的根本立場——緣起中道論(非形而上學)的立場。」〔註97〕反過來說,緣起性空也就是唯識與中觀的共義了。二是如來藏具空性。印順法師在著作中反覆強調如來藏就是空性。如「其實,如來藏不是別的,即是法空性的別名。」、「如來藏就是甚深法空性,是直指眾生身心的當體——本性空寂性。」、「如來藏即是一切法空性——法無我性的異名。」、「佛是說那一切法空性,稱之爲如來藏的。」等等,如果否定如來藏具空性,那麼就應視爲曲解了印順法師對如來藏的看法。從印順法師的著作來看,「其批判的重點是《新論》對於空義的曲解,而在印順思想中,如來藏之空義也就是性空唯名系之緣起性空,所以,《新論》的這一曲解既是對於性空唯名系中空義的曲解,也是對於如來藏空義的曲解。」〔註98〕因此,如來藏具空性是印順法師的一貫思想。三是如來藏爲阿賴耶。如「此識即是本性空寂的,空性即是如來藏,也就稱此如來藏爲阿賴耶。」〔註99〕反過來,原來阿賴耶,也還是如來藏。最後可以得出「如來藏是自性清淨心——心性本淨,中觀與瑜伽行派,都說是真如、空性的異名。如來藏說也就會通了空性,……」〔註100〕如果對這三個方面進行一個推理,那麼緣起性空就成爲三系共義。這樣,會通三系也就順理成章了。

　　四、如來藏是空性的方便說。其實,這如來藏即是法空性、法無我性的方便教說,所以說如來藏爲依是不了義的。「如來藏爲眾生不能瞭解一切法空的甚深真義,佛陀所開示的另一方便教說。」〔註101〕這種方便說的目的有兩個,一個是反對有我論。如來藏的意趣,主要使不信無常無我的人來信受佛法,達到佛法化度眾生的目的,使之踏上正路,進入佛法的甚深處。「依《楞伽經》佛說如來藏的意趣,是對主張有我而恐懼無我的外道說的,也是對不能在無常生滅中成立輪迴的眾生說的。」〔註102〕另一個是引向空性論。對於無常無我的深義,完全不能理解,因此不能信受佛法,佛陀這才就本性空寂的法性,方便說爲如來藏,說有一常住不變的(似我)體性,所以眾生有業有果,有生死輪迴。這樣,引其信受入佛法,再次第引導,使瞭解如來藏即

〔註97〕印順著:《佛法是救世之光》,正聞出版社,1992年,第203頁。
〔註98〕蒲長春:《印順如來藏思想研究》,2004年北京大學博士學位論文。
〔註99〕印順著:《以佛法研究佛法》,正聞出版社,1992年,第339頁。
〔註100〕印順著:《華雨集》第三冊,南普陀寺慈善事業基金會,2002年,第177頁。
〔註101〕印順著:《以佛法研究佛法》,正聞出版社,1992年,第307頁。
〔註102〕印順著:《以佛法研究佛法》,正聞出版社,1992年,第307~308頁。

是法性空寂無我的別名。佛說阿賴耶識，也是如此。「釋尊爲了化度一般執常執我的眾生，使其信受佛法，進而趣向一切法空的眞義，因此方便說如來藏。……從前有些經中，將如來藏解說爲我爲眾生，是方便說；經《楞伽經》的抉擇，明確的指出，一切法無我性爲如來藏，因此如來藏的眞意，就顯了而不混濫外道的邪我了。」〔註103〕如來藏是空性的方便說，也含有阿賴耶識爲空性的方便說。「佛陀因這類眾生雖然信解無我無常，而對無常無我的深義，還有隔礙，所以不得不將不變常的如來藏，說爲相續常的阿賴耶識了。」〔註104〕這是因爲以如來藏方便說空性，也須借助阿賴耶識。眾生只要眞正理解緣起性空的眞義，無常無我而能成立生死與涅槃，何必再說如來藏與阿賴耶識，只因眾生根鈍，所以爲說如來藏或阿賴耶識法門，使其確立生死輪迴與涅槃還滅的信念，能在佛法中前進，這是極好的妙方便了。在這裡，印順法師對如來藏是空性的方便說的作用給予了肯定。與此同時，會通三系也就成爲可能。

　　五、三系具有同一目的。印順法師認爲三系的目的是相同的。爲此，他舉了一個較恰當的比喻，「如賣藥一樣（《楞伽經》有醫師處方，陶家作器比喻），賣的是救命金丹。性空唯名系，是老店，不講究裝璜，老實賣藥，只有眞識貨的人，才來買藥救命。可是，有人嫌他不美觀，氣味重，不願意買。這才新設門面，講求推銷術。裝上精美的瓶子，盒子，包上糖衣，膠囊。這樣，藥的銷路大了，救的命應該也多了。這如第三時教，虛妄唯識系一樣。可是，幼稚的孩子們，還是不要。這才另想方法，滲和大量的糖，做成飛機，洋娃娃——玩具形式，滿街兜售。這樣，買的更多，照理救的命也更多了！這如眞常唯心系一樣。」〔註105〕這也就是說，虛妄唯識與眞常唯心二系，是適應不同的根性，開示不同的教說而設定的方便。就其實質和究竟來說，此二系與性空唯名是相通的。因此，「從印順的這個說法，我們看到，他對於三系的看法，如果說有差異，那就是『方便』或者手段上的差異，而對於三系的最終的目的、最終的價值指向和修行歸宿，是匯三歸一的。」〔註106〕由於三系具有相同的目的，因而在實質上是一致的，自然也就可以會通了。對於這種會通，印順法師告誡我們：「三系原是同歸一致的，智者應善巧地貫攝，

〔註103〕印順著：《以佛法研究佛法》，正聞出版社，1992年，第320頁。
〔註104〕印順著：《以佛法研究佛法》，正聞出版社，1992年，第338頁。
〔註105〕印順著：《成佛之道》，正聞出版社，1993年，第395頁。
〔註106〕蒲長春：《印順如來藏思想研究》，2004年北京大學博士學位論文。

使成爲一道一清淨，一味一解脫的法門，免得多生爭執。最要緊的是：不能執著方便，忘記眞實。」〔註107〕也就是說，在佛法修持中一定要牢記三系都是爲了一個共同的目標而設的。

六、三系都是現證法空性。三系的共同目標就是要現證「眞實」。「通過對於『眞實』和『方便』的區別，印順認爲，大乘三系從其本質上來說，都以闡發、宏化和現證『眞實』爲鵠，只是各自的『方便』不同而已。」〔註108〕這裡的「眞實」，實際上是指法空性。由此可以說，「三系的共同點在於：都是『歸宗於法空性的現證』。從這個意義上來說，是『毫無差別』的。不同的只是『適應眾生的方便不同』。『性空唯名系』是直接說『眞實』，以現證空性爲目的。『虛妄唯識系』儘管有遣境遣識的過程，但最後仍然『歸入極無自性的現觀』。『眞常唯心系』雖然有類似神我的如來藏說，在修行上，有從『觀察義禪』到『攀緣如禪』的次第進程，而在最後還是要進入『於法無我離一切妄想』的『如來禪』，和『虛妄唯識者』的修行次第和最終目標相同。所以，三系最後達到的目的是一致的。」〔註109〕這裡告訴我們，三系之所以出現不同，是適應眾生的方便不同，三系的最終目標以及達到的目的都是完全一致的。從現證來說，大乘三系的思想在本質上也是一致的。相同的論述在印順法師的另一篇文章中也出現過，他寫道：「從大乘三系看來，……考求內容——眞實，始終是現證『法空性』，無二無別，如性空唯名系，以現證法空性爲主要目的，是不消說了。虛妄唯識系，雖廣說法相，而說到修證，先以識有遣境無，然後以境無而識也不起，這才達到心境的都無所得。……，不又歸入極無自性的現觀嗎？……眞常唯心系，雖立近似神我的如來藏說，但在修學過程中，佛早就開示了『無我如來之藏』。修持次第，也還是先觀外境非實有性，名觀察義禪·進達無我而不生妄想（識），名攀緣如禪，等到般若現前，就是『於法無我離一切妄想』的如來禪，這與虛妄唯識者的現觀次第一樣，所以三系是適應眾生的方便不同，而歸宗於法空性的現證，毫無差別。」〔註110〕這段詳細的論述，充分肯定三系的目的都是爲了現證法空性，其差別在於適應眾生的方便不同而已。

〔註107〕印順著：《成佛之道》，正聞出版社，1993年，第396頁。
〔註108〕蒲長春：《印順如來藏思想研究》，2004年北京大學博士學位論文。
〔註109〕蒲長春：《印順如來藏思想研究》，2004年北京大學博士學位論文。
〔註110〕李嶷：《印順法師佛學思想研究》，2001年北京大學博士學位論文。

　　七、融貫三系。印順法師將融貫三系貫徹到對佛法的研究之中。對於佛教史的看法，就有融貫三系的思想。他認為：「眞常——如來藏，我，自性清淨心法門，融攝虛妄唯識，而大成於中（南）印度，完成眞常唯心論的思想系（如《楞伽》與《密嚴經》），所以敘列這樣的次第三系。」〔註111〕對於三系的經典，印順法師都有系統的研究和論述。他研究著重在此，講學寫作也就自然著重在此。如屬於性空唯名系的，有《般若經講記》、《中觀論頌講記》、《中觀令論》；屬於虛妄唯識系的，有《攝大乘論講記》、《唯識學探源》、《解深密經》（未出書）；屬於眞常唯心系的，有《勝鬘經講記》、《大乘起信論講記》、《楞伽阿跋多羅寶經》（未出書，現僅保留科判）。特別值得一提的是，他將融貫三系的思想運用於自己的著作中。這一點突出表現在《成佛之道》一書中。「在這一期中，唯一寫作而流通頗廣的，是《成佛之道》。這是依虛大師所說——五乘共法，三乘共法，大乘不共法的次第與意趣而編寫的。先寫偈頌爲聽眾講說，再寫偈頌的解說。其中，貫通性空唯名、虛妄唯識、眞常唯心——大乘三系部份，是依《解深密經》及《楞伽經》所說的。不是自己的意見，但似乎沒有人這樣說過，所以可說是我對大乘三系的融貫。」〔註112〕這種融貫三系的做法，得到其弟子釋昭慧的充分肯定和稱讚。「本書依太虛大師所說五乘共法、三乘共法、大乘不共法的次第與會歸一大乘的意趣而編寫。其中，將大乘三系貫通於法性無二而方便多門的基礎上，將求生淨土之易行道插在大乘六度之精進度中介紹，都是非常獨到的見解。」〔註113〕由於印順法師融貫三系，因此在指導修持法門上也就不會出現抬高或貶低任何一個法門，而是平等對待不同的修持法門。「民國四十四年，印順導師有一段福嚴閒話：大家在初學期間，應當從博學中，求得廣泛的瞭解，然後再隨各人的根性好樂，選擇一門深入，這無論是中觀、唯識，或天台、賢首，都好。」〔註114〕因此，這種融貫三系也是會通三系的一個表現。

　　會通三系體現了印順中觀思想內容的一個重要特徵。在會通三系中，必須注意分辨幾個有關的問題：

〔註111〕印順著：《華雨集》第四冊，南普陀寺慈善事業基金會印，2002 年，第 8 頁。
〔註112〕印順著：《華雨集》第五冊，南普陀寺慈善事業基金會印，2002 年，第 22～23 頁。
〔註113〕釋昭慧著：《人間佛教的播種者》，東大圖書股份有限公司，1995 年，第 137 頁。
〔註114〕潘煊著：《法影一世紀——印順導師百歲》，天下遠見出版股份有限公司，2005 年，第 71 頁。

　　一是要認識三系的差別。這一點，突出表現在眞常系與性空系的差別。「由
於中國的思想家傾向於把中觀學理論與其他同時傳入中國的眞常系統的理論
融合在一起，而眞常系統是佛教後期融攝了外道思想而形成的，帶有很大的
實體主義的色彩，與中觀學強調『一切性空』的思想有很大的區別，所以，
印順法師認爲，中國的中觀學並不純粹。」〔註115〕這種差別在於眞常系融攝
了外道思想而形成實體主義的思想內容而產生的。然而，綜觀印順法師對大
乘三系理論的解釋，他並沒有完全否定眞常唯心思想的合理性，只是強調這
種思想在產生、發展的過程中，是帶有很大的方便義色彩的理論，所以，我
們在理解這種思想的時候，應該首先對此有明確的認識，在運用它的時候，
應該注意區別它的方便和究竟的內涵，所以，印順法師說：「三系原是同歸一
致的。智者應善巧地『貫攝』，使成爲『一道一清淨』、一味一解脫的法門，
免得多生爭執。」〔註116〕這裡提醒我們，在會通三系中，要區別眞常系與性
空系的方便和究竟的內涵，特別是眞常系的方便義。眞常系的實體主義的思
想主要表現形式是如來藏說，眞常系的方便義就是以如來藏爲基礎而展開
的，因此可以說，如來藏說大開佛教的最勝方便法門。雖然會通三系有其共
同之處，「但是由於三系的意趣、著重點不同，所以也略有差別：方便以如來
藏說爲最勝⋯⋯，於一切法空性立一切法，眞是擔草束過大火而不燒的大作
略，原非一般所能，但事實上，離此並無第二可爲一切法依的，所以爲了攝
化計我外道，就密說法空性爲如來藏。這好像有我爲依，而其實還是無我的
法空性。⋯⋯依如來藏而有無始虛妄薰習，名阿賴耶識，爲雜染（清淨）法
所依，不知其實是依法空性——如來藏。」〔註117〕因此，在會通三系中，必
須分辨三系的差別，尤其是眞常系如來藏說方便法門的差別。

　　二是容忍對三系的異議。印順法師「雖然三十年已有三系創說，但是眞
正受到教界與學界矚目的，還是三十一年成書，三十二年出版的《印度之佛
教》。此書一出，立刻遭來多方批評。而批評重點，不約而同地放在大乘三系
的論題上。當時批評而具思想史上之代表性者，厥爲太虛大師與內學院系學
者王恩洋。太虛大師代表中國傳統以眞常爲尊的看法，而王居士則立本於唯
識究竟的見地，依藏傳大乘二宗之說，否認二大主流之外別有第三。此已不

〔註115〕李嶷：《印順法師佛學思想研究》，2001年北京大學博士學位論文。
〔註116〕李嶷：《印順法師佛學思想研究》，2001年北京大學博士學位論文。
〔註117〕李嶷：《印順法師佛學思想研究》，北京大學博士學位論文，2001年。

僅代表二人之看法，而代表著當時兩大學統對印順法師在大乘根本問題上必
然會產生的異議。」〔註118〕可以看到，對印順法師三系的異議來自兩個方面：
一方面是太虛大師眞常的觀點，另一方面是王恩洋唯識的見地。從太虛大師
眞常的觀點來看，「在三系問題上，太虛大師始終就沒有贊同過印公的意見，
大師是立足於中國佛教之傳統，而印順法師則著眼於印度經論的根源。後者
以人間的佛陀爲本，以三系爲大乘佛法的開展與分化。而太虛大師卻認爲大
乘別有法源在《阿含》之外──由於依中國佛教傳統，所以以《楞嚴》、《起
信》等爲準量，也就是以眞常唯心爲根本。但是兩人並沒有像柏拉圖與亞里
士多德，各持己見而導致決裂。印順法師也從未面臨要在吾師與眞理間但擇
其一的困境。從兩人（原文誤爲造）的往復論辯中，看得出兩位一代大師心
胸之坦蕩磊落！這未始不是師資論難的典範。」〔註119〕這也體現了印順法師
對三系的異議的容忍性格。從王恩洋唯識的見地來說，印順法師對三系的異
議依然是採取容忍的態度。這一點我們可以從印順法師對臺灣慈航法師提倡
唯識宗的看法瞭解到，當時他說：「我想，我稱歎緣起性空的中道，說唯識是
不了義，慈航法師提倡唯識宗，也許因此而有所誤會。」〔註120〕

　　三是以空宗兼攝唯識與眞常。印順法師「在大乘義理上，他以空宗爲主，
而兼攝唯識與眞常。」〔註121〕這是瞭解印順法師會通三系須引起注意之點。
從中觀思想來說，印順法師是推崇性空唯名系的。這裡有一段生動事例可以
說明這一點，「2003 年，厚觀法師嚮導師請益，問道：師父對於大乘三系的判
攝──性空唯名、虛妄唯識、眞常唯心，在大家的印象中，師父比較推崇龍
樹學的性空唯名系（即般若、中觀）。不過在九十二年一月三十日，師父住在
花蓮靜思精舍時，曾寫了一幅對聯，內容是靜思十方諸佛，諦了一切唯心。
有些人看了之後產生一個疑問：導師爲什麼會寫一切唯心，是不是到了晚年
反而推崇眞常唯心？印順導師回答他：不是這麼回事，這個我可以講一講。
那個時候我住在靜思精舍，正好碰到農曆年。我住的旁邊是小佛堂，當中是

〔註118〕釋昭慧著：《人間佛教的播種者》，東大圖書股份有限公司，1995 年，第 78
　　　　頁。
〔註119〕釋昭慧著：《人間佛教的播種者》，東大圖書股份有限公司，1995 年，第 94
　　　　頁。
〔註120〕印順導師著《平凡的一生》，正聞出版社，2005 年，第 66 頁。
〔註121〕釋昭慧著：《人間佛教的播種者》，東大圖書股份有限公司，1995 年，第 83
　　　　頁。

佛像，旁邊貼了許多法語，我把它稍稍整理、簡化，從這些法語中挑了靜思、
唯心、諸佛等，就成了靜思十方諸佛，諦了一切唯心。作對聯我是外行，這
是用現成詞句拼湊的。印順導師再加詮釋，聯句是在靜思精舍所寫，所以用
靜思兩個字；而另一層深意，靜思是禪定，諦了是智慧。念佛，念一佛乃至
念十方諸佛，要清清楚楚的念，不是嘴巴念念就行，跑來跑去的念，這是不
成的，要用心！靜思十方諸佛，就是清清楚楚憶念佛德，向佛陀學習。諦的
意義是真實，了是瞭解，真實瞭解一切法唯心所現。」〔註122〕從這段記敘來
看，直到晚年，印順法師也沒有改變推崇性空唯名系的觀點，不過這裡似乎
已流露出攝取真常唯心系的信息。虛妄唯識系和真常唯心系二者與性空唯名
系的巨大差別在於前二者都是以心識作為立論的基礎。由於心識這一媒介，
「所以，虛妄唯識論和真常唯心論的理論立足點是一致的，都是以實有法為
依而立一切法，由於眾生是一切由心的，而阿賴耶識是所知依的根本識，所
以就變成了『依如來藏而有阿賴耶識，依阿賴耶識而有一切法的思想體系』，
兩者最終都以心識為中心。」〔註123〕虛妄唯識系和真常唯心系以心識為理論
基礎，「按照印順法師的說法，相對於性空唯名思想來說，虛妄唯識論和真常
唯心論雖然都有『假必依實』的弊病，但是在攝化眾生的意義上，同樣是值
得肯定的，三者只是方便的不同，並沒有本質上的區別。」〔註124〕在這裡，
印順法師雖然看到虛妄唯識系和真常唯心系問題，但是卻肯定了二系的攝化
眾生的意義，同時指出三系本質上是相同的，這充分顯示出印順法師以空宗
兼攝唯識與真常的思想。值得注意的是，印順法師「雖然同情空宗，但未必
立足於空宗本位以褒貶諸家，反而時常留意設身處地，就中觀以言中觀，就
唯識以言唯識，就真常以言真常，客觀分析其思想脈絡與思想特質。論議所
觸及的問題，雖不如後期中觀與唯識兩家交叉論辯內容之細微，但有此握其
大要及設身處地二大特點，所以在他所作的如實剖析之中，讀者可領受到他
智慧的光芒。」〔註125〕這可以說，印順法師以空宗兼攝唯識與真常的思想已
經達到非常圓滿的地步。

〔註122〕潘煊著：《法影一世紀——印順導師百歲》，天下遠見出版股份有限公司，2005
　　　　年，第188頁。
〔註123〕李嶷：《印順法師佛學思想研究》，2001年北京大學博士學位論文。
〔註124〕李嶷：《印順法師佛學思想研究》，2001年北京大學博士學位論文。
〔註125〕釋昭慧著：《人間佛教的播種者》，東大圖書股份有限公司，1995年，第79
　　　　頁。

　　總之，印順法師在會通三系上，「不論是中觀，還是唯識，或者是以如來藏為主流的中國傳統佛教，都在從生死到涅槃的解說中建立起不同的系統，各有其圓缺、優劣，需要的不過是取長補短、參證會通。」〔註126〕這也充分體現他的中觀思想的顯著特徵。

〔註126〕蒲長春：《印順如來藏思想研究》，2004 年北京大學博士學位論文。

第四章　印順中觀思想與菩薩道

　　在第二章中，我們通過四觀（即緣起觀、性空觀、二諦觀、中道觀）宏觀地概括了印順中觀思想的主要內容，從其內容裏面可以知道，由於眾生的根性不一，了知緣起性空，通達中道正觀的程度也就大相徑庭，從而衍生出菩薩的菩薩道與聲聞的解脫道。聲聞的解脫道最後是要回小向大，歸宿於菩薩的菩薩道，成就正果。因此按照這一推理思路，可以說，菩薩道就是印順中觀思想的延伸。菩薩道屬於大乘法門，是印順法師力圖振興和弘揚的佛法內容。我們將在本章中圍繞菩薩道的含義與特徵、菩薩道宗要與核心、以及菩薩道的修行體系等問題展開探討。

第一節　菩薩道的含義與特徵

　　菩薩道，又稱菩提道、菩薩法、大乘道、一乘法、正覺道等等，它是發菩提心，修菩薩行，意欲成佛度眾生者所走的大道。菩薩道出現的時間說法有數種：一是認為遠在原始佛教時期已出現大乘菩薩道。「大乘菩薩道思想在原始佛教就已有萌芽的徵兆。」〔註1〕二是部派佛教時期。這一看法，在佛教界具有一定的影響。印順法師就是持這一觀點，「據他（指印順）考察，菩薩觀念的形成應為公元前二世紀，並主要體現在當時分別說部各派（銅鍱部和法藏部）和大眾部末派的經典中，……。」〔註2〕還有釋見晨也認為「大乘菩

〔註 1〕　程若凡：《從原始佛教窺探大乘菩薩道思想的萌芽》，載《宗教學研究》，2006年，第 1 期。

〔註 2〕　李思凡、徐弢：《印順對菩薩觀念的源流考》，載《雲夢學刊》，2012 年，第 2 期。

薩道思想之建構，遠可推及印度甚至是世界宗教思想史上的一個大革命，近可從佛教分裂爲部派來追溯。」〔註3〕並且進一步指出：「故在部派佛教當中實已見大乘菩薩道思想之端倪，只是當時菩薩道隱而未顯。」〔註4〕這就說明，部派佛教時期已存在菩薩道思想，只是還沒有充分顯示出來。如果按這種說法，那麼菩薩道在初期的聖典中，即被一般稱做小乘三藏中，也是存在的。三是公元前後。「而菩薩之成爲佛教的中心，更是遲至公元前後才隨著大乘佛教的進一步發展而出現。」〔註5〕這是一種較普遍的看法，因爲學界一般認爲大乘菩薩道是在公元前後才建構起來。菩薩道思想可以說是佛教發展史上的一個里程碑，在印度佛教思想史上起過重要作用，「大乘菩薩道思想，就是衝破桎梏已久的傳統印度宗教思想，從而成爲初期大乘佛教的發展基礎。」〔註6〕隨著佛教傳入中國後，菩薩道思想遂得到廣泛傳播和弘揚。

印順法師大力倡導和弘揚菩薩道，他曾說：「在一切佛法中，我是宏闡中期佛教之行解，也就是宏揚初期大乘的菩薩行——深觀而廣大行的菩提道，而不是初期佛教，一般稱之爲小乘的解脫道。」〔註7〕印順法師還對菩薩道給予充分肯定。

從佛法的理論上來說，一是菩薩道源於釋尊。菩薩道是依釋尊過去的本生而形成的。早在釋尊未成佛前，是現菩薩身，行菩薩道的。因此「菩薩道源於釋尊的本教，經三五百年的孕育長成，才發揚起來，自稱大乘。」〔註8〕二是菩薩道通於經論。「我是從經論發展的探求中，認爲初期的大乘經（龍樹）論——性空唯名系，是會通《阿含》而闡揚菩薩道的，更契合釋尊的本懷。」〔註9〕

從佛法的實證上來說，一是大乘菩薩法。這是適應印度眾生的根機而施設的，而且是三乘共依的正道。「菩提道即是正覺道，如知善惡、因果，知有凡聖，知三寶功德，知四諦、十二因緣，修習戒定慧，不作殺盜淫妄等罪，

〔註3〕 釋見晨：《大乘菩薩道思想的建構因素》，載《佛教文化》，2006年，第4期。
〔註4〕 釋見晨：《大乘菩薩道思想的建構因素》，載《佛教文化》，2006年，第4期。
〔註5〕 李思凡、徐弢：《印順對菩薩觀念的源流考》，載《雲夢學刊》，2012年，第2期。
〔註6〕 釋見晨：《大乘菩薩道思想的建構因素》，載《佛教文化》，2006年，第4期。
〔註7〕 印順著：《永光集》，正聞出版社，2004年，第265頁。
〔註8〕 印順著：《佛法概論》，正聞出版社，1992年，第241頁。
〔註9〕 印順著：《永光集》，正聞出版社，2004年，第256頁。

這是共三乘法門。」〔註 10〕因此在「公元前後，印度傳弘菩薩的難行道，以悲濟眾生（人類為主）為先，受到大眾的讚揚，也正是適應了人心。」〔註 11〕二是菩薩道適合在家眾。印順法師就說過「《勝鬘經》是以在家身份，直入菩薩道的。」〔註 12〕「慈悲是利濟眾生的，柔和、慈忍而強毅的菩薩，多數是在家的」〔註 13〕同時他也表明自己的態度，他說：「我贊同菩薩道的宏揚，是不會反對在家佛教的。」〔註 14〕由此，可以說，菩薩道在世出世間的關係上具有極為重要的意義。這種以人乘正行為基的菩薩道，在出世與入世的統一中，從世間而到達究竟的出世，因此它是「高上而圓滿的佛法。」

　　菩薩道的踐行者就是菩薩。菩薩在印度稱為「菩提薩埵」，中國人喜歡簡略，在譯音的時候，省去「提」「埵」二字，簡稱為菩薩。菩是菩提，是覺悟的意思；薩是薩埵，就是眾生的意思，故俱稱菩提薩埵。菩薩，又義譯覺有情，可解說為覺悟的有情。「有情泛指一切有情識的眾生。覺有情，有兩重意思：從自利方面說，菩薩是有覺悟的有情；從利他方面來說，菩薩度化一切眾生令其覺悟。所以說菩薩是一種有高度覺悟、捨己救人、富有自我犧牲精神的人。」〔註 15〕簡言之，菩薩就是發菩提心，上求佛道，下化眾生，在修行歷程中，還沒有達到究竟圓滿的大乘行者。菩薩「修行到究竟圓滿的，名為佛。菩薩與佛，有不即不離的因果關係，佛果的無邊功德莊嚴，是依菩薩行而圓滿成就的。」〔註 16〕菩薩與佛不即不離的因果關係，也就表明菩薩具有兩面性：既平凡又偉大。「『菩薩』這一名稱，在佛教裏是一個既平凡又偉大的稱號。論地位，除佛以外，就算是菩薩了，所以是偉大的，但菩薩並不是高不可攀的神，只要人們根據菩薩行的四攝、六度去實踐，人人都可以成為菩薩，所以是平凡的。」〔註 17〕這種兩面性，在印順法師的著作中得到了極大的發揮。關於菩薩的偉大，印順法師認為「出世，是大丈夫事，而菩薩是大丈夫中的大丈夫！」〔註 18〕「菩薩是從利他事業中，弘揚佛法，淨化自

〔註 10〕印順著：《藥師經講記》，正聞出版社，1992 年，第 60 頁。
〔註 11〕印順著：《華雨集》第五冊，南普陀寺慈善事業基金會，2002 年，第 293 頁。
〔註 12〕印順著：《永光集》，正聞出版社，2004 年，第 203 頁。
〔註 13〕印順著：《華雨集》第五冊，南普陀寺慈善事業基金會，2002 年，第 227 頁。
〔註 14〕印順著：《永光集》，正聞出版社，2004 年，第 219 頁。
〔註 15〕明暘：《漫談菩薩行》，載《法音》，1983 年，第 4 期。
〔註 16〕釋印順著：《菩薩心行要略》，中華書局，2011 年，第 1 頁。
〔註 17〕明暘：《漫談菩薩行》，載《法音》，1983 年，第 4 期。
〔註 18〕釋印順著：《菩薩心行要略》，中華書局，2011 年，第 67 頁。

己。未能自度先度他，菩薩於此初發心。菩薩的心行，是何等的偉大！」〔註19〕並提醒說：「我們必須認清：名符其實的菩薩，是偉大的！最偉大處，就在他能不為自己著想，以利他為自利。」〔註20〕關於菩薩的平凡，印順法師把釋迦牟尼成佛前的身份就稱為菩薩。「通過部派佛教對佛陀遺體、遺物和遺跡的崇拜來說明『佛與弟子間的差別』的形成，進而說明印度佛教徒把下生人間成佛之前的釋迦牟尼稱為菩薩的原因，這是印順對菩薩觀念的緣起所作的一個比較客觀的考察。在這個考察中，他通過有力證據向我們揭示了一個歷史事實，即大乘佛教的菩薩觀念是後代佛教徒對釋迦牟尼的崇高偉大及其與聲聞弟子的差別加以『強力宣揚』的結果。但印順做此考察的目的絕不是為了貶低釋迦牟尼的地位，也不是為了否定大乘佛教的菩薩觀念，而是要由此來把釋迦牟尼和菩薩從天上拉回人間，從天上的神變成世上的人。」〔註21〕印順法師這種兩面性的辯證思想，為其人間佛教的構想也打下了重要的理論基礎。

　　菩薩的程度不一，高的高，低的低。在一般人的心目中，聽見菩薩，就想到文殊、普賢、觀音、地藏等大菩薩，其實凡發心成佛的，就是菩薩。在印順法師對菩薩類型劃分之前，太虛大師就根據不同的時地機宜已作過區分，「佛法為了適應不同的時地機宜，有著種種方便。……在大乘佛教中，虛大師分別為：有依二乘行而趣入菩薩行，有依天乘行而趣入菩薩行，有依人乘行而趣入菩薩行。」〔註22〕在此基礎上，印順法師以菩薩觀點的形成與演變為參照系，來進一步印證「三期說」，即將印度佛教史分為「以聲聞乘為中心的初期佛教」、「以人（天）菩薩為中心的中期佛教」、「以天菩薩為中心的後期佛教」。依聲聞行的菩薩，是指遺世獨善，少欲知足，專修禪慧，依此而回入大乘的聲聞行。依人生正行的菩薩，是指基於五戒、十善，發心而修六度、四攝正行。依天行的菩薩，是指祭祀、咒術、禪定，並依此而趣入大乘的天行。印順法師的「三期說」並不是對太虛菩薩劃分的簡單翻版，而是有所創新的。「他（指印順法師）的『三期說』顯然受到太虛在《佛教的教史教法和今後的建設》中類似論說的啟發。但與太虛相比，他的解釋更明確地揭

〔註19〕印順著：《印度佛教思想史》，正聞出版社，1990年，第432頁。
〔註20〕釋印順著：《菩薩心行要略》，中華書局，2011年，第67頁。
〔註21〕李思凡、徐弢：《印順對菩薩觀念的源流考》，載《雲夢學刊》，2012年，第2期。
〔註22〕印順著：《佛法是救世之光》，正聞出版社，1992年，第382頁。

示了菩薩觀念在三個時期中從無到有、從人而天、從天而神的流變。」〔註23〕

印順法師按根性不同、發心差異和本生優劣把菩薩作了分類。從根性來說，分為三大類：一、一分鈍根的菩薩，二、一分中根菩薩，三、一類利根的菩薩。這些不同根性的菩薩，在不同的經歷過程，可略分三個階段：一、凡夫菩薩；二、賢聖菩薩；三、佛菩薩。第一階段，是新學菩薩，是凡夫身初學發菩提心，學修菩薩行。凡夫菩薩，作為「新學菩薩，要培養信心、悲心，學習發菩提心；樂聞正法，聞思精進，而著重以十善業為菩薩道的基石。」〔註24〕賢聖菩薩，為第二階段的菩薩，是已發菩提心，已登菩薩位，從賢入聖，修大悲大智行，上求下化——這即是三賢到八地的階位。佛菩薩，為第三階段的菩薩，是證得大乘甚深功德，與佛相近似的。這是說：八地以上的菩薩，與佛的智證功德相近。從發心來說，分為二類：一、漸入的。這類菩薩解了三界如化，一切皆空。修學六度，精進的一直前進，廣集無邊功德，一層一層的前進。末了，方便成就，才能悟無生忍得不退轉地。二、超行的。這類菩薩，初發大菩提心，即能悟無生忍而得不退地，這是直捷地了得我法性空，一切本無（本無，即真如的異譯）而不可得分別。在這裡，要特別提出的是，因學菩薩而中途生退心的，就是敗壞菩薩。從本生來說，菩薩又可分二類：一、在人道中，菩薩每生於無佛法的時代，或為國王、大臣、長者、外道，或經商、做工、打獵，或為航海家、技術師等，大抵以在家身作在家事，而為人類——眾生謀福利。關於行菩薩道的重要故事，約有五百則。菩薩行是將自己的一切，頭目腦髓，國城象馬，隨所求而能一切施予的。大乘法的六波羅蜜，十波羅蜜，就是從本生談的菩薩行，歸納他的性質而得來。這種難行能行，難忍能忍的堅毅願力，表現出大乘入世度生的善巧。舉例說：一、《華嚴經》中的〈入法界品〉，善財童子菩薩是精進求法的模範。所參學的菩薩，初三位（代表三寶）是出家的，以後有的是國王、法官、數學家、航海家、工程師、外道等。學菩薩行，就是追從這一類的菩薩去參學。二、《維摩經‧方便品》所說，維摩弘揚也以在家為主要對象。婆羅門，剎帝利，或其他階級的人，應什麼機，說什麼法。他去謁見國王，就誘導國王以合理的政治。進學校，就教以佛化的教育。甚至酒肆淫舍，也時常聽到他的法音。

〔註23〕李思凡、徐弢：《印順對菩薩觀念的源流考》，載《雲夢學刊》，2012年，第2期。

〔註24〕釋印順著：《菩薩心行要略》，中華書局，2011年，第21頁。

這二位在家菩薩，一是修學的，一是弘法的，都是以一切人類的正行，融化於佛法而使他更合理化。這一切的人間正行，即是菩薩的廣大正行。這不像出家聲聞僧的偏於遁世、禪定而不重視慈悲。菩薩法是適應印度的在家弟子，以人乘正行為基礎而興起廣大。大乘法，菩薩之間雖存在差異，但也有其共同之處，就是「菩薩不從自私的私欲出發，從眾緣共成的有情界——全體而發心修行。」〔註25〕而且「一切的大菩薩，都是為眾生所依止，教化眾生、成熟眾生；而眾生則由於依止大菩薩的關係，得到了種種利益。」〔註26〕印順法師認為菩薩是以在家佛弟子為中心的，「論到菩薩，如文殊、普賢、觀音、善財、維摩等，大多是在家的，出家菩薩是很少見的。大乘法不一定是釋迦佛說的，而且多數是菩薩說的。……大乘經中，佛是處於印證者的地位；這表示了大乘法，是以在家佛弟子為中心而宏通起來。」〔註27〕其實，這也告訴我們，菩薩道是以在家菩薩為中心發展而來的。但是菩薩也不能執著於在家或出家，印順法師明確地指出：「我們發心學佛，不論在家出家，都要從菩薩心行去修學，學菩薩才能成佛。」〔註28〕只有按照菩薩道去修學，才是最終目標。二、在餘趣中，主要是指鬼神和畜類。印順法師認為修菩薩道的，可以是人，可以是鬼神，也可以是禽獸。他說：「菩薩隨其願力於一切眾生道中顯現其身，或現身於鬼趣行菩薩行，或現身於畜生道中行菩薩道……就種類來說，這位菩薩應是屬於鬼道或旁生道……但他所修的，卻是菩薩行。」〔註29〕對於修菩薩道的是禽獸，有一段解釋：「『修菩薩道的——『菩薩』，『可以是人』，『可以是鬼神』，似乎不難理解，而『也可以是禽獸』，聽起來可就未免有點令人感到驚異了！怎麼？難道連『禽獸』也可以成為『菩薩』嗎？當然可以的。在佛的許多本生故事裏，就有諸如『獅王』、『象王』、『鹿王』、『馬王』甚至『豺』，『犬』等等的獸類，『鵝王』、『雁王、『孔雀』、『金翅鳥』等等的鳥類。在所謂『天龍八部』裏，也有『龍』、『大莽神』、『摩睺羅迦』、『金翅鳥』、『迦樓羅』等等。而在『觀世音菩薩』的三十二種『應化身』裏，也有『龍』、『摩膜羅迦』等等。所以，『菩薩』實在是不限於人類（以及鬼神）的。當然，成佛是要具有『丈夫相』的，所以『菩薩』，主要（或最後）還得

〔註25〕印順著：《佛法概論》，正聞出版社，1992年，第254頁。

〔註26〕印順著：《華雨集》第一冊，南普陀寺慈善事業基金會，2002年，第11頁。

〔註27〕印順著：《人間佛教論集》（贈送版），正聞出版社，2002年，第148頁。

〔註28〕釋印順著：《菩薩心行要略》，中華書局，2011年，第39頁。

〔註29〕釋印順著：《菩薩心行要略》，中華書局，2011年，第27頁。

是人類。」〔註 30〕這裡，是從佛的本生談來說的，菩薩或爲鹿王、龍王、象王、孔雀王、小鳥、猴子等。本生談中菩薩的示現旁生，是從旁生的故事中，以揭發出菩薩應有的精神。事實上，修菩薩道主要還是人類。

印順法師認爲，修菩薩道既是契機，又是挑戰。從契機來看，「依人菩薩行而向佛道，不但是適應時代的機感，也實在是佛乘的根本坦道。」〔註 31〕從挑戰來說，「行菩薩道成佛的法門，廣大甚深，不是簡易的事，說老實話，這不是人人所能修學的。」〔註 32〕修菩薩道不是每個人都能做到的，這主要表現在其難。至於難的程度，印順法師作了這樣的表述：「唯有不著世間、不離世間的菩薩行，才是難中之難！」〔註 33〕「可見菩薩心行是極不容易的，如火中的青蓮花一樣。」〔註 34〕雖然修菩薩道難度很大，但是印順法師還是肯定能夠出現這樣的人才。「大乘法的普及民間，而有些傑出的菩薩行者，是可以理解的。」〔註 35〕

修菩薩道與一般所作的事業是不同的。「菩薩爲一切眾生所作的事業，是難得的，難遇難見的，他是眾生的父母，是眾生的拯救者依止者。」〔註 36〕爲了便於瞭解印順法師對菩薩行的精神實質的看法，我們在這裡引用這樣一段敘述：「至於菩薩行的眞精神何在？印順導師提出：在於利他。透過利他而完成自利，二者在菩薩行中得到統一，他說：菩薩行的眞精神，是利他的。要從自他和樂的悲行中去淨化自心的，這不能專於說教一途，應參與社會一切正常生活，廣作利益有情的事業。如維摩詰長者的作爲，如善財所見善知識的不同事業：國王、法官、……語言學者、教育家、……醫師、……宗教師等，這些都是出發於大願大智大悲，依自己所作的事業，引發一般人來學菩薩行。爲利他的一切，是善的德行，也必然增進自己，利益自己的。利他自利，在菩薩行中得到統一。利他乃是菩薩行的眞精神。」〔註 37〕這種菩薩

〔註 30〕郭朋著：《印順佛學思想研究》，中國社會科學出版社，1991 年，第 43～44 頁。
〔註 31〕釋印順著：《成佛之道》（增注本），中華書局，2010 年，第 173 頁。
〔註 32〕印順著：《華雨集》第二冊，南普陀寺慈善事業基金會，2002 年，第 135 頁。
〔註 33〕釋印順：《學佛三要》，中華書局，2010 年，第 99 頁。
〔註 34〕釋印順著：《菩薩心行要略》，中華書局，2011 年，第 66 頁。
〔註 35〕印順著：《永光集》，正聞出版社，2004 年，第 211 頁。
〔註 36〕印順著：《青年的佛教》，正聞出版社，1992 年，第 40 頁。
〔註 37〕呂姝貞：《〈勸發菩提心集〉的人菩薩行》，載《2011 年第十屆印順導師思想之理論與實踐學術會議論文集》，第 296～297 頁。

行的真精神,是自利利他、出世入世相統一的實現。在實際生活中,不僅表現了菩薩行的平凡與偉大,而且溝通了出家與在家。對在家眾來說,「菩薩行的深入人間各階層,表顯了菩薩的偉大,出世又入世,崇高又平常。」〔註38〕對出家眾來說,「菩薩入世利生的展開,即是完成這出家(無私無我)的真義,做到出家與在家的統一。」〔註39〕菩薩行,不管是對於在家眾,還是對於出家眾都是有功德的,這是「因為世出世間一切功德皆依菩薩行而有。」〔註40〕

對於菩薩行,印順法師認為,只有「漸學漸深,從人間正行而階梯佛乘,這才是菩薩的中道正行。」〔註41〕在學菩薩行的過程中,會有深淺、好壞等不同的,「一般能於菩薩行而隨喜的、景仰的、學習的,都是種植菩提種子,都是人中賢哲,世間的上士。有積極利他、為法為人的大心凡夫,即使是『敗壞菩薩』,也比自了漢強得多!這種慈悲為本的人菩薩行,淺些是心向佛乘而實是人間的君子——十善菩薩;深些是心存利世、利益人間的大乘正器。」〔註42〕從這裡可以看到,在深淺上,深的可成為「大乘正器」,淺的可為「人間的君子」;在好壞上,好的可成為「人中賢哲,世間的上士」,壞的「敗壞菩薩也比自了漢強」。因此,印順法師極力鼓勵大家要學菩薩行。他曾建議道:「我覺得,真能負起出家弘法的責任,非學菩薩不可。」〔註43〕他還強調:「我們要自己警策自己,向菩薩看齊!」〔註44〕

因為「佛法的一切深義、大行,都是由於觀察因緣(緣起)而發見的。」〔註45〕這當然包括菩薩道也是須觀緣起的。從這一意義上來說,「空,是阿含本有的深義,與菩薩別有深切的關係。」〔註46〕菩薩的「菩提是依一切法空性而成就的。」〔註47〕

空與菩薩或菩薩道的關係,是極為密切的。在佛法理論的演變中,一方面,一切佛法都向著空義進展,而空義又都趨向到菩薩法,因此,這是理論

〔註38〕釋印順著:《菩薩心行要略》,中華書局,2011年,第14頁。

〔註39〕印順著:《永光集》,正聞出版社,2004年,第202頁。

〔註40〕淨慧主編:《佛法在世間》,中國佛教協會,1995年,第143頁。

〔註41〕釋印順著:《菩薩心行要略》,中華書局,2011年,第67頁。

〔註42〕釋印順:《學佛三要》,中華書局,2010年,第100頁。

〔註43〕印順著:《教制教典與教學》,正聞出版社,1992年,第171頁。

〔註44〕釋印順著:《菩薩心行要略》,中華書局,2011年,第39頁。

〔註45〕印順著:《佛法概論》,正聞出版社,1992年,第39頁。

〔註46〕印順著:《佛法概論》,正聞出版社,1992年,第241頁。

〔註47〕印順著:《華雨集》第一冊,南普陀寺慈善事業基金會,2002年,第142頁。

上必然的結果。「在理論上，大乘菩薩道強調一切世間現象皆是緣起性空，亦即空去主觀意識的執著。」〔註 48〕印順法師也是持這一觀點的，「依印順法師的觀點，佛由人成，成佛在於行菩薩道，而行菩薩道的善巧方便在於緣起性空。」〔註 49〕另一方面，要成立菩薩道，在行為上是多住空門，並以平等空理為基礎，因此這是修持上的必然要求。因為沒有空之智慧，就沒有菩薩行。「沒有『無所得為方便』，處處取著，怎麼能成就菩薩的大行！」〔註 50〕菩薩只有知空，才能洞達緣起性空的無礙。「菩薩，知緣起法的本性空，於空性中，不破壞緣起，能見緣起如幻，能洞達緣起性空的無礙。」〔註 51〕因此，在理論上可以說，空與菩薩道是一種相互依賴、相互統一的關係。

在佛法實際的修證中，空與菩薩道也是密不可分的。具體來說，主要表現為：一是悟解空性是行持菩薩道的保證。修菩薩道「唯有理解一切性空，才能不厭世間，不戀世間；才能不著涅槃，卻向涅槃前進。這樣的大乘行者，『與菩提心相應，大悲為上首，無所得為方便』，去實行菩薩的六度、四攝行。它一面培養悲心，去實行布施、持戒、慈忍等利他事業；一面理解性空的真理，在內心中去體驗。」〔註 52〕

二是菩薩道體悟的境界決定於空。菩薩行的行處是法空處，「行菩薩法，應該行於何處？彼行法空處，即一切法空，是菩薩之行處。」〔註 53〕其最終的落腳點也在於空，「菩薩的高度覺悟，主要表現在能覺悟『我』、『法』二空。」〔註 54〕菩薩體悟的境界深淺也是由法空所決定的，「一切法本性空，極無自性，空無自性中，無著無礙，故依因緣而可有一切法，依因緣而能轉染還淨。中論以八不明緣起，善滅諸戲論，蓋本於釋迦之中道說法，即緣起甚深，通般若之空義（即涅槃）甚深，而顯空有無礙之正道。眾生生死流轉，二乘證入涅槃，菩薩深入無生，悲願度生，圓成佛果，悉本此義以安立之。」〔註 55〕

〔註 48〕釋見晨：《大乘菩薩道思想的建構因素》，載《佛教文化》，2006 年，第 4 期。
〔註 49〕黃文樹：《儒家之仁與佛教之菩薩道──以孔子和印順思想為中心的探討》，載《2013 年第十二屆印順導師思想之理論與實踐國際學術會議論文集》，第 298 頁。
〔註 50〕釋印順著：《菩薩心行要略》，中華書局，2011 年，第 30 頁。
〔註 51〕印順講、演培記：《中觀論頌講記》，正聞出版社，1992 年，第 8 頁。
〔註 52〕釋印順著：《菩薩心行要略》，中華書局，2011 年，第 16 頁。
〔註 53〕印順著：《華雨集》第一冊，南普陀寺慈善事業基金會，2002 年，第 76 頁。
〔註 54〕明暘：《漫談菩薩行》，載《法音》，1983 年，第 4 期。
〔註 55〕印順著：《華雨集》第四冊，南普陀寺慈善事業基金會，2002 年，第 297 頁。

菩薩體悟的最後結果仍然由空來決定，「此事象與理性，觀行與智證，在菩薩般若的真實體證時，一切是不生不滅，不垢不淨，不增不減的，一切是畢竟空寂，不可擬議的。」〔註56〕

　　三是菩薩道的目標及其實現仍離不開空。從樹立菩薩道的目標來說，就是來自於空，「大乘佛法，以普利一切眾生為目標，就是從緣起性空中來。」〔註57〕要朝著菩薩道的目標，也離不開空的觀照，「所以菩薩難行能行，而絕不看成是難的；能以智慧照見一切法空，而發起無緣大悲。」〔註58〕菩薩道的目標實現依舊是建立在空上的，「因此，根源於緣起性空，建立空無我慧，才能永續實踐菩薩道。」〔註59〕菩薩道的目標實現，也就是菩薩通達、達得和證悟空的結果。從通達來看，「菩薩能通達生死如幻，才能長在生死中度眾生，並非長在生死中墮落受苦。」〔註60〕從達得來看，「唯有了達得生死與涅槃都是如幻如化的，這才能不如凡夫的戀著生死，也不像小乘那樣的以『三界為牢獄，生死如冤家』而厭離它，急求擺脫它。」〔註61〕從證悟來看，「菩薩證悟到『我、法二空』，才能在利益眾生的工作中做到難行能行、難捨能捨、難忍能忍。」〔註62〕菩薩道的實際修證既是對個人的，也是對大家的，「總之，若處處以自我為前提，則苦痛因之而起；若達法性空——無我，則苦痛自息。菩薩的大悲心，也是從此而生，以能了知一切法都是關係的存在，救人即是自救，完成他人即是完成自己，由是犧牲自己，利濟他人。個人能達法空，則個人的行動合理；大家能達法空，則大家行動合理。」〔註63〕

　　那麼，在佛法實際的修證中，菩薩該如何修空呢？一是從空下手。菩薩是以修空為主的，不像聲聞那樣的從無常苦入手。「佛從菩薩而成，菩薩的觀慧直從緣起的法性空下手，見一切為緣起的中道，無自性空、不生不滅、本來寂靜。」〔註64〕這種從空下手的辦法，是通過觀緣起而入的，這當然包含

〔註56〕印順講，演培、續明記：《般若經講記》，正聞出版社，1992年，第197頁。

〔註57〕印順著：《佛在人間》，正聞出版社，1992年，第241頁。

〔註58〕印順著：《華雨集》第一冊，南普陀寺慈善事業基金會，2002年，第65頁。

〔註59〕黃文樹：《儒家之仁與佛教之菩薩道——以孔子和印順思想為中心的探討》，載《2013年第十二屆印順導師思想之理論與實踐國際學術會議論文集》，第299頁。

〔註60〕釋印順著：《菩薩心行要略》，中華書局，2011年，第105頁。

〔註61〕釋印順：《學佛三要》，中華書局，2010年，第98頁。

〔註62〕明晹：《漫談菩薩行》，載《法音》，1983年，第4期。

〔註63〕印順講，演培、續明記：《般若經講記》，正聞出版社，1992年，第178頁。

〔註64〕印順著：《佛法概論》，正聞出版社，1992年，第242頁。

從色即是空去體證的辦法，可「就現實五蘊而體證空相中，表現爲大乘菩薩的，不只是照見五蘊皆空，而是從色即是空、空即是色去證入的。」〔註65〕並且還要進一步觀照，這是因爲「空，不是別的，是菩薩所觀所證的——不生不滅，不垢不淨，不增不減的諸法空相。」〔註66〕「在菩薩的觀照中，物理、心理的一切，都是空的。」〔註67〕所以在《般若經》中也強調「菩薩行深般若波羅蜜多時，照見此十二處空。」〔註68〕

二是正知緣起。在菩薩行中，正知緣起是很重要的，「在菩薩行中，無我我所空，正知緣起而不著相，是極重要的。」〔註69〕觀緣起就會達到修空的目的，「菩薩利根巧度，觀因緣本自空寂，而後有爲與無爲，世間與出世間，生死與涅槃，煩惱與菩提——無二無別，而開展大乘佛法之特勝！」〔註70〕

三是體證無相。一切諸法，「雖沒有少許法可名菩薩，但由因緣和合，能以般若通達我法的無性空，即名之爲菩薩。這是說：能體達菩提離相，我法都空，此具有菩提的薩埵，才是菩薩。」〔註71〕達到體證無相這一步，才可算是具備了菩薩的資格。

四是自在無罣礙。表現爲兩方面：一方面心無罣礙，「菩薩依般若波羅蜜多故，觀一切法性空不可得，由此能心無罣礙，如遊刃入於無間，所以論說：『以無所得，得無所礙』。無智凡夫，不了法空，處處執有，心中的煩惱，波興浪湧，所以觸處生礙，無邊荊棘。」〔註72〕另一方面遠離顛倒。「菩薩了法性空，知一切法如幻，能不爲我法所礙而有恐怖，即遠離顛倒夢想。」〔註73〕

五是得法性身。衆生未證諸法如實相的菩薩，他的身體，不過較我們強健、莊嚴，還是同樣的肉身。體悟空相的菩薩身，從證得法性所引生，從大悲願力與功德善業所集成，名爲法性生身，非常的殊勝莊嚴。得法性身的菩薩，不像「衆生取相執著，不達法性空，如棄大海而偏執一漚，拘礙局限而不能廣大。菩薩以清淨因緣，達諸法無性而依緣相成，所以能得此清淨的大

〔註65〕印順著：《佛法是救世之光》，正聞出版社，1992年，第195頁。
〔註66〕印順著：《佛法是救世之光》，正聞出版社，1992年，第190頁。
〔註67〕印順著：《佛法是救世之光》，正聞出版社，1992年，第190頁。
〔註68〕印順講，演培、續明記：《般若經講記》，正聞出版社，1992年，第191頁。
〔註69〕釋印順著：《菩薩心行要略》，中華書局，2011年，第30頁。
〔註70〕印順著：《華雨集》第四冊，南普陀寺慈善事業基金會，2002年，第293頁。
〔註71〕印順講，演培、續明記：《般若經講記》，正聞出版社，1992年，第112頁。
〔註72〕印順講，演培、續明記：《般若經講記》，正聞出版社，1992年，第199頁。
〔註73〕印順講，演培、續明記：《般若經講記》，正聞出版社，1992年，第199頁。

身。」〔註74〕

六是引發方便。菩薩初以般若慧觀一切法空，如通達諸法空性，即能引發無方的巧用，名爲方便。「菩薩的空慧，雖是法增上的理智，但從一切緣起有中悟解得來，而且是悲願——上求佛道，下化有情所助成的，所以能無所爲而爲，成爲自利利他的大方便。」〔註75〕由於引發了方便，「所以菩薩入世利生，門門都是解脫門。」

七是不爲境轉。菩薩多修空住，無礙自在，不隨世轉，故能多多的利益眾生。「菩薩要長期住在世間化度眾生，自己必須養成不受世間雜染外塵境界所轉，入污泥而不染的能力，這就是空。」〔註76〕

八是行動自在。如通達我法畢竟空，不但不會起實有自我的意念，就是自己的來去活動，也是了不可得。如有了這種空性的勝解，不論是布施、持戒或是做其他種種事情，內心總會不離於那種勝解空法之中。菩薩的修行，即是在這樣的情形下，越來越向上而深刻。

九是方便利他。印順法師引用龍樹的話說：就是菩薩得了無生法忍（般若證悟法性）以後，就沒有別的事了，專於方便利他，嚴淨佛土，成熟眾生。這種「菩薩後得無分別智的利他，不外乎救度眾生與莊嚴佛土，在利他中，完成佛果。」〔註77〕原因是「菩薩無分別智，離生死而證涅槃；雖契入涅槃，而悲願薰心，不離生死，歷劫化度眾生。」〔註78〕

十是入世度生。如悲願較切的菩薩，依於空，不但消極的自己解脫，還注重弘法利人。空、無我，正可以增長其同情眾生痛苦的大悲心，加強其入世的力量。「菩薩這套長在生死而能廣利眾生的本領，除堅定信願（菩提心），長養慈悲而外，主要的是勝解空性。觀一切法如幻如化，了無自性，得二諦無礙的正見，是最主要的一著。」〔註79〕尤其是「菩薩證悟了無生，能從大悲誓願現起種種，成佛後也還能於六道之中起度無邊眾生的作用。」〔註80〕由於菩薩勝解了空性，增長了度眾的悲心，這樣，才能於生死中忍苦而不急急的自了，從入世度生中向於佛道。

〔註74〕印順講，演培、續明記：《般若經講記》，正聞出版社，1992年，第71頁。
〔註75〕印順著：《佛法概論》，正聞出版社，1992年，第247～248頁。
〔註76〕印順講、妙欽記：《性空學探源》，正聞出版社，1992年，第115頁。
〔註77〕印順著：《華雨集》第一冊，南普陀寺慈善事業基金會，2002年，第334頁。
〔註78〕印順著：《華雨集》第一冊，南普陀寺慈善事業基金會，2002年，第329頁。
〔註79〕印順著：《人間佛教論集》（贈送版），正聞出版社，2002年，第68頁。
〔註80〕印順著：《華雨集》第一冊，南普陀寺慈善事業基金會，2002年，第136頁。

十一是引導自學。初學菩薩是離不開善知識的引導的，「大乘法說：初學菩薩向上向善的正行，即由分別知識的引導——由知識分別，知善知惡，瞭解世間的因果事相，知善而深信善法的價值，於是不斷地努力向善，這才能趣向證悟的聖境，得平等無戲論的根本智。」〔註81〕僅僅有善知識的引導是不夠的，自身的循序漸進努力學習才是最重要的，「依人身學菩薩行，應該循序漸進，起正知見，薄煩惱障，久積福德。久之，自會水到渠成，轉染成淨。」〔註82〕上述菩薩修空的十一個方面，不存在次第上的先後關係，只說明菩薩修空的方法及所達到的不同境界。

由於修空所達境界不同，菩薩與聲聞也就顯示出差別。「佛、菩薩、獨覺、聲聞四聖，皆依智慧以成聖，所以都不離覺義——只是大覺小覺之差別而已。」〔註83〕這種差別在佛說法時就已表現出來。「佛陀在世時，應機說法。雖解脫一味，而重於己利之聲聞，重於利他之菩薩（如彌勒），發心與趣果有別，實開分宗之始。」〔註84〕其差別的程度是「菩薩智盡虛空、遍法界，於一切法無分別，不是二乘那樣的少分性，所以說：二乘空如毛孔空，菩薩空如太虛空。」〔註85〕約解脫涅槃說，是三乘共的，「聲聞道與菩薩，雖不無矛盾，但大體上是互相依重而和合的。」〔註86〕因此，可說菩薩與聲聞質同而量異。「聲聞如毛孔空，菩薩如太虛空」，這個比喻表明兩者在量上的不同，而在質的方面，通達性空，大小平等，可說毫無差別。

由於這種量的差別，首先表現出聲聞與菩薩修行見地迥然不同。菩薩在修行的過程中，有大慈悲，有大願力，發心救度一切眾生，所以自己證悟了，還是不斷的救度眾生。在為人利他所受的苦難，菩薩覺得是：無上的安慰，最大的喜樂，沒有比這更幸福了。由於菩薩悲願力的薰發，到了成佛，雖圓滿的證入涅槃，但度生無盡的悲願，成為不動本際而起妙用的動力，無盡期的救度眾生，這就大大不同於小乘者的見地了。聲聞沒有大悲大願，不發菩提心去利益有情，專求己利；菩薩卻發廣大心，修廣大行，普願救濟一切有情，專行利他。菩薩修行見地與聲聞的功德不可截然分開，從整個修行過程

〔註81〕印順著：《佛在人間》，正聞出版社，1992年，第285頁。
〔註82〕釋印順著：《菩薩心行要略》，中華書局，2011年，第22頁。
〔註83〕印順著：《學佛三要》，正聞出版社，1994年，第159頁。
〔註84〕印順著：《佛法是救世之光》，正聞出版社，1992年，第115頁。
〔註85〕印順著：《華雨集》第一冊，南普陀寺慈善事業基金會，2002年，第328頁。
〔註86〕印順著：《以佛法研究佛法》，正聞出版社，1992年，第178頁。

來看，菩薩修行見地是建立在聲聞的功德積累之上的。印順法師曾諄諄告誡過大家學佛是長期的，學菩薩需要經過三大阿僧祇劫，至少我們這一生學佛，也不只是幾年的事情，希望大家要繼續精進！對學菩薩來說，聲聞不過是適應的方便，但聲聞的功德不可忽視。「學菩薩行向佛道，必不離人、天、聲聞的功德，漸次展轉向上，雖然要經過悠久的時間和廣大無邊的功德累積，但有了這高尚的目標在前，助長我們向上向善的欲樂精進，至少意志不會消沉墮落下去。」〔註87〕

其次，聲聞與菩薩在德行和風格上也表現出等級。在德行上，聲聞的德行，進展到深刻的淨化自心；菩薩的德行，更擴大到國土的嚴淨。這是因為「聲聞乘的主機，是重智證的；菩薩乘的主機，是重悲濟的」〔註88〕緣故。在風格上，基於這種德行特質，而表現為菩薩的風格，那就即世而出世。不離世間而同入法界，不著生死，不住涅槃；不離世間，不捨眾生，而流露出涅而不縕的精神了！菩薩的德行和風格，一方面體現了其高貴的精神，另一方面也突出了菩薩比聲聞更難。因為菩薩只知應該這樣行，不問他與己有何利益。那一種無限不已的大精進，在信智、悲願的大行中橫溢出來，這確是理想的人生了。菩薩比聲聞更難，他是綜合了世間賢哲（為人類謀利益）與出世聖者（離煩惱而解脫）的精神。

再次，聲聞與菩薩在悲心和善巧上相差懸殊。在悲心上，菩薩遠甚過聲聞，「菩薩常道，……此乃大乘通軌，雖法門無量，意趣則一。或願生人中，天上（非長壽天），或願生無佛法處，或生其他佛土；悲心廣運，歷劫修行，為菩薩特有之勝德，非急於自了生死者之可比」〔註89〕在善巧上，聲聞也無法與菩薩相比，「然菩薩是勝過二乘的，菩提心與大悲不捨眾生，是殊勝的。智慧方面，依般若而起方便善巧 upāya～kauśalya，菩薩自利利他的善巧，是二乘所望塵莫及的。」〔註90〕

菩薩與聲聞質同量異，由此就形成菩薩的菩薩道與聲聞的解脫道有著相反相成的關係。二者之間的相反關係，主要表現在出世入世和自利利他兩個方面。

〔註87〕印順著：《學佛三要》，正聞出版社，1994年，第14頁。
〔註88〕印順著：《學佛三要》，正聞出版社，1994年，第146頁。
〔註89〕印順著：《華雨集》第五冊，南普陀寺慈善事業基金會，2002年，第257頁。
〔註90〕印順著：《印度佛教思想史》，正聞出版社，1990年，第94頁。

在出世入世方面，與聲聞的解脫道的出世相反，菩薩道的入世作風，在現代戀世的常人看來，非常親切，要比聲聞的解脫道自了出世好得多！菩薩道的偉大之處也在入世上得以體現，「大乘菩薩道的偉大，全從入世精神中表達出來。」〔註 91〕「菩薩行的偉大，是能適應世間，利樂世間的。」〔註 92〕菩薩道的入世，是為了利益眾生，「在家菩薩常在通都大邑，人煙稠密的地方，利益眾生之，弘通佛法。」〔註 93〕印順法師肯定了菩薩道的入世是達到在家與出家的統一，「菩薩入世利生的展開，即是完成這出家的真義，做到在家與出家的統一。這是入世，不是戀世，是否定私有的舊社會，而走向公共的和樂的新社會。」〔註 94〕這種入世最後是「以出世精神，做入世事業」，「大乘菩薩可不同了，菩薩是出世而又入世，所謂『以出世精神，做入世事業。』」〔註 95〕因此，印順法師對菩薩道深表讚歎：「利益眾生的菩薩道，是大行難行。」

在自利利他方面，自利與利他的不同，表現出聲聞與菩薩的顯著區別。「聲聞道與菩薩道的差別，只在重於自利，或者重於利他，從利他中完成自利。」〔註 96〕自利，即是要以正確的般若智慧淨化自己的身心，完成斷煩惱、得解脫的大道。利他就是一向在生死中，不求自利解脫，而著重於慈悲利他，廣度眾生，莊嚴國土。利他，也叫方便道，是菩薩道的真精神。為了讓大家容易接受和理解自利與利他的不同，印順法師引用了一個種樹的比喻來說明這個問題：「如這塊小園地，執著為我所有的，我栽花，我種樹，我食用果實，這就是自私的行為。即使是物物交換，社會得其利益，也算不得真正的利他。大乘行者就不同了，不問這株樹栽下去，要多少年才開花，多少年才結果；不問自己是否老了，是否能享受它的花果；也不為自己的兒孫打算，或自己的徒弟著想。總之，如地而有空餘的，樹而於人有益的花可以供人欣賞，枝葉可以乘涼，果可以供人摘了吃；或可以做藥，或可以做建材，那就去栽植它。但問是否於人有益，不為自己著想，這便是菩薩行了。行菩薩道的，出發於利他，使利他的觀念與行為逐漸擴大，不局限於個人、一家、一鄉等。」〔註 97〕從這裡可見，印順法師更加重視的是利他。當然，實際的利他不是這

〔註 91〕釋印順著：《菩薩心行要略》，中華書局，2011 年，第 14 頁。
〔註 92〕印順著：《人間佛教論集》（贈送版），正聞出版社，2002 年，第 40 頁。
〔註 93〕印順著：《菩薩心行要略》，中華書局，2011 年，第 14 頁。
〔註 94〕釋印順著：《菩薩心行要略》，中華書局，2011 年，第 5 頁。
〔註 95〕釋印順著：《菩薩心行要略》，中華書局，2011 年，第 14 頁。
〔註 96〕印順著：《學佛三要》，正聞出版社，1994 年，第 145 頁。
〔註 97〕釋印順著：《菩薩心行要略》，中華書局，2011 年，第 90 頁。

麼簡單。利他，從物質和精神來看有兩大類：一是物質的利他，即財施；二是精神的利他，即法施。從不同對象和方式來說也有兩大類：一是直接的利他；二是間接的利他。「所以菩薩的修學與小乘的出發於自利不同，一切是為了利他。如為眾生、為人群服務，做種種事業，說種種法門，任勞任怨，捨己利人，是直接的利他。修禪定、學經法等，是間接的利他。」〔註98〕由此，「可見，利他之行應是方便的、多元的，一切使人拔苦得樂、向上向善、解脫自在的都屬之。」〔註99〕不管那種利他，都必須經過菩薩道得以實現，因此說，「佛教的利他真精神，……這非從菩薩道的抉擇中，把它發揮出來不可！這才能上契佛陀的本懷，下報眾生的恩德。」〔註100〕菩薩道的利他，具體表現在引發慈悲、艱苦修行和處處利生等。從引發慈悲來看，「菩薩也如水一樣，由於自心淨潔，不偏愛自己，所以引發慈悲，普覆一切眾生。」〔註101〕「所以凡不為自己著想，存著利他的悲心，而做有利眾生的事，就是實踐菩薩行，趣向佛果了。」〔註102〕從艱苦修行來看，「菩薩自己還沒有解脫，修種種的難行苦行，主要為了利人，不惜犧牲一切，甚至獻出自己的生命。」〔註103〕這是因為「菩薩從利他以自利，故須如實修行。」〔註104〕從處處利生來看，「菩薩也是這樣：從初發心，至坐道場成佛，隨時隨處，利益眾生。」〔註105〕這是由於「菩薩重於利他，無論是一切時，一切處，一件事，一句話，都以利他為前提」〔註106〕的緣故。這些利他的具體表現也進一步說明自利與利他的相反關係。「菩薩以利他為重，如還是一般人那樣的急於了生死，對利他事業漠不關心，那無論他的信心怎樣堅固，行持怎樣精進，決非菩薩種姓。專重信願，與一般神教相近。專重修證，必定墮落小乘。」〔註107〕由此可見，利他與「專重信願」、「專重修證」的自利是完全相反的。

〔註98〕釋印順著：《菩薩心行要略》，中華書局，2011年，第89頁。
〔註99〕黃文樹：《儒家之仁與佛教之菩薩道——以孔子和印順思想為中心的探討》，載《2013年第十二屆印順導師思想之理論與實踐國際學術會議論文集》，第294頁。
〔註100〕印順著：《學佛三要》，正聞出版社，1994年，第154頁。
〔註101〕印順著：《寶積經講記》，正聞出版社，1992年，第79頁。
〔註102〕釋印順著：《菩薩心行要略》，中華書局，2011年，第90頁。
〔註103〕釋印順著：《菩薩心行要略》，中華書局，2011年，第2頁。
〔註104〕印順著：《華雨集》第一冊，南普陀寺慈善事業基金會，2002年，第391頁。
〔註105〕印順著：《寶積經講記》，正聞出版社，1992年，第78頁。
〔註106〕釋印順著：《菩薩心行要略》，中華書局，2011年，第87頁。
〔註107〕釋印順著：《菩薩心行要略》，中華書局，2011年，第22頁。

　　從出世入世和自利利他兩個方面來看，二者之間的相反關係之中也包含相成關係。二者之間的相成關係主要表現爲：一是菩薩道是自利利他的統一。從佛教理論上來說，菩薩道自身就是自利利他相成的，「菩薩雖以利他爲重，而實是自利利他相成的。」〔註108〕關於自利與利他的關係，「本來依大乘的眞義來說，菩薩行是應該先利人的，也就是利他爲先，但印順法師認爲利他之前，宜先作自利工夫。他舉例說：自己學習成就，才可以利人。如自己還墮在水裏，不會浮水，這怎麼能救別人呢？至少要學會游泳的本領才得。」〔註109〕然而，「菩薩的自利，從利他中得來，一切與利他行相應。」〔註110〕這裡，菩薩是爲了利他而自利，從利他中完成自利，因而菩薩道最終可以實現自利利他的統一，所以說「學菩薩、成佛的自利利他，入世與出世無礙。……從修學菩薩行去實現他。」〔註111〕從修行實踐上來看，「眞能修菩薩行，專心爲法，過那獨身生活，教化生活，當然是可以的。然而，菩薩行的眞精神，是『利他』的。要從自他和樂的悲行中去淨化自心的，這不能專於說教一途，應參與社會一切正常生活，廣作利益有情的事業。如維摩詰長者的作爲，如善財所見善知識的不同事業：國王、法官、大臣、航海者、語言學者、教育家、數學家、工程師、商人、醫師、藝術家、宗教師等，這些都是出發於大願大智大悲，依自己所作的事業，引發一般人來學菩薩行。爲利他的一切，是善的德行，也必然增進自己，利益自己的。利他自利，在菩薩行中得到統一。」〔註112〕從這裡可以看到，修菩薩道能夠實現自利利他的統一。而且這種自利利他的統一，會是進入一種全新的人生境界。「這樣，菩薩又從自心淨化而回覆到自他和樂。從自他和樂中淨化自心，從自心淨化去增進自他和樂，實現國土莊嚴，這即是淨化自心與和樂人群的統一。所以菩薩行的特點，是透出一般人生而回覆於新的人生。」〔註113〕

　　二是解脫道爲菩薩道的基礎。聲聞的解脫道不但是菩薩道來源，而且要轉入菩薩道。在來源上，「從聲聞學派的分流上看，菩薩道可說是大眾系初唱，

〔註108〕印順著：《寶積經講記》，正聞出版社，1992年，第155頁。
〔註109〕黃文樹：《儒家之仁與佛教之菩薩道——以孔子和印順思想爲中心的探討》，載《2013年第十二屆印順導師思想之理論與實踐國際學術會議論文集》，第292頁。
〔註110〕釋印順著：《菩薩心行要略》，中華書局，2011年，第90頁。
〔註111〕印順著：《學佛三要》，正聞出版社，1994年，第14頁。
〔註112〕釋印順著：《菩薩心行要略》，中華書局，2011年，第6～7頁。
〔註113〕釋印順著：《菩薩心行要略》，中華書局，2011年，第5頁。

因佛法的普及大眾（菩薩，在家的更多）而發揚。」〔註114〕在目標上，聲聞的解脫道是需要轉入菩薩道的，「趣入大乘的修學者，一向分為直入菩薩、回入菩薩二類。直入是直向菩薩道的；回入是先修別道，然後轉入大乘道的。」〔註115〕不過，這要具備一個重要的條件，就是「要以大乘心行來修學，小法也就成為大乘了！」〔註116〕

三是解脫道為菩薩道的方便。「佛法中的法門，有人天乘法，聲聞乘法，緣覺乘法，這都是方便的說法；而此菩薩大行，如來極果的唯一大乘法，為最究竟徹底的了義說。」〔註117〕聲聞的解脫道為方便，是針對菩薩的菩薩道為究竟而言的，菩薩的菩薩道也不能抹殺聲聞的解脫道。因此，「成佛雖不一定要經歷二乘，然聲聞緣覺乘果是一佛乘的前方便。」〔註118〕

四是菩薩道含攝解脫道。「菩薩的修行，以大悲心為本，重於利濟救度眾生，不是聲聞行者那樣的但求自己解脫。佛因地——菩薩所修行的，是六（或十）波羅密、四攝，都是以布施為第一。所以成佛的因行，是菩薩的菩提道，攝得解脫道，而不是以解脫道為先的。」〔註119〕這種含攝關係中不存在次第的問題。從兩者之間的關係看，菩薩道是歸宿和目標，解脫道是過程和手段。從究竟義來看，菩薩道更為殊勝。因此，印順法師認為人應該從小就應學菩薩道。「將來長大了，要行菩薩道。能自利，能利他，才是一個佛化的好寶寶。」〔註120〕

印順法師對修菩薩道提出了值得注意的幾個問題：一是要警惕滑向解脫道。印順法師曾對修菩薩道信心不足的根性，曾舉出《法華經》中一個比喻來警惕這種現象，他說：「與菩薩心行格格不相入的，是鄙劣怯弱的根性，如《法華經》的窮子喻：窮子回到故鄉，望到財富無量的長者，驚慌失措，嚇得逃走都來不及。」〔註121〕印順法師認為修菩薩道應避免急求解脫，他詳細地解釋道：「經說菩薩發心修行，是依菩提心、大悲心、般若（慧）——無所得為方便，而修六度等大行。菩薩不是只為自己解脫，而是重慈悲利濟眾生

〔註114〕印順著：《以佛法研究佛法》，正聞出版社，1992 年，第 178 頁。

〔註115〕釋印順：《菩薩心行要略》，中華書局，2011 年，第 12 頁。

〔註116〕印順著：《寶積經講記》，正聞出版社，1992 年，第 171 頁。

〔註117〕印順講，演培、續明記：《勝鬘經講記》，正聞出版社，1991 年，第 12 頁。

〔註118〕印順講，演培、續明記：《勝鬘經講記》，正聞出版社，1991 年，第 14 頁。

〔註119〕印順著：《永光集》，正聞出版社，2004 年，第 229 頁。

〔註120〕印順著：《青年的佛教》，正聞出版社，1992 年，第 150 頁。

〔註121〕釋印順著：《成佛之道》（增注本），中華書局，2010 年，第 201 頁。

的。從初發心到成佛，《般若經》立菩薩十地次第，《華嚴經》更有十住、十行、十迴向、十地等位次，菩薩決不是急求證入，當下成佛的。所以菩薩在修行過程中，如悲願還不足，那在修空無我慧時，要記著今是學時，非是證時，以免急求解脫而落入聲聞果證。菩薩如證入聲聞果，對成佛來說，是被貶斥爲焦芽敗種的。要修到悲慧深徹，才契入無生忍，但還是忍而不證實際，利益眾生的事還多呢！佛，就是這樣的歷劫廣修菩薩大行，利他爲先，從利他中完成自利，這所以佛是福慧的究竟圓滿者。」〔註122〕印順法師指出修菩薩道若不急求解脫，就會獲得「學問莊嚴智」。他說：「原則上，菩薩是法行人，不是急求解脫，而願長劫修行，所以說學問莊嚴智。」〔註123〕印順法師認爲要避免滑向解脫道，應極力讚歎這種不急求解脫修菩薩道，「菩薩的廣大悲願，不入涅槃，留惑潤生，願意在長期的生死中，度脫苦難的眾生。這種不急於自求解脫，偉大的利他精神，在世間人心中，當然是無限的尊重讚歎」。〔註124〕與此同時，印順法師還提醒要注意名義上是修菩薩道，而實際上卻是行解脫道的現象。他說當時的太虛大師已指出了這個現象，「太虛大師學發菩薩心，學修菩薩行，鑒於世之學佛者，大多逃空遁世，不爲世間正常善業。以大乘之名，行小乘之實，故舉人生佛教以爲勸」〔註125〕對於要警惕解脫道，印順法師也談到自己的體會：「可惜我的根性太鈍，贊仰菩薩常道，不曾能急於求證。」〔註126〕

二是要洞察菩薩道神化傾向。印順法師認爲菩薩道本身含有神化因素，且由來已久，「在家爲主的菩薩法，是適應印度在家眾根性——如婆羅門等。適應在家根性爲主的菩薩：一、著重人事；二、傾向天事——神化。」〔註127〕菩薩道的發揚，還含有天行的成分。因此要洞察菩薩道神化的演化過程，印順法師在研讀中，覺得大乘正常的菩提道，實源於釋尊的教化（身教、言教），開展出菩薩行的如實道。只是受到印度文化（神教）的影響，不能充分落實，反而適應印度神教，演化爲通俗的、神秘的宗教。菩薩道的神化，印順法師是有著較深的洞察。

〔註122〕印順著：《永光集》，正聞出版社，2004年，第230～231頁。

〔註123〕印順著：《華雨集》第一冊，南普陀寺慈善事業基金會，2002年，第72頁。

〔註124〕印順著：《華雨集》第二冊，南普陀寺慈善事業基金會，2002年，第99頁。

〔註125〕印順著：《華雨集》第五冊，南普陀寺慈善事業基金會，2002年，第260頁。

〔註126〕印順著：《我之宗教觀》，正聞出版社，1992年，1992年，第306頁。

〔註127〕印順著：《人間佛教論集》（贈送版），正聞出版社，2002年，第152頁。

　　三是要反對專重解脫道，輕視菩薩道。印順法師曾一針見血指出，專重解脫道，輕視菩薩道是違反大乘佛法般若性空的。臺灣「現代禪自己說是佛教，還成立菩薩僧團，那應該行菩薩行，以成佛為理想的。可是，不說發菩提心，長養大悲心，反而輕視菩薩的菩提道為第二義，這是違反般若系大乘經的。」〔註128〕因此，印順法師認為，現代禪重於（修改過的）解脫道，不重菩薩的菩提道，事實上也不用談般若了。他在這裡雖是針對現代禪的批評，實際上表明了他要求重視菩薩道的看法。

　　四是解脫道和菩薩道皆應契理契機。從修持解脫上來說，解脫道和菩薩道都需要經過種、熟、脫的過程，「出世的法施……，從使人得解脫來說，也並不像一般所想像的偏差。解脫，要從薰修行持得來。小乘行者，初發出離心，即種下解脫的種子；以後隨順修學，漸漸成熟，最後才證得真斷惑得解脫。大乘行者，初發菩提心，即種下菩提種子，經長時的修行成熟，才能究竟成佛。大乘與小乘，都要經歷種、熟、脫的過程，所以出世的教法，也不只是使人當下解脫自在，才是利他。」〔註129〕這個過程說明解脫道和菩薩道皆應契理。從弘法利生來說，應適合根性和對機，「所以如有人天善根的，就以人天法來化導他。如有二乘善根的，以二乘法來度脫他。有佛種性的，就以大乘法來攝化，使他學菩薩行，趨向佛果。」〔註130〕這種應機度化的方式，說明解脫道和菩薩道皆須契機。

第二節　菩薩道宗要與核心

　　菩薩道的宗要，就是信願、慈悲、智慧的總和。也就是印順法師所說的學佛三要，即信願、慈悲、智慧（簡稱信、悲、智），也稱菩提心、大悲心、空性見。印順法師認為菩提心，大悲心，空性見——三者是修菩薩行所必備的，他還進一步強調：「然論到圓成佛道的菩提道，信願，慈悲，智慧，都是不可缺少的。世間決無沒有信願、沒有慈悲、沒有智慧的菩薩，也決無沒有圓成這些功德，而可以成就無上菩提的。」〔註131〕印順法師把這三個方面作

〔註128〕印順著：《永光集》，正聞出版社，2004年，第230～231頁。
〔註129〕黃文樹：《儒家之仁與佛教之菩薩道——以孔子和印順思想為中心的探討》，載《第十二屆印順導師思想之理論與實踐國際學術會議論文集》，2013年，第294頁。
〔註130〕釋印順著：《菩薩心行要略》，中華書局，2011年，第36～37頁。
〔註131〕印順著：《華雨集》第一冊序，南普陀寺慈善事業基金會，2002年。

為修學大乘法的綱領。在他的寫作與講說中多有發揮。如他寫的《信心的修學》、《菩提心的修習次第》，是屬於信願的；《慈悲為佛法宗本》、《自利與利他》、《一般道德與佛化道德》，是屬於慈悲的；《慧學概說》，是屬於智慧的。我們將根據他的這些有關著述來闡述其在這三個方面的看法。

先看菩提心。菩提心是以長期修集福德智慧，乃至成最後圓滿的遍正覺，為修學佛法的崇高目標。它應屬大乘菩薩的信心，可以說，是為諸眾生故而發起大悲莊嚴的大心。為了救度眾生，菩薩「不離世間，淨化世間而成正覺，不是節制煩惱，不是滅絕煩惱，是融化的，轉化的。貪欲，淨化它而使轉為大乘信願，即菩提心。」〔註132〕印順法師認為菩提心，必須具備：一、直心，二、深心，三、菩提心（大悲心）。這裡直心就是不諂曲。深心就是指在心底有著深切的真誠愛好，不徒在表面形式上下工夫的意思。大悲心，就是使眾生安住於涅槃，度脫一切眾生使其得到究竟解脫的境界。但是因眾生的根性不一，菩提心有二種：一、世俗菩提心。如對大乘佛法有深切信解，發起上求佛道下化眾生的四弘誓願，這是屬於世俗的菩提心。二、勝義菩提心。這不但是上求下化的信願，而要能夠體悟到本性清淨的佛性——如來藏性。這兩種菩提心反映了菩薩境界的深淺不同，「菩提心雖有深有淺，但最初的菩提心，也是一種大志願，就是立大志、發大願，以為度眾生而成佛為最高的目標。」〔註133〕因此，可以說，發了菩提心，就是菩薩。反過來說，菩薩以菩提心為本，離了菩提心，即不名為菩薩。所以大乘經中，無邊讚歎菩提心的功德，說他是一切佛法種子。

從佛法來講，眾生發心有兩種：一、發了生死的心，此心為小乘心——出離心，發了此心，行到極點，可證羅漢果。二、發菩提心，此心為大乘心，以自利利他為目的，所謂「上求佛道，下化眾生。」這裡我們要討論的是發菩提心。何為發菩提心？菩薩由於悲心的激發，立定度生宏願，以佛陀為軌範，修學大悲大智大勇大力，以救度一切眾生，名為發菩提心。發菩提心，在大乘佛法中具有極為重要的意義。眾生修習大乘佛法，是以發菩提心為主的。「所以，以發菩提心，修菩薩行，成如來果的大乘法門，才是佛法的真實意義，如來教化的真正目的。」〔註134〕菩薩應知道唯有發菩提心，上求下化，才是利樂眾生的前提。發菩提心的對象，要具備人身。「眾生之通性，佛法雖

〔註132〕印順著：《佛在人間》，正聞出版社，1992年，第162～163頁。

〔註133〕印順著：《華雨集》第一冊，南普陀寺慈善事業基金會，2002年，第22～23頁。

〔註134〕釋印順著：《成佛之道》（增注本），中華書局，2010年，第253頁。

普為一切有情，而真能發菩提心，修菩薩行而成佛果的，唯有人類。如唐裴休的《圓覺經序》說：『真能發趣菩提心者，唯人道為能』。」〔註135〕發菩提心的條件，要捨己為他。菩薩心中除了學法救濟有情的念頭外，別無其他。假使存著這樣的心，不是為自，全是為他，這真是發菩提心了。而且要始終如一，菩薩「發菩提願必須是時時不離此心，所作所為都是為了貫徹這一個志願，堅定不拔，這樣才算是成就發起。」〔註136〕眾生即使初發菩提心，也是很受重視的。菩薩發心後越修功德越大，利濟眾生的功能也越大。菩薩道是不限於初心的，不過弘揚菩薩道，總要從人的初發心說起。菩薩道的弘揚是離不開初發菩提心。發了菩提心的菩薩，就是初發心不久，從佛法來說也值得稱歎。因為菩薩發菩提心，求成佛道，主要是為了救度一切眾生，因此，在大乘修學中就須有切要的心性正見。發大菩提心的要求，要深觀緣起。「因菩薩觀緣起相依相成，無自性可得，通達自身眾生身為同一空寂性，無二無別，不見實有眾生為所度者。必如此，才是菩薩的大菩提心，才能度一切眾生。」〔註137〕同時也要知道真正發大菩提心的菩薩，是決不會破壞因果的，不會偏取空相而不修布施、持戒等善法的。反過來說，菩薩因為深見緣起因果，這才發大菩提心，修行而求成佛。發菩提心，不單是心念而已，而要有踏實的事行去救眾生。從救度眾生中，降伏自己的煩惱，深入清淨的實相，達到自利利他的圓成。因此，菩提心的成就，要依靠修習。菩提心的修習，為修學大乘道，趣入大乘道的第一要著。一切都從修學得來，發菩提心也要慢慢地修習才能成功。菩提心成就了，以後每當境界現前，再也不會忘掉，不會有違反的念頭，菩提心能明白的顯現在內心，這樣就會「一步一步地成就菩提道」。值得注意的是，菩薩在發心修行的過程中，不退菩提心是最重要的。菩提心的穩固，要信行成就。在信的方面，要達到菩提心的堅固不退，要從憶念佛陀的偉大入手。在行的方面，菩薩在這些行中修學，若到達了信心成就，菩提心也就能夠不再退轉了。發菩提心與行菩薩道，也應同時進行，並非是先把心發好然後再去行。因此菩薩道行得越大，菩提心也就越堅固。菩提心堅固了，菩薩在救度眾生中成就佛的因行和解脫。發了菩提心，菩薩就能進趣大乘法門，「大乘遍及人間的一切正行，那一樣不是入世？但有一前

〔註135〕印順著：《人間佛教論集》（贈送版），正聞出版社，2002 年，第 159 頁。
〔註136〕印順著：《華雨集》第一冊，南普陀寺慈善事業基金會，2002 年，第 23 頁。
〔註137〕印順講，演培、續明記：《般若經講記》，正聞出版社，1992 年，第 36 頁。

提，就是發菩提心。沒有，這些都不是佛法。有了菩提心，這些都融歸大乘，成為成佛的因行。」〔註138〕發了菩提心，即使墮落也迅即解脫。「經謂發菩提心者，永不失壞。雖或墮落，以菩提心善根力故，迅即解脫」〔註139〕發菩提心，確是殊勝的法門。印順法師對發菩提心給予高度的讚揚。他說：「言菩薩行，則三乘同入無餘，而菩薩為眾生發菩提心，此忘己為人之精神也。」〔註140〕又「菩薩的發心，『自未得度先度他，是故我禮初發心』，先人後己的精神，是希有難得的！」〔註141〕因此，菩薩發菩提心，久在生死修難行大行，精神太偉大了！

　　其次是大悲心。大悲心是對於人世間一切苦痛的同情，想施以救濟，使世間得到部份的與究竟圓滿的解脫自在。因為有情──人是互相依待而存在的，如他人不能脫離苦痛，即等於自己的缺陷，所以大乘要以利他的大悲行，完成自我的淨化。大悲心，無論是從佛法來說，還是從菩薩發菩提心修菩薩行來說，都是極為重要的。在佛法的理論上，慈悲為本是佛菩薩的心髓。如「慈悲，是佛法的根本，佛菩薩的心髓。菩薩的一舉手，一動足，無非慈悲的流露。一切的作為，都以慈悲為動力。」〔註142〕依代表佛陀真精神的大乘來說，慈悲為本，是最恰當的抉發了佛教的本質。這也是自利與利他的互相促進，從而進展到自利利他的究竟圓成。在佛法的觀行上，以慈悲為主、為本而觀行，依佛法而論，以悲心為主而營為一切正行，都是入世。「從觀佛身相而觀佛心，佛心是以大慈為本的，而慈心又是從六念為因而生起的。」〔註143〕從菩薩來說，菩薩離不開慈悲的，離了慈悲，就沒有菩薩，也沒有佛。而且「菩薩的最要處，便是大悲心，見眾生苦，好像是自己的苦痛，想方法去救度他們，才是菩薩心、佛種子。」〔註144〕從菩薩發心來說，其重心在於悲心，「菩薩發心，當然包含了信願、智慧，而重心在大悲心。有大悲心而後想成佛度眾生的，就是菩薩。」〔註145〕從菩薩道或菩薩行來說，悲心顯得更為

〔註138〕印順著：《無爭之辯》，正聞出版社，1995年，第198頁。
〔註139〕印順著：《華雨集》第五冊，南普陀寺慈善事業基金會印，2002年，第259頁。
〔註140〕印順著：《無諍之辯》，正聞出版社，1995年，第122頁。
〔註141〕印順著：《華雨集》第二冊，南普陀寺慈善事業基金會，2002年，第134頁。
〔註142〕印順著：《學佛三要》，正聞出版社，1994年，第130頁。
〔註143〕印順著：《華雨集》第二冊，南普陀寺慈善事業基金會，2002年，第259頁。
〔註144〕印順著：《人間佛教論集》（贈送版），正聞出版社，2002年，第222頁。
〔註145〕印順著：《人間佛教論集》（贈送版），正聞出版社，2002年，第222頁。

突出，要以大悲爲上首。菩薩行本身出自於大悲，「菩薩發菩提心修菩薩行，是出於大悲大願。」〔註146〕在實際的修行，必須以大悲爲上首。大悲爲上首，大慈悲爲根本，是經典一再強調的。菩薩行的方便、志趣，都以大悲爲上首的，大悲是菩薩行的動機。

慈悲源於緣起法。緣起法，印順法師用一個比喻作了說明。緣起法是一種關係的存在，如三根槍搭成的槍架一樣，彼此相依，都站立而不倒。不論除去那一根，其他的也立刻會跌倒，是相依相成的。他認爲緣起法中存在的關係能夠啓發慈悲。「佛法說緣起，同時就說無我。因爲從緣而起的，沒有獨立存在的實體，就沒有絕對的自我。否定了絕對的自我，也就沒有絕對的他人。相對的自他關係，息息相關，所以自然地啓發爲慈悲的同情。」〔註147〕慈悲的啓發要通過觀照緣起，能照見一切皆無自性空，也就能了達一切如幻如化。知道幻化的一切，從因緣而有，也就能發無我的同體的悲心。觀照緣起達到平等一如的心境中，從而發生同體大悲。因此慈悲「實是人心的映現緣起法則而流露的——關切的同情。」慈悲是菩薩上求下化的資本。菩薩有了慈悲，不但是徹證空性的智慧，而且是入世利生的方便善巧。菩薩證到空性，就可樹立正確的人生觀。「從緣起相的相關性說，世間的一切——物質、心識、生命，都不是獨立的，是相依相成的緣起法。在依託種種因緣和合而成爲現實的存在中，表現爲個體的、獨立的活動，這猶如結成的網結一樣，實在是關係的存在。關係的存在，看來雖營爲個體與獨立的活動，其實受著關係的決定，離了關係是不能存在的。世間的一切，本來如此。眾生，人類，也同樣的如此。所以從這樣的緣起事實，而成爲人生觀，即是無我的人生觀，互助的人生觀，知恩報恩的人生觀，也就是慈悲爲本的人生觀。」〔註148〕菩薩具有慈悲爲本的人生觀，也就具備了高尚的道德，佛法從緣起法的依存關係，確立慈悲爲他的道德。緣起的世間，就是如此。爲他等於爲己，要自利非著重利他不可，只有這樣，才能更好地自利利他。

慈悲心的展開就是慈、悲、喜、捨——四心。慈，是以利益安樂、世出世間的利益，給予眾生，希望其得到快樂。悲，是拔濟眾生的苦難，解除眾生的生死根本。喜，是見眾生的離苦得樂而歡喜，眾生的歡悅，如自己的一

〔註146〕印順著：《華雨集》第一冊，南普陀寺慈善事業基金會，2002 年，第 137 頁。
〔註147〕印順著：《學佛三要》，正聞出版社，1994 年，第 125 頁。
〔註148〕印順著：《學佛三要》，正聞出版社，1994 年，第 120 頁。

樣。捨，是怨親平等，不憶念眾生對於自己的恩怨而分別愛惡，以平等心對待一切眾生。這四心，也稱四無量心，爲慈悲的主要內容。菩薩具備慈悲喜捨的總和，才能成爲眞正的菩薩心。菩薩具有了這四心，才可達到解脫的境界，「無量心是能與解脫相應的，有四無量心，則他的私我心越小，慈悲心也就越大，到後來便能達到無自無他，一切平等與眞理相應的境界。」〔註149〕這四心必須與般若空相應。四心的生起源於了知空，大乘法要修苦行難行，但在菩薩了知一切法皆空不可得中，卻要生起慈悲心，把一切眾生看成是如父如母、如兄如弟、如子如女……，與自己親屬一般，才能在其中生起慈、悲、喜、捨之心而不覺其苦。四心的奉行依於發悲心，菩薩的悲心，是與空相應的，將一切眾生看成與自己是最密切、息息相關的人物，便能夠奉行四無量心了。般若空也離不開四心，「同樣的，如沒有慈、悲、喜、捨心，也除掉了菩薩的大行大願，而單只留下一個空的體悟，那就根本不是大乘佛法，只能算是小乘而已。」〔註150〕四心與般若空結合，並且與般若空相應構成了大乘佛法的重要特徵。

　　根據眾生的不同根性，慈悲可分爲三類：一、眾生緣慈。這是一般凡情的慈愛。不明我法二空，以爲實有眾生，見眾生有苦有樂，而生起慈悲的同情。二、法緣慈。這是悟解得眾生的無我性，但根性下劣，不能徹底的了達一切法空，這是聲聞、緣覺的二乘聖者的心境。三、無所緣慈：是於徹證一切法空時，當下顯了假名的眾生。眾生修發大悲心，方法很多，應擇法而行。印順法師介紹了兩種最易生起慈悲的修法。其一、親怨平等觀。這是從親而疏而怨，次第的擴充。這種修法近乎儒家親親而仁民，仁民而愛物的理論，使慈悲心次第擴大而成就發心。必須一步一步地，先由親，然後中，等到有一天把心量擴大到一個相當的程度了，就會對冤家也發起慈悲心。其二、自他互易觀。如以自己的自愛而推度他人，設身處地的爲他人著想，把他人看作自己去著想，慈悲的心情，自然會油然的生起來。這種修法就是把自己與別人的地位互相調換一下，看到別人面臨的苦痛處境當作自己的。在印度的菩薩道中，通常以這兩種方法，教人從大悲而起菩提心。此外，還要從明慧中去多聞正法，深入般若。從淨戒中去入眾無礙，養成入世的悲心。總之，慈悲，應長養它，擴充它。

〔註149〕印順著：《華雨集》第一冊，南普陀寺慈善事業基金會，2002年，第65頁。
〔註150〕印順著：《華雨集》第一冊，南普陀寺慈善事業基金會，2002年，第66頁。

　　慈悲是菩薩忘己爲他、自利利他的動力。「因爲菩薩不以自己的願欲爲行動的方針，而只是受著內在的慈悲心的驅使，以眾生的需要爲方針。眾生而需要如此行，菩薩即不得不行；爲眾生著想而需要停止，菩薩即不能不止。菩薩的捨己利他，都由於此，決非精於爲自己的利益打算，而是完全的忘己爲他。」〔註151〕菩薩在捨己利他的基礎上進一步達到自利利他的境界。所以應有慈悲心（無瞋害心），才能有利於自己，無損於別人；才能做到自他和樂，自他兩利。印順法師認爲，慈悲與方便，是大乘菩薩的特質。菩薩度生，以此二爲工具。其原因是菩薩有方便善巧與悲願，即使他證悟了無生法忍，仍然能夠與眾生有所感應，而且佛菩薩之所以能夠啓化眾生，是發於悲願的力量。菩薩無論在任何時代，任何環境，以此爲修菩薩道的要務，並在菩薩道中成就正果。菩薩「於是悲心內發，不忍眾生苦，不忍聖教衰而行菩薩道。在菩薩道中，慈悲益物不是無用，反而是完成佛道的心髓。」〔註152〕所以凡不爲自己著想，存著利他的悲心，而作有利眾生的事，就是實踐菩薩行，趣向佛果了。自利利他，同時成就。慈悲與方便，雖然同爲度生的兩大工具，但是度生主要是慈悲，而慈悲是內在的，須有高度的善巧方便，才能表現出來。爲了便於理解這種方便工具的善巧運用，印順法師列舉了兩個具體例子加以說明。一是觀世音菩薩。凡是菩薩到達了大菩薩的階段，以慈悲爲本，一切爲了眾生、救濟眾生，使得大家都能夠脫離苦惱。我們平時都知道觀世音菩薩救苦救難，這是特別注重其以悲心來度眾生的意義。一是維摩詰居士。從慈悲心發爲布施等行，爲菩薩所必備的。菩薩的領導，並不限於政治，在任何階層，不同職業中，有慈悲心行的菩薩，總是起著領導作用。如維摩詰居士，他在一切人中，一切中尊。不過方便善巧的運用，也不是盡如人意的，按菩薩的悲心，是要使眾生安住於無餘涅槃，這就是百分之百地使眾生離苦。但是，當環境因緣不具足，菩薩只能做八十分、七十分甚至只有三十分地使眾生離苦，這也是好的而應該去做。因爲菩薩的教化救度，必須視眾生的根性而定，屬於大乘根性者，則教之以大乘法；屬於小乘根性者，則教之以小乘法；根性既不屬大乘又不屬小乘者，則以人天法門來救度他，因爲這至少是要比眼睜睜地任他苦痛、墮落要來得好些。雖然方便善巧存在一定的局限性，但其度眾的作用仍不可忽視。菩薩應在菩薩行中以慈悲與方便爲工具和

〔註151〕印順著：《學佛三要》，正聞出版社，1994年，第131頁。
〔註152〕印順著：《無諍之辯》，正聞出版社，1995年，第184頁。

手段來成就大悲心。其成就在菩薩道中，以菩薩的方便善巧表現出來，「此乃菩薩發心，故常願以迴向為首，務願一切眾生皆生極樂，如是乃能成就大悲心。」〔註153〕但是菩薩有兩點要引起注意：一是不離慈悲。如離開慈悲而說修說證，即使不落入外道，也一定是焦芽敗種的增上慢人！二是不生慢心。一個人慢心生起時，慈悲心就減少了，謙虛容忍的美德也就喪失了。

　　再次是空性見。又稱智慧、慧。在大小乘經論裏，曾安立了種種不同的名稱，最一般而常見的，是般若（慧）。還有觀、忍、見、智、方便、光、明、覺等。三十七道品中的正見、正思惟、擇法等也是。空性見，就是眾生通達真理的智慧。真實圓滿的大乘智慧，其究極體相，可從四方面去認識：一、信智一如。按一般說，一個實在的修行者，最初必以信心啓發智慧，而後更以智慧助長信心，兩者相關相成，互攝並進，最後達到信智一如，即是真實智慧的成就。二、悲智交融。菩薩的智慧，才是真般若，因為菩薩在徹底證悟法性時，即具有深切的憐愍心，廣大的悲願行。慈悲越廣大，智慧越深入；智慧越深入，慈悲越廣大，真正的智慧，是悲智交融的。三、定慧均衡。四、理智平等。以上四點，是智慧應有的內容。其中信智一如、定慧均衡、理智平等，可通二乘偏慧，唯悲智交融是大乘不共般若的特義。如果這種空性見的大乘智慧與菩提心的崇高理想、大悲心的偉大同情結合，就可完成圓滿的人生——成佛。

　　由於菩薩通達空性的程度不一，存在質同量異的情形，因此智慧的分類也較複雜。但總的來看，印順法師是採用二分法和三分法兩種。關於二分法，從經論來看，兩種智慧的分類，有許多種。主要的三種為：一、從聲聞經來說，有法住智和涅槃智。二、從大乘法來說，分為事理智慧，且異名極多。菩薩的智慧，主要分為般若（慧）與漚和（方便）兩種。三、從慧學來看，依行者的根機，可分為：小乘慧——大乘兼有，故又稱三乘共慧；大乘慧——唯菩薩所特有，不共二乘，或稱大乘不共慧。這三乘共慧與大乘不共慧的差別，即是所觀境的不同。二乘學者的觀境，可說只是近取諸身，即直接依自我身心作觀。菩薩行者，不但觀察自我身心，而且對於身心以外的塵塵刹刹、無盡世界，一切事事物物，無不遍觀。關於三分法，歸納為三種智慧，有四大類：一智慧分為生得慧、加行慧和無漏慧。這三慧是常見的一種分類。生得慧，即與生俱來的慧性。加行慧，教典中又分為三階段，即聞、思、修三慧。聞慧，本著與生俱來的慧力，而親近善知識，多聞薰習，逐漸深入佛

〔註153〕印順著：《華雨集》第一冊，南普陀寺慈善事業基金會，2002年，第375頁。

法。思慧是以聞慧爲基礎，而進一步去思惟、考辨、分別、抉擇，於諸法的甚深法性，及因緣果報等事相，有更深湛的體認，更親切的悟了。這種由於思惟所引生的慧解，名思所成慧。修慧，即本著聞思所成智慧，對佛法所有的解悟，在與定心相應中，觀察抉擇諸法實相，及因果緣起無邊行相，止觀雙運而引發深慧，名修所成慧。這聞思修慧，總名加行慧，因它還沒有到達眞正的實證階段。經過定慧相應、止觀雙運的修慧成就，更深徹的簡擇觀照，終於引發無漏慧，又名現證慧。由此無漏慧，斷煩惱，證眞理，這才是慧學的目標所在。二智慧分爲加行無分別智、根本無分別智和後得無分別智。這是專約證入法性無分別而說的。證悟眞如法性，與法性相應的如實慧，名根本無分別智。其中經過修行而能證此眞如法性的方便，是加行無分別智，即加行慧。通過根本無分別智，而引發能照察萬事萬物的，即後得無分別智。三智慧分爲世間智、出世間智和出世間上上智。這是從凡夫到佛果位而分類的三種智慧。世間智，指一般凡夫及未證聖果的學者，所具有的一切分別抉擇慧力。出世間智，指二乘聖者超出世間的，能通達苦空無常無我諸法行相的證慧。出世間上上智，佛與菩薩所有的大乘不共慧，雖出世間而又二諦無礙、性相併照，超勝二乘出世的偏眞，故稱出世間上上智。這種分類，與龍樹《智論》的外道離生智，二乘偏眞智，菩薩般若智，意義極爲相近。四智慧分爲一切智、道種智和一切智智。這種分法源於《般若經》。這種序列，說明了聲聞、菩薩、佛三乘聖者智慧的差別。

印順法師認爲般若波羅蜜，在菩薩修學中，是最重要的。其重要性可概括爲以下幾個方面：其一、般若爲菩薩之母。「智慧乃菩薩之母，菩薩由智慧而生。」〔註154〕沒有智慧絕對產生不了菩薩。其二、菩薩行以般若爲先導。菩薩的大行——波羅蜜行，主要是以慧——般若爲先導的。「菩薩長期修行（六度）而成佛，修行以般若爲先導，是聲聞弟子所公認的。」〔註155〕般若爲先導通於菩薩的自證化他和自利利他的，不管自證與化他，都要以智慧爲先導，尤其是修學大乘的菩薩行者，爲了化度眾生，更需要無邊的方便善巧。這是「因爲修學大乘的菩薩行，無論是利濟他人或是淨化自己，都需要般若的智慧來領導——不是說只要般若。」〔註156〕其三、依般若遠離顛倒夢想。「菩薩

〔註154〕印順著：《華雨集》第二冊，南普陀寺慈善事業基金會，2002 年，第 110 頁。
〔註155〕印順著：《華雨集》第五冊，南普陀寺慈善事業基金會，2002 年，第 290 頁。
〔註156〕印順講，演培、續明記：《般若經講記》，正聞出版社，1992 年，第 166 頁。

依智慧行——悟眞空理，修中道行——遠離一切顚倒夢想，消除身心、自他、物我間的種種錯誤，即拔除了苦厄的根本，不怖於生死，能得究竟涅槃。」〔註157〕菩薩依般若，能遠離顚倒夢想究竟涅槃。我們如能依此以行，解一切法空，不但處事待人，能因此減少許多苦痛，生死根本也可因此而解脫了。其四、依般若於生死中度生。「菩薩的大慧、深慧，不怕生死流轉而能於生死中教化眾生，也即是這正見——般若的大力。」〔註158〕這是因爲菩薩深觀煩惱性空，如知賊是賊，賊不能爲害，故菩薩於生死中，不斷煩惱，勤行精進的緣故。菩薩行的勤行精進當然也包括智慧的內容，菩薩還要不斷增長慧學的智慧。菩薩要修習慧學，第一步便要起正見、生深信，具備不計利害得失，勇往直前，永無退轉的堅決信念。第二步思慧成就，約大乘說，也就是慈悲、布施、忍辱、精進等功德的成就。第三步修慧成就。修慧即是具足正定——定成就。

　　上面我們分別敘述了菩提心、大悲心、空性見。這三者之間不是分離的，而是具有密切的關係。三者之間的關係具體表現爲：一是三者共同構成大乘法的核心。「大乘的核心，是大菩提願爲本，大悲心爲上首，空慧爲方便的。如本經所明的菩薩道，略分三段：一、修廣大正行，重於菩提願。二、習甚深中觀，重於空慧。三、作教化事業，重於大悲心。綜貫這三德而修行，才成爲菩薩正道。」〔註159〕而且大乘菩薩乘的特質在於：一切智智相應作意（菩提心），大悲爲上首，無所得（空慧）爲方便；或菩提心爲因，大慈悲爲根本，以方便而至究竟。因此，可以說，缺少了這三者就沒有大乘法。印順法師認爲，離了大乘的信願，會近於儒者的仁（仁近於慈悲）、智（智近於智慧）。離了大乘的慈悲，會同於聲聞的信、智。離了大乘的智慧，大體會同於耶教的信（信等於信願）、愛（愛近於慈悲）。眞能表達佛教的眞諦，成爲人間的無上法門，唯有大乘菩薩行——信願、慈悲、智慧的總和，從相助相成而到達圓修圓證。二是三者並重，不可偏廢。菩提心，大悲，（般若）無所得，三者並重。「菩薩道的三大事，就從起信心，生正智，長大悲的三德中來。所以，由人菩薩而發心的大乘，應把握這三者爲修持心要，要緊是平衡的發展。切勿偏於信願，偏於智證，或者偏於慈善心行，做點慈善事業，就自以爲菩薩行。眞正的菩薩道，此三德

〔註157〕印順講，演培、續明記：《般若經講記》，正聞出版社，1992年，第200頁。
〔註158〕印順著：《佛法概論》，正聞出版社，1992年，第217頁。
〔註159〕印順著：《寶積經講記》，正聞出版社，1992年，第6～7頁。

是不可偏廢的！」〔註160〕菩薩學行的三要，是不可顧此失彼的。特別是菩薩修學入大乘者，應於菩提願、悲濟事、性空見——三事不偏中求。因此，印順法師告誡菩薩行者，「據實說來，健全而完善的學佛，信心、智慧、慈悲——這三樣，都要具足。如缺了其中那一項，這就不是健全而容易發生流弊的。」〔註161〕三是防止缺少慈悲，墮入小乘。若沒有慈悲、方便與其他的功德莊嚴，而只有厭離心，只求個人的解脫、了生死，則仍然是只限於小乘的範圍，而沒有菩薩的氣息。即使是「智增上的，如過於缺乏悲心，專爲自己的生死打算，那怕他口口聲聲說我是學習大乘的，實際的行爲，卻是缺乏大乘氣息的。即使信智具足，急求自證，結果也勢必墮於小乘。」〔註162〕更爲悲慘的是，「因爲從無我而來的空慧，如沒有悲願功德，急求修證，儘管自以爲菩薩，自以爲佛，也不免如折翅（有空慧的證悟，沒有悲願的助成）的鳥，落地而死（對大乘說，小乘是死了）。」〔註163〕因此菩薩一定要悲願深徹骨髓，然後證空而不會墮落小乘。四是注意忽略智慧成敗壞菩薩。如慈悲心切而智慧不足，在菩薩的修學過程中，就會成爲敗壞菩薩，退墮凡外。因爲離了無所得爲方便，菩薩行是不會成就的。至於悲增上的，如過於忽略佛法的智慧，專門講利人，就容易灰心，成了佛法中所說的敗壞菩薩了。此外，淨土行者專以口稱南無阿彌陀佛爲行，不修智慧，其慈悲行，就要等到很遠的未來乘願再來人間（娑婆）。從大乘的宗要去看，這些缺少慈悲、忽略智慧，都是偏頗的發揮，破壞了大乘正道的完整性。所以「大乘行者，一定要有信願，有智慧，有慈悲，也即是具足了菩提願，真空見，大悲心，這才能完成菩薩的聖格，達成淨化自己，淨化眾生，淨化國土的究竟和平。」〔註164〕

上面我們談了菩薩道中的般若道，再來看方便道。方便道是指禮佛，稱念佛名，供養佛，佛前懺悔，請佛說法，請佛住世，隨喜佛及聖者等功德，最後迴向佛道的修習。方便道的產生，印順法師從修證的角度作了分析，「大乘佛法主流，是甚深廣大的菩薩道。菩薩發大菩提心，凡是有利於眾生的，沒有不能施捨的，沒有不能忍受的；菩薩行難行大行，而能歷劫在生死中，利益眾生。菩薩實在太偉大了！但由於法門是甚深難行，眾生的根性，又是

〔註160〕印順著：《人間佛教論集》（贈送版），正聞出版社，2002年，第210頁。

〔註161〕印順著：《教制教典與教學》，正聞出版社，1992年，第182頁。

〔註162〕印順著：《教制教典與教學》，正聞出版社，1992年，第182～183頁。

〔註163〕印順著：《無爭之辯》，正聞出版社，1995年，第184～185頁。

〔註164〕印順著：《佛在人間》，正聞出版社，1992年，第163頁。

怯劣的多，所以嚮往有心，而苦於修行不易，深感自己的業障深重。即使發心修行，也容易退失。這所以有念佛方便的易行道。」〔註165〕這是說，菩薩道中的般若道對於眾生來說是難行道，為了適應眾生的根性，達到教化的目的，而設有方便道。般若道與方便道既有區別又有聯繫。其區別，印順法師認為東西二大淨土可以作出很好的說明。東方阿閦佛土，如旭日東昇，象徵了菩薩的初發大心，廣修六度萬行，長劫在生死世間度眾生，而歸於成佛、入涅槃，是重智的。西方阿彌陀佛土，如落日潛暉，不是消失了，而是佛光輝耀於那邊──彼土（彼岸，也就是涅槃異名），重於佛德的攝受，重於信行。東方阿閦佛土，提倡廣修六度萬行，是屬於般若道；西方阿彌陀佛土，倡導易行念佛往生，是屬於方便道。方便道，念佛雖是易行道，為菩薩道中徹始徹終的法門。但是印順法師認為方便道不是大乘菩薩的正常道。「淨土與密乘，在人間佛教中，我與虛大師是一致的，不過虛大師點到為止，我卻依經論而作明確的論證。如淨土法門，我依龍樹《十住毘婆沙論》、無著《攝大乘論》等，傳為馬鳴所造的《大乘起信論》──代表印度的大乘三系，說明這是為生性怯劣所設的方便，不是大乘菩薩的正常道。」〔註166〕這一點，印順法師是依經論而得出的結論。其聯繫，方便道是般若道的前方便。從論典說，依龍樹《十住毘婆沙論》，易行方便，可以培養佛弟子的堅定信心，引發悲願，而趨向菩薩廣大難行的。從實修來說，眾生往生極樂國土，是為了精進修菩薩道，淨土中沒有障礙而容易修行，所以是易行道。由此可見，念佛、懺悔、勸請，實為增長福力，調柔自心的方便。因此，才能於佛法的甚深第一義生信解心，於苦痛眾生生悲愍心，進修六度萬行的菩薩行。這樣，易行道，發願而生淨土，於淨土修行，也就成為難行道的前方便。對於般若道與方便道區別和聯繫，要端正認識，尤其修行方便道的眾生，一定要樹立正知正見。一是要發菩提願。修淨土，只有發了菩提願，才有希望證果。現在修淨土行者，每每只知道有淨佛國土可去，不知隨菩薩發願修行，這等於為求果實，卻不事耕耘，這樣淨土怕還遠呢！二是不要誤解般若道的修習。易行，本來是為了適應心性怯劣的根性，但發展起來，別出方便，反而以菩薩的悲濟大行為鈍根了。修習易行的方便道，其實是般若難行道的前方便，最後還得回歸般若道，來成就正果。

〔註165〕印順著：《華雨集》第二冊，南普陀寺慈善事業基金會，2002年，第232頁。
〔註166〕印順著：《永光集》，正聞出版社，2004年，第259頁。

第三節　菩薩道的修行體系

為了便於敘述，我們將菩薩道的修行體系內容分為兩部份：一是菩薩道修行次第；二是入菩薩行。

首先，看菩薩道修行次第。菩薩道的修行按《般若經》的劃分可為二道、五菩提。二道是菩薩從初發心一直到成佛的整個過程的兩個不同階段。這兩個階段按先後的次第來說，先是般若道，後是方便道。

般若道是指菩薩從初發心修空無我慧，到入見道，證聖位，最後通達性空離相的修行實踐。般若道的成就標誌著菩薩從初發心到得無生法忍的結果。般若道的目的著重於性空離相，也就是《金剛經》中所說的：「無我、無人相、無眾生相、無壽者相」的境界。般若道的這一階段的修行是以無相來修一切善法，而且修行的重點是上求佛道，絕諸戲論，可以說是方便道的前行條件。

方便道是指菩薩得無生法忍，徹悟法性無相後，進入修道，一直到成就佛果的修行實踐。方便道的修行著重在莊嚴佛土，教化眾生，這也是菩薩道修行的最後目的。因為般若道讓菩薩進入畢竟空，滅絕種種戲論，但不能一直沉浸在畢竟空，還要出畢竟空，繼而莊嚴佛土，度化眾生。

般若道和方便道的修行次第分別為：般若道的進修過程為發心（發菩提願）、修行（修慈悲行）和證得（證空性智）。方便道的進修歷程為發心（發淨勝意樂心）、修行（行嚴土熟生事）和智證（證究竟種智果）。兩道的進修程序相同，都分為三個階段，這三個階段與菩薩道的宗要（即菩提心，大悲心，空性見）是相一致的，但是其內容有所差異。

由於這些差異，因而在菩薩道修行次第上也表現出不同的特色。首先是發心。發心是指發菩提心。菩提心是大乘佛法的核心，發了菩提心，便等於種下種子；經一番時日，遇適當機緣，自然可以抽芽開花，結豐饒的果實。但菩提心的成就實離不開眾生修習，「菩提心有如寶珠，越磨越明淨，多一分工夫，多一分成就，斷障越多，菩提心寶越明淨。」〔註167〕因此，修習信心兩道都很重視。般若道的修習信心，分為三個階段：初是願菩提心。其修學程序有七個階段，即知母、念恩、求報恩、慈心、悲心、增上意樂、菩提心。在這個學程中，需有兩種觀想：一、作平等想。對一切眾生，應該存平等無

〔註167〕印順著：《學佛三要》，正聞出版社，1994年，第115頁。

差別想。二、成悅意相。不但應於一切眾生作無分別想，而且還要對一切眾生發生深刻而良好的印象，和諧而親切的感情，佛法稱為喜心。其次是行菩提心。菩薩以不退菩提心為根本戒，不離菩提心而遠離眾惡，利益眾生，成熟佛法，即是行菩提心的修習。最後是證（智）菩提心。在這三個階段中，「願菩提心重於起信發願，行菩提心重於從事利他，勝義菩提心重於般若證理。這樣，菩提心統攝著信願、大悲、般若，確乎攝持了大乘法的心要。」〔註168〕前二者，也名世俗菩提心，後一也名勝義菩提心。方便道的修習信心，是信增上菩薩的修學法。其修習內容，說得最圓滿的，要算《普賢行願品》的十大行願。十大行願：（一）禮敬諸佛，（二）稱歎如來，（三）廣修供養，（四）懺除業障，（五）隨喜功德，（六）請轉法輪，（七）請佛住世，（八）隨順佛學，（九）恒順眾生，（十）普皆迴向。

　　其次是修行。般若道的修行，主要是在五戒、十善的基礎上，修六度、四攝。般若道是菩薩基於五戒、十善，發心而修六度、四攝的人生正行，這也是以凡夫身來力行的人乘菩薩行。五戒是指不殺生、不偷盜、不邪淫、不妄語、不飲酒。這是眾生進入佛門必備的條件，印順法師對此說的較少。他著重說的是十善。十善是在五戒的基礎上再擴大深入，是推己及人的過程，是由消極的自利，走向積極利他的行為。具體來說，十善就是對治十惡的十種善行。其內容為：不殺生就是愛護生命。不偷盜是不要非法得財，進而能施捨。不邪淫是不要非禮。不妄語是不說謊。不兩舌是不挑撥是非，破壞他人的和合。不惡口是不說粗話罵人譏諷人，說不對也得好好說，不可說尖酸刻薄話。不綺語，是不說引起殺、盜、淫、妄種種罪惡，或誨盜、誨殺、誨淫的邪說，要說那些對世道人心有好處的話。不貪是應得多少就得多少，知足、少欲，不是自己的，不要妄想據為己有。不瞋恨是有慈心，不鬥爭。不邪見是學佛要有正見，要相信善惡因果，前生後世，生死輪迴，聖人境界——阿羅漢、菩薩、佛能了生死。這十善的內容從身語意方面可概括為：不殺生，不與取（偷盜），不邪淫（出家的是不淫），這三善是正常合理的身行。不妄語，不兩舌，不惡口，不綺語，這四善是正常合理的語（言文字）行。不貪，不瞋，不邪見，這三善是正常合理的意行。十善為菩薩正行，菩薩以菩提心去行十善，就是初學的菩薩，又叫十善菩薩或十信菩薩。初學菩薩，要培養信心、悲心，學習發菩提心，樂聞正法，聞思精進，而著重以十善業

〔註168〕印順著：《學佛三要》，正聞出版社，1994年，第99頁。

爲菩薩道的基石。行十善與緣起法是相成的,「學發菩提心的,勝解一切法——身心、自他、依正,都是輾轉的緣起法;了知自他相依,而性相畢竟空。依據即空而有的緣起慧,引起平等普利一切的利他悲願,廣行十善,積集資糧。這與人乘法,著重於偏狹的家庭,爲自己的人天福報而修持,是根本不同的。初學發菩提心的,了知世間是緣起的,一切眾生從無始以來,互爲六親眷屬。一切人類,於自己都展轉依存,有恩有德,所以修不殺不盜等十善行。」〔註169〕初學菩薩行十善與緣起法相應,雖然其還是處在修學信心的階段,依人乘正法而行,但已屬大乘法門,是以人身學菩薩道的正宗。

　　般若道的修習,是要在五戒、十善的基礎上,進一步發心修六度、四攝。六度是指施、戒、忍、精進、禪那、般若,爲從世間而達佛道彼岸的法門。具體來說,其內容爲:一、施。菩薩布施,初發心時,即將一切捨與有情。二、戒。爲自他和樂善生而不得殺、盜、淫、妄等行爲。然而爲了慈悲的救護,菩薩可以不問所受的戒而殺、盜、淫、妄。三、忍。菩薩爲了貫徹上求佛道,下化眾生的志願,必須堅定的忍耐,經得起一切的迫害苦難,即使是犧牲生命,也不能違背菩薩行。四、進。菩薩行的精進,是無限的,廣大的精進,修學不厭,教化不倦的。五、禪。菩薩禪要與悲智相應,從一切處去實踐,做到動定靜也定。六、慧。不過菩薩應先廣觀一切法空,再集中於離我我所見。菩薩以戒、定、慧爲主是自利行,以施、戒、忍爲主是利他行。因此,六度可說是自利利他的大行。反過來說,菩薩的自利利他行,一切都攝在這六度中。四攝是指布施、愛語、利行、同事。其具體內容爲:布施,是用財(經濟)、法(思想)去施給眾生,眾生受了布施,自易接受菩薩的指導。布施又分三類:其一、財施,是經濟的施與,或是勞力,甚至生命的犧牲。其二、法施,是從思想去啓導,以正法來開示,就是一言一句,能使眾生從心地中離惡向善。其三、無畏施,是指眾生心如有憂惱,或處於惡劣的環境,失望苦痛萬分,菩薩以正法來開導他,以方便力來護助他,使眾生從優怖苦惱中出來。愛語,是親愛的語言。或是和顏的善語,或是苦切的呵責語,都從慈悲心流出,從眾生著想,發爲親愛的語言,使對方感覺到善意,能甘心悅意的接受。利行,以現代語來說,即是福利事業。從公共的、大眾的福利著想,去施設慈濟的事業,幫助人得利益,眾生自然歡喜,樂意接受菩薩的教化與指導。同事,是說菩薩要以平等的身份,與眾生站在同一階層

〔註169〕印順著:《人間佛教論集》(贈送版),正聞出版社,2002年,第187～188頁。

上，來共同工作。六度、四攝，名爲菩薩學處，被印順法師作爲菩薩道的綱要。「六度、四攝，是菩薩的善行——自利利他的大綱。」〔註170〕菩薩道的綱要分爲六度、四攝兩部份，印順法師是這樣看的，六度是成熟佛道的要目，四攝是利濟衆生的方便，所以大乘的菩提道，也就是六度與四攝了。從佛法修證的角度來看，他更強調六度，認爲菩薩道就是六度。「論到菩薩的修行，總括的說，不外乎六波羅蜜。」〔註171〕把六度作爲菩薩行的大綱。菩薩成佛之道，要以布施、持戒、忍辱、精進、禪定、般若——六波羅蜜爲主。

　　六度、四攝屬於大乘佛法的重要內容，因此，修六度、四攝與菩薩發菩提心就具有密切關係。其關係主要表現爲：一方面，發菩提心是修六度、四攝的前提。菩薩修學的法門，以菩提心爲本，三心相應，修六度，四攝。另一方面，修六度、四攝可莊嚴菩提心。「濁惡世界的淨化，即莊嚴佛土，這以願力爲本。菩薩立大願，集合同行同願的道伴，實踐六度、四攝的善行去莊嚴他。」〔註172〕其莊嚴的方式可通過六度的磨治，「《大集經》說，摩尼寶有三種淨：磨、押、穿。菩薩的菩提心，也要以六度磨治，施戒如磨，忍進如押，禪慧如穿。」〔註173〕修六度、四攝與菩薩發菩提心不相應，就易出現「說大乘、行小乘」的後果。衆生「學菩薩法，著重於六度、四攝、四無量心，發心普利一切衆生，就與青年的心境相近。中國雖素稱大乘教區，而行持卻傾向於小乘，急急的了生死，求禪悟（虛大師稱之爲：思想是大乘，行爲是小乘），結果青年與佛教，愈隔愈遠。」〔註174〕這是一種六度、四攝與青年的心境（即菩提心）不相應的情況，還有一種是提倡自證自悟的禪宗易滑向的傾向，「在眞常大乘經中，還是說到菩薩，六（或十）度，十地等，而禪宗雖自稱最上乘，直顯心性，即心即佛，卻棄菩提道而不論，這所以太虛大師有說大乘教，修小乘行的慨歎！」〔註175〕這種情況在太虛大師時期已經出現過，並受過太虛大師的指責。爲了衆生在修持中能夠做到修六度、四攝與菩薩發菩提心相應，印順法師舉出彌勒菩薩的例子，「彌勒菩薩之所以表現這種風

〔註170〕印順著：《寶積經講記》，正聞出版社，1992 年，第 74 頁。

〔註171〕印順講，演培、續明記：《般若經講記》，正聞出版社，1992 年，第 39 頁。

〔註172〕印順講，演培、續明記：《般若經講記》，正聞出版社，1992 年，第 67 頁。

〔註173〕印順講，演培、續明記：《大乘起信論講記》，正聞出版社，1992 年，第 317頁。

〔註174〕印順著：《人間佛教論集》（贈送版），正聞出版社，2002 年，第 198～199 頁。

〔註175〕印順著：《永光集》，正聞出版社，2004 年，第 235 頁。

格，因為在五濁惡世，菩薩的修行，應該重在布施、持戒、忍辱、精進、慈悲、智慧……。如不修習這些功德，福德不足，慈悲不足，專門去修定斷煩惱，是一定要落入小乘的。彌勒菩薩表現了菩薩的精神，為末世眾生作模範，所以並不專修禪定，斷煩惱，而為了利益他人，多作布施、持戒、忍辱、慈悲、精進等功德。」〔註176〕要眾生像彌勒菩薩那樣，重行六度，具足福德，圓滿功德，達到自利利他。

方便道的修行，信願的修習為念佛。慈悲的修習就是消極的不食肉，積極的放生——救護眾生命，實為長養悲心的方便行。智慧的修學，有聞、思、修三慧，這又開為十正法行：書寫、（經典的）供養、流傳、聽受、轉讀、教他、習誦、解說、思擇、修習。念佛、吃素（放生）、誦經，幾乎是中國佛教徒的主要行持，而實是菩薩行的初方便之一。在這些初方便中，「為了策發信願而念佛，長養慈悲而吃素，為了引生智慧而誦經。這是方法，目的在信願，慈悲，智慧的進修。所以真心學佛，學修菩薩行的，要從念佛中策發上求佛道，下化眾生的大願精進。從吃素放生中，長養慈悲，去做種種有益人世的福利事業。從誦經中，進一步的研求義理，引發智慧。這樣，才盡到了初方便的力用，奠定了菩薩學的初基。」〔註177〕否則就會失去這些方便的功用。

再次是證果。這是菩薩道的終極目標，也是兩道共同歸宿。「唯有修菩薩行，證菩提果，才能使眾生從無邊的苦惱中獲得解脫。」〔註178〕以成佛為理想，修慈悲利他的菩薩道，到底要經歷多少時間才能成佛，這是一般所要論到的問題。其實菩薩真正發大心的，是不會計較這些的，只知道理想要崇高，行踐要從平實處做起。隨分隨力，盡力而行。修行漸深漸廣，那就在因果必然的深信中，只知耕耘，不問收穫，功到自然成就。

菩薩道修行次第不僅可以般若道、方便道來說明，而且也可以五種菩提來闡述。這是由於「般若即菩提，約菩提說，此二道即五種菩提。」〔註179〕因此，二道所反映的菩薩修行過程也可以通過五種菩提來表達。

五種菩提分別為發心菩提、伏心菩提、明心菩提、出到菩提和究竟菩提。發心菩提是指菩薩從剛開始初發心，立志要上求佛道、下化眾生，發無上菩提心的狀態。伏心菩提是指具有強烈的信願，並且依著本願努力修行，從六

〔註176〕印順著：《佛法是救世之光》，正聞出版社，1992年，第31頁。
〔註177〕印順著：《學佛三要》，正聞出版社，1994年，第80～81頁。
〔註178〕印順著：《學佛三要》，正聞出版社，1994年，第113頁。
〔註179〕釋厚觀：《印順導師佛學著作述要》，印順文教基金會，2012年，第21頁。

度萬行的實踐中漸漸降伏煩惱，漸漸與空性相應的狀態。發心菩提、伏心菩提都是世俗的、願行的菩提心。那麼勝義、殊勝的菩提心是什麼呢？就是明心菩提，這是真正的菩提心。明心菩提是指折伏粗重的煩惱之後，進而切實修習止觀，斷一切煩惱，徹證實相般若，達到不會有任何煩惱的狀態。明心菩提正好介於般若道的頂端和方便道的起點，它銜接兩邊。由此可知，明心菩提對般若道來說是證果，從方便道來說是真正大乘勝義的發心——勝義菩提心。明心菩提也是二乘與菩薩的界線和分水嶺。二乘著重的是般若道，二乘證得我空以後，認為所作皆辦，不受後有，但菩薩並不因此而滿足，更進一步還要行方便道，嚴土熟生。因此菩薩比二乘更加殊勝、超越，其實是在得無生法忍之後。出到菩提是指得無生法忍之後，出離三界，一直到究竟的佛果的中間過程。究竟菩提是指不但斷盡煩惱，還要斷盡一切的習氣，自利利他究竟圓滿——成佛的結果。

為了更明晰地把握二道與五菩提的關係，我們可以引用這一圖示說明：

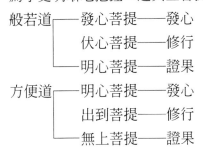

般若道┬──發心菩提──發心
　　　│　伏心菩提──修行
　　　└──明心菩提──證果
方便道┬──明心菩提──發心
　　　│　出到菩提──修行
　　　└──無上菩提──證果

從這一圖示說明可以看出，「這二道五位，也可總合為三：初一是發心，中二是修行（從悲行到智行，又從智行到悲行），後一是證果。然完備地說，這是從凡夫而到達佛果的過程，是三德的不斷深化、淨化，到達圓滿。」〔註180〕二道五位反映菩薩道的整個修學歷程，可以說，「這是菩薩進修的必然程序，值得我們學菩薩行的深切記取！」〔註181〕

至於印順法師為什麼在菩薩道的修行體系中要強調二道、五菩提，釋厚觀分析了其中的原因。他說：「因為中國古德注解《金剛經》不下百家，但依導師看來，有許多是從真常唯心系來注解。中國佛教受真常唯心系的影響太深了，《般若經》是屬於性空唯名系，本來應該是講性空的、假名這些的，但有很多中國古德以真常唯心系的觀點來注解《般若經》，那就隔了一層。所以，

〔註180〕釋印順著：《菩薩心行要略》，中華書局，2010年，第45頁。
〔註181〕釋印順著：《菩薩心行要略》，中華書局，2010年，第43頁。

導師對《金剛經》就以這二道、五菩提來作分科。如對照經文來看，《金剛經》中前後提到『云何應住？云何降伏其心？』兩句看起來相同的文句，其實所談的過程不同。前面屬於般若道，還是世俗有漏、夾雜煩惱的；後面是無漏清淨的，不會執著我在發心，不會執著我在度眾生，這樣的降伏其心、安住其心是不同了。對這有稍微的瞭解，再看導師的著作就會更深入。」〔註182〕這種分析與印順中觀思想是相一致的，因此可以說是恰如其份的。

　　需要補充說明的是，般若道與方便道的不同還體現在自利與利他的差別上。般若道，是一種自利。因為「佛教所謂自利，又叫般若道，這是行大乘菩薩道的第一階。印順法師指出：『我們的身心是不清淨的，思想有錯誤，行為多有不當。由於自己的身心不淨，所作都成為生死邊事，煩惱與不淨業，招感了種種苦果。所以學佛應先將自己的身心轉變過來，使成為清淨的，超過一般的，這叫自利，也叫般若道。因為凡夫都是情識衝動的，缺乏正智，以致一切是顛倒雜染。這非要有般若（智慧），才能轉化身心。』自利，即是從般若智慧淨化自己的身心，完成斷煩惱、得解脫的大道。」〔註183〕這種自利，不是可有可無的，是絕對必要的。我們不妨引用這麼一段文字來說明這一點：「本來依大乘的真義來說，菩薩行是應該先利人的，也就是利他為先，但印順法師認為利他之前，宜先作自利工夫。他舉例說：自己學習成就，才可以利人。如自己還墮在水裏，不會浮水，這怎麼能救別人呢？至少要學會游泳的本領才得。」〔註184〕在這段文字中，印順法師所舉的例子就充分說明了自利的重要性。由般若道的自利性，也很容易推出方便道的利他性。其實，方便道就是利他。「利他意指廣度眾生，莊嚴國土。利他，也叫方便道，是菩薩道的第二階，是菩薩道的真精神。印順法師指出：我們必須認清，名符其實的菩薩，是偉大的！最偉大處，就在他能不為自己著想，以利他為自利。」〔註185〕從這裡，可以看到，方便道的

〔註182〕釋厚觀：《印順導師佛學著作述要》，印順文教基金會，2012年，第23～24頁。

〔註183〕黃文樹：《儒家之仁與佛教之菩薩道——以孔子和印順思想為中心的探討》，載《2013年第十二屆印順導師思想之理論與實踐國際學術會議論文集》，第291頁。

〔註184〕黃文樹：《儒家之仁與佛教之菩薩道——以孔子和印順思想為中心的探討》，載《2013年第十二屆印順導師思想之理論與實踐國際學術會議論文集》，第292頁。

〔註185〕黃文樹：《儒家之仁與佛教之菩薩道——以孔子和印順思想為中心的探討》，

利他行持就是菩薩道的真精神。那麼這種精神怎樣在現實生活中表現出來呢？「菩薩行的真精神，是利他的。要從自他和樂的悲行中去淨化自心的，這不能專於說教一途，應參與社會一切正常生活，廣作利益有情的事業。」〔註186〕這也就是說，方便道的利他不是靠口頭上說教，而是要付出實際行動從事有利於人類和社會的事業才行。

般若道與方便道儘管在修行次第上有先後的關係，並存在自利與利他的差別，但是自利與利他是相互統一的。這是因為「菩薩的自利，從利他中得來，一切與利他行相應。」〔註187〕「大乘道的自利，不礙利他，反而從利他中去完成。」〔註188〕不僅如此，而且「菩薩是為了利他而自利，從利他中完成自利。」〔註189〕那麼如何正確理解自利與利他的統一呢？為了說明自利利他的相互統一關係，印順法師舉出日常生活中的具體事例闡述了這一道理。他敘述道：「說到大乘道的自利利他，也不一定是艱難廣大的，隨分隨力的小事也一樣是二利的實踐，只看你用心如何！如這塊小園地，執著為我所有的，我栽花，我種樹，我食用果實，這就是自私的行為。即使是物物交換，社會得其利益，也算不得真正的利他。大乘行者就不同了，不問這株樹栽下去，要多少年才開花，多少年才結果；不問自己是否老了，是否能享受它的花果；也不為自己的兒孫打算，或自己的徒弟著想。總之，如地而有空餘的，樹而於人有益的——花可以供人欣賞，枝葉可以乘涼，果可以供人摘了吃；或可以做藥，或可以做建材，那就去栽植它。但問是否於人有益，不為自己著想，這便是菩薩行了。行菩薩道的，出發於利他，使利他的觀念與行為逐漸擴大，不局限於個人、一家、一鄉等。凡是於眾生、於人類有利益的，不但能增長自己未來的功德果報，現生也能得社會的報酬。如上所說的小小利他功德，還能得現生與未來的自利，何況能提高向佛道的精進，擴大利他的事業，為眾生的究竟離苦得樂而修學呢！所以凡不為自己著想，存著利他的悲心，而做有利眾生的事，就是實踐菩薩行，趣向佛果了。自利利他，同時成就。」〔註190〕印順法師通過這個具體的事例的解說，

載《2013年第十二屆印順導師思想之理論與實踐國際學術會議論文集》，第293頁。

〔註186〕宏印法師主編：《印順導師著作導讀篇》，印順文教基金會，2014年，第168頁。

〔註187〕釋印順著：《菩薩心行要略》，中華書局，2010年，第90頁。

〔註188〕釋印順著：《菩薩心行要略》，中華書局，2010年，第90頁。

〔註189〕釋印順著：《菩薩心行要略》，中華書局，2010年，第85頁。

〔註190〕釋印順著：《菩薩心行要略》，中華書局，2010年，第90～91頁。

將自利與利他的相互統一的關係作了非常明確的論述。由此我們也可以對般若道與方便道之間的關係有更深一層的瞭解。

般若道與方便道雖然有修行次第的先後，但是這種先後關係也不是絕對的。按照修行次第來說，應是在修般若道達到一定境界後，再接著修方便道。這是因為本來「想自利利人，本是人人共有的德性。但人人有我見，不離自私，一切從自我中心出發。有了我見，不但擴展私欲，易於作惡；就是行善，也不徹底。……惟有無我慧，才會徹明真理，能徹底的利他。」〔註191〕按照這一邏輯來推理，那麼菩薩要長在生死中修菩薩行，自然要在生死中學習，要有一套長在生死，而能普利眾生的本領。「菩薩這套長在生死而能廣利眾生的本領，除堅定信願，長養慈悲而外，主要的是勝解空性。」〔註192〕而且「佛從菩薩而成，菩薩的觀慧直從緣起性空（參後）下手，見到一切為緣起的中道，無自性空，不生不滅、本來清淨。這樣，才能於生死忍苦而不急於自了生死，在人世度生、利他中間向於佛道。」〔註193〕似乎只有勝解空性，完成了般若道的修行，才能進行下一步的方便道修行。這種思想可以說是印順法師菩薩行及人間佛教的理論基礎。然而，在實際修行菩薩道中的情形卻不是這樣的。這是由於「有些人誤以為能大徹大悟而得解脫者才能利他，因此要實行佛教慈悲利他，可說太難了。對此，印順法師釋疑道：出世的法施……，從使人得解脫來說，也並不像一般所想像的偏差。解脫，要從薰修行持得來。小乘行者，初發出離心，即種下解脫的種子，以後隨順修學，漸漸成熟，最後才證得真斷惑得解脫。大乘行者，初發菩提心，即種下菩提種子，經長時的修行成熟，才能究竟成佛。大乘與小乘，都要經歷種、熟、脫的過程，所以出世的教法，也不只是使人當下，解脫自在，才是利他。使人種、熟，難道不是利他？可見，利他之行應是方便的、多元的，一切使人拔苦得樂、向上向善、解脫自在的都屬之。」〔註194〕這就告訴我們般若道與方便道不是簡

〔註191〕黃文樹：《儒家之仁與佛教之菩薩道——以孔子和印順思想為中心的探討》，載《2013年第十二屆印順導師思想之理論與實踐國際學術會議論文集》，第294頁。

〔註192〕宏印法師主編：《印順導師著作導讀篇》，印順文教基金會，2014年，第169頁。

〔註193〕黃文樹：《儒家之仁與佛教之菩薩道——以孔子和印順思想為中心的探討》，載《2013年第十二屆印順導師思想之理論與實踐國際學術會議論文集》，第294頁。

〔註194〕黃文樹：《儒家之仁與佛教之菩薩道——以孔子和印順思想為中心的探討》，

單的非此即彼，而是各有一個種、熟、脫的過程，在此過程中都包含著利他的因素。因此，儘管行菩薩道的菩薩「自己還沒有解脫，卻能履行慈悲濟物的難行苦行。雖然這不是人人所能的，然而菩薩的正常道，卻確實如此。」〔註195〕從上面的論述，可以很容易得出，菩薩道重在利他，排斥自利而已。印順法師對這種自利是深惡痛絕的，在他的著作就指出過：「所以大乘經中，以退失菩提心為犯菩薩重戒；以悲願不足而墮入自利的證人為必死無疑。不重悲願，不集利他的種種功德，一心一意的自利，以為能遠疾成佛，這真是可悲的大乘真精神的沒落！」〔註196〕而對於利他的菩薩行，他是極力讚揚的。他認為「一般能於菩薩行而隨喜的，景仰的，學習的，都是種植菩提種子，都是人中賢哲，世間的上士。有積極利他，為法為人的大心凡夫，即使是敗壞菩薩，也比自了漢強得多！這種慈悲為本的人菩薩行，淺些是心向佛乘而實是人間的君子——十善菩薩；深些是心存利世，利益人間的大乘正器。」〔註197〕利他的菩薩行分為不同的層次，即使是最低層次的敗壞菩薩，印順法師也是給予肯定的。他曾極力呼籲這種「佛教的利他真精神，被束縛，被誤會，被歪曲，這非從根救起不可！這非從菩薩道的抉擇中，把它發揮出來不可！」〔註198〕

菩薩道與印順法師倡導的人間佛教具有密切的關係。印順法師曾提到過：「這裡所說的人間佛教，是菩薩道，具足正信正見，以慈悲利他為先。」〔註199〕其實，菩薩道的修行結果，表現在世俗層面就是人間佛教的實現。因此，可以說，「這樣的人間佛教，是大乘道，從人間正行去修集菩薩行的大乘道，所以菩薩法不礙人生正行，而人生正行即是菩薩法門。以凡夫身來學菩薩行，向於佛道的，不會標榜神奇，也不會矜誇玄妙，而從平實穩健處著手

載《2013 年第十二屆印順導師思想之理論與實踐國際學術會議論文集》，第294 頁。

〔註195〕宏印法師主編：《印順導師著作導讀篇》，印順文教基金會，2014 年，第171頁。

〔註196〕宏印法師主編：《印順導師著作導讀篇》，印順文教基金會，2014 年，第169頁。

〔註197〕宏印法師主編：《印順導師著作導讀篇》，印順文教基金會，2014 年，第172頁。

〔註198〕宏印法師主編：《印順導師著作導讀篇》，印順文教基金會，2014 年，第173頁。

〔註199〕釋印順著：《菩薩心行要略》，中華書局，2010 年，第23 頁。

做起。一切佛菩薩，都由此道修學而成。修學這樣的人本大乘法，如久修利根，不離此人間正行，自會超證直入，如一般初學的，循此修學，保證能不失人身，不礙大乘，這是唯一有利而沒有險曲的大道！」〔註200〕但是，反過來說，人間佛教卻不能涵蓋菩薩道的二道、五菩提的全部內容。人間佛教從一定意義上來說，只反映了菩薩道的前三階。對此，李思凡等在《印順對菩薩觀念的源流考》一文中就指出：「雖然印順認為完整的菩薩道應包括般若和方便兩道，而且二道又各有三階，明心菩提為兩道共有，但最能反映其人間佛教思想特色的還是前三階——發心菩提、伏心菩提和明心菩提，而非屬於『高推聖境』的後二階。」〔註201〕

其次，菩薩道有難行和易行之分。菩薩道不僅有般若道與方便道的修行的次第，而且有難行道與易行道之別。我們知道「佛法有無量門，如世間道，有難有易，陸道步行則苦（難行），水道乘船則樂（易行）。菩薩道亦如是，或有勤行精進（難行道），或有以信方便易行。難行即苦行，易行即樂行，論意極為分明，與成佛的遲速無關。」〔註202〕菩薩道可以分為難行道與易行道。顧名思義，難行道的難行的意義，即難行能行、難忍能忍的苦行。一般所說的易行道，以龍樹《十住毘婆沙論》為據，如修稱名念佛法門，達到多集佛功德的淨土行。關於易行道的本義，有兩段敘述：一是「禮佛、念佛、讚佛、隨喜、迴向、勸請，特別是口頭稱名，這比起捨身捨心去為人為法，忍苦忍難的菩薩行，當然是容易得多，這是易行道的本義。」〔註203〕二是「《寶積經》廣說，即禮敬諸佛、懺悔、發願、隨喜、請佛說法、請佛住世、隨順佛菩薩學，與普賢十大願王頌略同。這是易行道，易行的意義，即安樂行，以攝取淨佛國土為主。而釋迦佛所修的是難行道，所以說：我昔求道，受苦無量，乃能積集阿耨多羅三藐三菩提。」〔註204〕這兩段中提到的易行道的修行方法，其中特別是懺悔、隨喜、勸請等內容，是區別於難行道的重要特徵。

〔註200〕釋印順著：《菩薩心行要略》，中華書局，2010年，第23頁。

〔註201〕《雲夢學刊》，2012年，第2期，第56頁。

〔註202〕宏印法師主編：《印順導師著作導讀篇》，印順文教基金會，2014年，第274～275頁。

〔註203〕宏印法師主編：《印順導師著作導讀篇》，印順文教基金會，2014年，第276頁。

〔註204〕宏印法師主編：《印順導師著作導讀篇》，印順文教基金會，2014年，第271頁。

難行道與易行道都是菩薩道的修持方法，從菩薩道的實際修行來說，兩道各有優點。「易行道容易得不退轉，但一生淨土，即進度遲緩。穢土修行難得不退，如打破難關，就可一往直前而成佛了。易行與難行，穢土與淨土，實各有長處。」〔註205〕尤其是易行道，儘管進度遲緩一些，但相對來說要穩當得多。這是因為「善巧方便安樂道，也是微妙法門，依此而行，可積集功德，懺除業障，立定信心，穩當修行，不會墮落！」〔註206〕由此可以說，「易行道與難行道，都是希有方便。」〔註207〕值得讚歎。

難行道與易行道無論是從修行的根性上來說，還是從修行次第及證果來看，都具有密切的關係。

從修行的根性上來說，難行道與易行道具有相互統一的關係。難行道與易行道作為菩薩道的修持方法，「這樣，學佛最初下手，有此二方便：或從念佛、禮佛等下手；或從布施、持戒、忍辱等下手。後是難行道，為大悲利益眾生的苦行；前是易行道，為善巧方便的安樂行。其實這是眾生根機的差別，在修學的過程中，是可以統一的。」〔註208〕

從修行次第上來說，易行道是難行道的前方便。「這可見易行道不單是念佛，即行願品的十大行願等。能這樣的修行易行道，即福力增長，心地調柔……，信諸佛菩薩甚深清淨、第一功德已，愍傷眾生；……。這可見，念佛、懺悔、勸請，實為增長福力，調柔自心的方便。因此，才能於佛法的甚深第一義生信解心，於苦痛眾生生悲愍心，進修六度萬行的菩薩行。這樣，易行道，雖說發願而生淨土，於淨土修行，而也就是難行道的前方便。經論一致的說，念佛能懺除業障，積集福德，為除障修福的妙方便，但不以此為究竟。」〔註209〕

從證果上來說，難行道與易行道與字面上的意義完全相反。「但易行道卻

〔註205〕宏印法師主編：《印順導師著作導讀篇》，印順文教基金會，2014年，第279頁。

〔註206〕宏印法師主編：《印順導師著作導讀篇》，印順文教基金會，2014年，第279頁。

〔註207〕宏印法師主編：《印順導師著作導讀篇》，印順文教基金會，2014年，第279頁。

〔註208〕宏印法師主編：《印順導師著作導讀篇》，印順文教基金會，2014年，第272頁。

〔註209〕宏印法師主編：《印順導師著作導讀篇》，印順文教基金會，2014年，第275頁。

是難於成佛，難行道反而容易成佛。」〔註210〕在佛教史上就有具體事實可以作依據，像「彌勒修易行道，所以遲成佛。釋迦修難行道，所以先成佛。」〔註211〕對於彌勒修易行道遲成佛，釋尊修難行道反而先成佛，有一個非常生動的比喻，「釋迦修難行道，如先畫龍身。等到龍身畫成，精進贊佛如點睛，一點即成龍了。彌勒從易行道入手，如先點龍睛。睛雖一點就成，而龍身卻不能倉卒畫好，如利他功德的不能速成。」〔註212〕這個比喻很形象，充分說明「易行道難成，難行道易成，這確是古聖經論的正說」〔註213〕的道理，但是這決不包含有否定易行道的意思。

事實上，難行道與易行道是一致的。「要知道，難行道，實在是易成道。如自己覺得，心性怯弱，業障深重，可兼修方便善巧的安樂道——易行道，時時念佛，多多懺悔。」〔註214〕因此，在菩薩道的修持中對於難行道與易行道不可分別高低和優劣的。

再次，看菩薩道的人菩薩行。印順法師給人菩薩行下的定義是：人乘菩薩行，是以人乘善行（戒）為基而發菩提心的，隨能力所及而努力於慈悲、智慧及利益眾生的菩薩行。他認為，人菩薩行是應機的大乘法門，「依現在的情況看，唯有依人乘行學菩薩法，即依人類的正常道德為基礎，發心直趣大乘，才是應機的，而且是可以宏通的救世的佛法。」〔註215〕並對人菩薩行的意義作了進一步闡述和發揮，「以人乘行為方便的菩薩行，才是大乘佛教真義，才能應導現代人心。人菩薩行，不是庸常的人乘法，是發菩提心，趣向無上菩提的大乘行；是依信戒為道基，以悲慧為方便，不離人間，不棄人事，而能自利利他，功德莊嚴的人菩薩行。這樣的人菩薩行，虛大師晚年，曾說偈讚歎以表示即人成佛的真義，如說：『仰止唯佛陀，完成在人格；人成佛即

〔註210〕宏印法師主編：《印順導師著作導讀篇》，印順文教基金會，2014年，第276頁。

〔註211〕宏印法師主編：《印順導師著作導讀篇》，印順文教基金會，2014年，第276頁。

〔註212〕宏印法師主編：《印順導師著作導讀篇》，印順文教基金會，2014年，第277頁。

〔註213〕宏印法師主編：《印順導師著作導讀篇》，印順文教基金會，2014年，第276頁。

〔註214〕宏印法師主編：《印順導師著作導讀篇》，印順文教基金會，2014年，第279頁。

〔註215〕印順著：《人間佛教論集》，正聞出版社，1992年，第121頁。

成，是名眞現實』。」〔註216〕所以依人菩薩行而向佛道，不但是適應時代的機感，也是佛乘的根本坦道。

學大乘法，修菩薩道，要從兩方面學，即積福德與修智慧。「約偏勝說，福德能感成世界清淨，智慧能做到身心清淨。離福而修慧，離慧而修福，是不像大乘根器的。……大乘學者，從這二方面去修學，如得了無生法忍，菩薩所要做的利他工作，也就是：一、成就眾生；二、莊嚴淨土。使有五乘善根的眾生，都能成就善法，或得清淨解脫，並使所依的世間，也轉化爲清淨，這是菩薩爲他的二大任務。」〔註217〕因此，人菩薩行的主要內容可分爲兩個部份：一是福德莊嚴；二是智慧莊嚴。這兩者可簡稱爲福和慧。慧行，是使人從理解佛法，得到內心的淨化；福行，是使人從事行中得到利益。福慧雙修是大乘佛法的特質，人菩薩行的大乘法是二者雙修，那麼在人菩薩行中如何進行福慧雙修呢？印順法師對福和慧二方面的修行內容和理路都提出了自己的看法。

關於慧行。一是重視知識。知識是菩薩攝化眾生的要門。「從菩薩的修行、證悟、利他的一切事業中看，佛法始終重視知識。」〔註218〕因此，人菩薩行是大乘佛法，不能不重視知識。

二是發心求學。菩薩發心，無量法門誓願學，一切法門都是菩薩所要學的。菩薩「眞正想發心而學佛的，應從集資糧，成利根，心志堅固——去努力修學，不問頓漸，更不問什麼時候成佛，但知耕耘，才是菩薩的正常道。」〔註219〕學會了種種有助民生的學識和技巧，然後才能解除眾生從物質貧乏而來的苦痛與罪惡。

三是修學五明。按照佛法的要求，修學大乘菩薩行，凡有利眾生的學問技能，都要學，智慧一天天求增長，到了成佛，一切功德妙法，始能圓滿具備，取之無竭，用之不盡。但爲了便於菩薩初學，大乘聖典曾經指出：菩薩當於五明處學。因爲五明中，除了內明（佛法——包括三乘聖道）是菩薩所應學的根本而外，其他醫方、工巧、因明（論理學）、聲明（語文學），都是有助弘揚佛法，有利社會民生的學問。菩薩爲護持佛法，爲利益眾生，這些

〔註216〕印順著：《佛法是救世之光》，正聞出版社，1992年，第383頁。
〔註217〕宏印法師主編：《印順導師著作導讀篇》，印順文教基金會，2014年，第269～270頁。
〔註218〕印順著：《佛在人間》，正聞出版社，1992年，第285頁。
〔註219〕印順著：《成佛之道》，正聞出版社，1993年，第417頁。

自然不能不學。五明，就是大乘佛弟子應該修學的五類學術。其具體內容為：
一、聲明，是語言文字學，包括有語言、訓詁、文法、音韻（也通於音樂）
等。二、因明，因是原因，理由，這是依已知而求未知，事辯理的學問。在
語言方面，是辯論術；在思想方面，是理則學——邏輯。三、醫方明，這是
醫、藥、生理、優生等學問。四、工巧明，這是基於數學，所有的物理科學，
以及實用的工作技巧。五、內明，是佛的教育。前四種為共（外）世間的，
內明是不共世間的佛學。內明的範圍也相當大，印順法師認為，人菩薩行者
除了要學一些必備的內容外，還應重點學的內容為：其一、小乘法。「菩薩並
非只以大乘法教化眾生，我們常說法門無量誓願學，因為菩薩遇到了小乘根
機，便以小乘法來教化他們，所以小乘法也是菩薩所應學的。」〔註220〕其二、
藥師法門。「我們要行菩薩道，消我們的宿業，遏止瘋狂的鬥爭，建設和平大
同的理想世界，實有修持藥師淨土，發揚藥師法門的需要！」〔註221〕其三、
禪定。「菩薩修習禪定有多種目的，有些是藉禪定來啓發智慧，此由於眞實的
智慧，要從禪定中引發的。另一目的是藉此來引發神通。」〔註222〕因為得神
通，於菩薩而言是重要的。譬如菩薩若有他心通，便能立即瞭解他人的煩惱，
為人點破，很快地就能令人起信；或者是他人有什麼病痛，能夠立即為人解
決。菩薩有了神通，弘法的力量就大多了！能適應眾生的根機為他們說法，
這便是禪定的妙用。他還作出假設，若菩薩自己沒有禪定、智慧、神通等方
便，他沒有度眾生的力量，怕就還要別人來救度他，如何還能度眾生呢？

其四、學習典範。舉出善財童子，發菩提心，學菩薩行，為學者提供了
深入法界的榜樣。還有近代的太虛大師深入經藏，淨治身心，弘揚正法，利
濟有情，續佛慧命，為佛弟子樹立實踐人菩薩行的典範！等等，所有這些人
菩薩行的模範，都是每一位人菩薩行者努力追求的目標。

關於福行。這是從利他的角度來說的。因此，修福行，對於菩薩而言，
就是自己所知所行的業務，即是修學菩薩道的道場。與自己有關的種種人，
即是自己所攝受教化的大眾。這樣才能淨化世間，才能利樂人群。概而言之，
菩薩修福行既要教化眾生，又要參與社會。從教化眾生來說，應隨機應化。「隨
機應化，是菩薩行的特色」，也是菩薩行中的同事攝。

〔註220〕印順著：《華雨集》第一冊，南普陀寺慈善事業基金會，2002 年，第 12 頁。
〔註221〕印順著：《藥師經講記》，正聞出版社，第 104 頁。
〔註222〕印順著：《華雨集》第一冊，南普陀寺慈善事業基金會，2002 年，第 81 頁。

在隨機應化中，一是要隨類現身。「已證法性生身的菩薩，就不假尋伺而說法。隨時隨處，有可化眾生的機感，就隨類現身而為說法。」〔註223〕那怕是鬼趣、畜生道，也要顯現其身，「菩薩隨其願力於一切眾生道中顯現其身，或現身於鬼趣行菩薩行，或現身於畜生道中行菩薩道⋯⋯。」〔註224〕這表現了菩薩不惜犧牲自己，充滿了慈悲智慧的精進。二是要隨順眾生。如大樹緊那羅王菩薩，特別攝化眾生、隨順眾生，喜歡聽唱歌的為他唱歌，喜歡聽琴聲的為他彈琴。由於眾生多數喜歡音樂，所以大樹緊那羅王菩薩現緊那羅王身，就是為了適應愛好音樂的眾生，投他們所好，而慢慢地教化了他們。又譬如來求索飲食的，就教他積集福德的資糧，嘗受法喜與禪悅等精神上的糧食。如果是求索飲料的，就教他捨離生死的渴愛。求上味的，教他獲得諸佛的甘露味。求大乘的，教他學大乘。三是要說中道法。眾生遠離二邊，便是中道，而菩薩應該是依中道來度化眾生，也唯有中道說法，才能真正的化度眾生。四是要利用神通。「菩薩已證法身，即應以大悲心，憫念苦眾生，起應化身——佛身、菩薩身、種種眾生身，回入生死園煩惱林中。菩薩應化身，與眾生同事，現有生死煩惱之相。遊戲神通，起種種佛事，度脫眾生。」〔註225〕可以說，這也是度化眾生的一種重要手段和方法。從上面所述看來，教化眾生確是修福行的一個重要方面。

然而，菩薩行的真精神是利他的，要從自他和樂的悲行中去淨化自心的，這不能專於說教一途，還應參與社會一切正常生活，廣作利益有情的事業。從參與社會來說，菩薩在人間一切正行（種田種菜也不例外），都可以利益眾生，都是菩薩事業，都是攝化道場，都是成佛因行。菩薩參與社會，一是不擇職業。如維摩詰長者的作為，如善財所見善知識的不同事業：國王、法官、大臣、航海者、語言學者、教育家、數學家、工程師、商人、醫師、藝術家、宗教師等，這些都是出發於大願大智大悲，依自己所作的事業，引發一般人來學菩薩行。為他利他的一切，是善的德行，也必然增進自己，利益自己的。利他自利，在菩薩行中得到統一。二是不挑處所。「當時傳統的佛教，出家眾是不能去淫坊、酒肆、屠場、伎樂處的，那佛法不能普及。新開展的大乘，如在家菩薩維摩詰，若至博弈戲處，輒以度人。⋯⋯入諸淫舍，示欲之過。

〔註223〕印順講，演培、續明記：《般若經講記》，正聞出版社，1992年，第121頁。
〔註224〕印順著：《華雨集》第一冊，南普陀寺慈善事業基金會，2002年，第13頁。
〔註225〕印順著：《華雨集》第一冊，南普陀寺慈善事業基金會，2002年，第404頁。

入諸酒肆，能立其志。以在家身份到這些地方，不是爲了舒解自己的情慾，而是爲了化導眾生。」〔註226〕在菩薩參與社會中，不擇職業和不挑處所，維摩詰就是人菩薩行的榜樣。菩薩參與社會如果不擇職業和不挑處所，就會牽涉到一個重要問題，就是菩薩可否從政？印順法師的看法是，「菩薩利濟眾生，可以從政而不一定要從政。」〔註227〕這種態度還是認爲菩薩可以從政，但是他又不提倡菩薩從政，「大乘的入世精神，應如《維摩詰經》，《華嚴經》（入法界品）那樣，普入各階層，而不應該以參加政治爲典範。」〔註228〕這是一種隨緣的態度，也可以說是印順中觀思想從一個側面作出的反映。

　　綜上所述，無論是菩薩道理論，還是菩薩道實踐，都是離不開現實人間的。現實人間是菩薩道的依報，菩薩道的自利利他圓滿只能在現實人間得以成就。因此，可以說，菩薩道的進一步發展就是人間佛教理論體系的建構。

〔註226〕印順導師著：《永光集》，正聞出版社，2004年，第210頁。
〔註227〕印順著：《無諍之辯》，正聞出版社，1995年，第200頁。
〔註228〕印順著：《華雨集》第五冊，南普陀寺慈善事業基金會，2002年，第30頁。

第五章　印順中觀思想與人間佛教

　　根據以上所述，我們可以清楚地看到，印順法師從他的中觀思想演進到人間佛教理論體系建構的基本思路。按照這一基本思路，可以得出兩點結論：一是印順法師中觀思想是其人間佛教最根本的理論基礎。很明顯，印順法師「人間佛教的理論依據就是佛陀所說的『緣起性空』理論。」〔註1〕從邏輯論證上來說，也是完全成立的，「人間佛教（Buddhism for the Human World）有的依緣起性空（如印順導師的緣起中道論）以證成之；……」〔註2〕這種論證的結果與佛法義理是相一致的。由此，可以說，「要理解印順法師的人間佛教思想，首先就必須理解印順法師的中觀思想，印順法師的中觀學，不僅僅是學理的探討，更是指導實踐的精神。」〔註3〕印順法師的中觀思想不僅是人間佛教的理論依據，而且是人間佛教的實踐原則，因此，「詳實瞭解導師人間佛教的實踐，必然要從導師所理解的中觀思想入手。」〔註4〕二是印順法師研究的其他內容皆圍繞人間佛教而展開。從印順法師中觀思想演進的整個過程來看，「他的思想——無論是他的般若中觀學，他對佛教歷史的研究，還是他對大乘三系理論的判攝，都始終圍繞著人間佛教的主題。」〔註5〕從印順法師中觀思想具體演變步驟來看，「他對佛教的理想與中觀學理論的結合，再加上他

〔註1〕　李嶷：《印順法師佛學思想研究》，2001 年北京大學博士學位論文。
〔註2〕　釋昭慧：《人間佛教的動保論述：緣起、護生、中道》，載《2013 年第十二屆印順導師思想之理論與實踐國際學術會議論文集》，第 569 頁。
〔註3〕　李嶷：《印順法師佛學思想研究》，2001 年北京大學博士學位論文。
〔註4〕　楊劍豐：《印順導師人間佛教的理論原則——中觀思想的內涵》，載《2012 年第十一屆海峽兩岸印順導師思想之理論與實踐學術會議論文集》，第 138 頁。
〔註5〕　李嶷：《印順法師佛學思想研究》，2001 年北京大學博士學位論文。

運用歷史、考據學的手段,對佛教進行研究,最終推演出人間佛教的理念。」
〔註6〕綜合這兩種角度的觀點,可以說,人間佛教已成爲印順法師最突出的中
心課題。本章我們將圍繞印順法師人間佛教理論體系進行討論,併兼及探討
其人間佛教的評價和影響。

第一節 印順人間佛教的思想體系

一、人間佛教的涵義

學術界認爲印順法師人間佛教具有重大意義。一是關係佛教興衰。從思
想認識上來說,「印順導師更提及人間佛教,關係整個佛教的發展,說:『人
間佛教,是整個佛法的重心,關涉到一切聖教。』」〔註7〕這裡,印順法師所
謂的聖教,就是指佛教。從弘法實踐上來講,「印順導師人間佛教的弘法動機,
是不忍聖教衰,不忍眾生苦。」〔註8〕這一弘法動機與其思想認識是一致的。
因此,也可以「用另外一個印順導師所慣用的術語來說,印順導師一生所致
力的,即是人間佛教這一理念的推廣。」〔註9〕二是判斷純正佛法。「而他所
謂的純正佛法,無疑地,是人間佛教的理念。」〔註10〕這就告訴我們,印順
法師人間佛教與他的純正佛法是等同的。由此,可以很容易推出,符合人間
佛教的理念就是純正佛法的內容。有關的論證結論也可以說明這一點,「印順
導師是以人間佛教做爲標準,來判斷佛法的純正與否。」〔註11〕這也就是說,
可以人間佛教作爲衡量或判斷純正佛法的標準。

印順法師人間佛教是其核心思想的重要內容,充分體現在他的有關著作
中。早在 1951 年,他就已撰著《人間佛教緒言》、《從依機設教來說明人間佛

〔註6〕 李嶷:《印順法師佛學思想研究》,2001 年北京大學博士學位論文。
〔註7〕 呂姝貞:《〈勸發菩提心集〉的人菩薩行》,載《2011 年第十屆印順導師思想之
　　　 理論與實踐學術會議論文集》,第 303 頁。
〔註8〕 釋性廣:《共三乘之定慧思想研究——以人間佛教與帕奧禪法爲主》,載《2012
　　　 年第十一屆海峽兩岸印順導師思想之理論與實踐學術會議論文集》,第185頁。
〔註9〕 楊惠南著:《當代佛教思想展望》,東大圖書股份有限公司,2006 年,第 150
　　　 頁。
〔註10〕 楊惠南著:《當代佛教思想展望》,東大圖書股份有限公司,2006 年,第 155
　　　 頁。
〔註11〕 楊惠南著:《當代佛教思想展望》,東大圖書股份有限公司,2006 年,第 155
　　　 頁。

教》、《人性》、《人間佛教要略》等，以及一系列相關的文章，來建構其人間佛教思想。但在他的預想中，這還只是序論而已。他於 1989 年編撰出版《契理契機之人間佛教》一書時，更將其畢生治學的信念，作了一個總歸納。其內容既契應佛法本質（佛陀本懷）而又適應時代，又有益人類身心的人類爲本的人間佛教。這是從印度佛教嬗變歷程來說明對佛教思想的判攝準則，呈現出人間佛教的特色。

　　從定義上來說，印順法師人間佛教是人菩薩行。「以下導師談到的，其實是簡單對人間佛教所下的定義：以人間正行而直達菩薩道，行菩薩而不礙人間正行的佛教。即把握人生來行菩薩道，修菩薩行而不礙人間正行的佛教，也就是即世間而出世間，出世間而不礙人間，今即稱即人而成佛，成佛而不礙爲人。」〔註12〕這一定義得到了一個很好的形象詮釋，就是「由雕塑家楊奉琛創作的印順導師百歲福慧豐碑，在人間佛教的『人』字造形裏，浮雕有印順導師的手印，象徵七百萬字著述，解開自古代印度佛教到現代人間佛教的佛學精義；有印順導師的腳印，象徵精進的菩薩行，弘法萬里。以菩提葉脈上的手印腳印，呈現導師在人間佛教的所解所行，碑身可嵌入導師著述的光盤。」〔註13〕在這裡，以印順法師的手印和腳印表達了人菩薩行的深刻內涵。

　　其實，從印順法師人間佛教的定義逆推，「『人菩薩行』是人間佛教的核心。這個核心簡單地說，就是『人乘法』加『菩薩行』。」〔註14〕可以看到，人菩薩行是由人乘法和菩薩行共同構成，缺一不可。爲了便於深入理解，首先來看人乘法。大家很可能會問：「爲什麼印順強調以人乘法爲基礎呢？何不以聲聞緣覺乘爲起點？印順有其特殊的考慮。（1）人乘法符合中國的國情。（2）聲聞緣覺乘和天乘有其不利的方面。二乘重智輕悲，天乘重信輕智，都不如從人乘的方便，人乘不究竟，但是還沒有二乘的厭世和天乘的盲信，如果有大乘菩薩行的貫攝，顯然更爲方便。（3）不論是佛本身顯示，還是經論的意義，都是重在人間的，佛教是以人乘爲教化重心的，所以，從人乘起，更符合佛教的歸趣。」〔註15〕從這一問一答中可以看出，印順法師人間佛教強調

〔註12〕釋厚觀：《印順導師佛學著作述要》，印順文教基金會，2012 年，第 121 頁。

〔註13〕潘煊著：《法影一世紀——印順導師百歲》，天下遠見出版股份有限公司，2005年，第 162 頁。

〔註14〕蒲長春：《印順如來藏思想研究》，2004 年北京大學博士學位論文，第 79 頁。

〔註15〕蒲長春：《印順如來藏思想研究》，2004 年北京大學博士學位論文，第 80 頁。

人乘法的意義。人乘法在印順法師人間佛教中具有重要的地位,「印順的人間佛教思想,主旨在以人為本。」〔註16〕而且人乘法也貫穿於其思想著作中,「作為20世紀最為重要的佛教思想家之一的釋印順,其著述卷帙浩繁,但他的思想有一條一以貫之的主線,即對『人間佛教』的闡發與激揚。釋印順版的『人間佛教』思想的基本特徵可以歸納為『人本性』。」〔註17〕其次來說菩薩行。印順法師「這裡所說的人間佛教,是菩薩道,具足正信正見,以慈悲利他為先。」〔註18〕這就表現出印順法師中觀思想在實踐中的具體運用,因為「印順法師認為,完整的龍樹的中觀學應該包括菩薩行在內,因為菩薩行就是般若中觀學的實踐。」〔註19〕因此,人菩薩行僅有人乘法而沒有菩薩行是不完整的。「可以說,注重『人間』的思想,是他與太虛大師的共同特點,但是,僅僅修人乘法還遠遠不夠,這樣容易導致把佛教等同於世間道德的危險,所以,更主要的是在現實的人間修習菩薩行,這才是人間佛教的關鍵。」〔註20〕可以看到,人菩薩行缺少了菩薩行就成為了世間道德,就不是人間佛教。只有具備了人乘法和菩薩行的結合,才是人間佛教。這也是人間佛教的關鍵之處。在實際的修持上,「修學佛法的態度,印順法師主張人行而向菩薩行最為殊勝,而人菩薩行正是印順法師人間佛教思想的重點。」〔註21〕無論是從佛教理論上來說,還是從修行實踐來說,人菩薩行都是印順法師人間佛教必須具備的條件。

　　印順法師人間佛教的理念就是人菩薩行,就是要以人間正行去行菩薩道,從而達到出世與入世的統一。那麼在修持中如何履行人菩薩行呢?一是要悟解緣起性空之理。因為「印順導師的人間佛教思想,本於緣起性空之理,基於諸佛世尊皆出於人間的教說,依人的梵行、憶念、勤勇三種特勝,以菩提心、大悲心、空性見為本,實踐不厭生死、不欣涅槃的人菩薩行,從人世度眾當中向於佛道。因此人間佛教是大乘菩薩道,是就著人身的特勝,除了人

〔註16〕黃夏年:《印順的人間佛教思想》,載《佛學研究》,2005年,第14期。

〔註17〕周貴華:《釋印順「人間佛教」思想之特質評析》,載《哲學研究》,2006年,第11期。

〔註18〕印順著:《人間佛教論集》,正聞出版社,1992年,第187頁。

〔註19〕李嶷:《印順法師佛學思想研究》,2001年北京大學博士學位論文。

〔註20〕李嶷:《印順法師佛學思想研究》,2001年北京大學博士學位論文。

〔註21〕侯坤宏:《出版〈真實與方便——印順思想研究〉的幾點報告》,載《2009年第八屆印順導師思想之理論與實踐學術會議論文集》,第B4～7頁。

的正覺解脫之外，更重視對眾生、對社會的關懷。」〔註22〕只有悟解緣起性空之理，才能掌握人間佛教的實踐原則。「人間佛教之人間勝義的理解（以人爲六道升沉的樞紐），以及依緣起中道理趣，去掌握人間佛教的實踐原則。」〔註23〕把握了這一實踐原則，也就可以避免神教者的人間行，以及佛法中的人乘行。「印順導師在《契理契機的人間佛教》一文中說：修學人間佛教——人菩薩行，以三心爲基本，三心是大乘信願——菩提心、大悲心、空性見，以此三心爲修學總綱，才能在人間行菩薩道而不落入世俗化、鬼神化或急證解脫等，……」〔註24〕二是要成爲凡夫菩薩。「從人間佛教的內涵來說，最具特點的當然是所謂『從人而學習菩薩行，由菩薩行修學圓滿而成佛，』印順法師在解釋人間佛教的修習過程時所提到的『凡夫菩薩』最足以表示這種含義。」〔註25〕凡夫菩薩已具備了人菩薩行的基本特徵，是人乘法加菩薩行的完美結合，充分體現「人本爲中心的佛教，依人乘正行而趣向佛乘，以人菩薩行而向佛道，這才符合印順導師心目中人本佛法、人本爲中心的『人間佛教』」。〔註26〕三是要形成佛教團體志業。凡夫菩薩的範圍擴展，就會形成佛教團體志業。從理論上來說，這應該是一種發展的必然趨勢。「從他的這些敘述來看，他的人間佛教的探討，已經成爲十年來佛教界的顯學了，在以導師所定義的人間佛教是重於人菩薩行的範疇中，經過眾多的論文研討，乃至於演講佛法者個人的詮釋之後，大都認爲凡是走出傳統佛教的窠臼、走入人群、利濟群生、具人間性的佛教團體志業，都被稱（或自稱）爲人間佛教。」〔註27〕

　　人菩薩行必須遵循人間佛教的三條原則。印順法師人間佛教在理論上有三條原則，它們分別是：第一是法與律的合一。從整個佛教發展史來看，導之以法，齊之以律，是初期佛教的精髓。只著重於人或人本，則會有個人自由主義

〔註22〕　釋見岸：《菩薩道上以法相應——法印講堂的經驗分享》，載《2009年第八屆印順導師思想之理論與實踐學術會議論文集》，第D2～1頁。
〔註23〕　藍吉富：《印順學的薪火相傳與傳道法師的人間佛教事業》，載《2011年第十屆印順導師思想之理論與實踐學術會議論文集》，第7頁。
〔註24〕　釋見岸：《菩薩道上以法相應——法印講堂的經驗分享》，載《2009年第八屆印順導師思想之理論與實踐學術會議論文集》，第D2～4頁。
〔註25〕　李嶷：《印順法師佛學思想研究》，2001年北京大學博士學位論文。
〔註26〕　楊郁文：《人本的佛法與人本爲中心的佛教——論印順導師「人間佛教」之本懷》，《宗風》，宗教文化出版社，2009年，第106頁。
〔註27〕　釋見岸：《菩薩道上以法相應——法印講堂的經驗分享》，載《2009年第八屆印順導師思想之理論與實踐學術會議論文集》，第D2～2頁。

的傾向；根本佛教的特色，卻是用集團規範（律）的力量，來調柔身語行為，淨化內心煩惱。如果法與律不能相合，就會導致佛教的衰落。印順法師分析指出：大乘經中的菩薩，都是獨往獨來的，所以大乘法著重於入世利生，且略帶特出的偉人的傾向，不太重視有組織的集團，這也許是大乘法晚期衰變的主因。第二是緣起與性空的統一。這是中期佛教（亦即初期大乘）的特色。這是緣起甚深與涅槃甚深的統一，是龍樹論的特色。一切事象，莫不是因緣所生，故無常恆獨存之真實自性——性空。學佛者若偏重於緣起之事相，著重於法相上的差別，則空慧不足，無以求取涅槃，行菩薩道；若執著於性空之理體，醉心於空性的參證，則忽視現象，不重視佛法在人間應有的正行。唯有依緣起性空，建立二諦無礙的中觀，才能符合佛法的正宗，而達到世出世間的統一無礙。第三是自利與利他的統一。發心利他，不應忽略自己身心的淨化，否則自未能度，焉能度人？所以為了要利益眾生，一定要廣學一切；為了不為世間的一切所轉，也要先淨化身心。這三條原則可以說是人菩薩行成就的保障。因此，「依導師人間佛教的理論三原則，人間佛教實可稱為律法兼重、空有無礙、大小共貫、真俗相成、解行相融、悲智雙運的中觀正見菩薩道。」〔註28〕

人菩薩行要在人間佛教實踐中得到具體實施。因為只有人間佛教，才適宜修行。這是從修行角度肯定人間佛教的功用。如果環境「太樂太苦，均不易受行佛法，唯有苦樂參半的人間，知苦而能厭苦，有時間去考慮參究，才是體悟真理與實現自由的道場。」〔註29〕不過，我們「平常都說人間太苦，其實人間是個好地方。釋尊不出天上而生人間，我們可以領會到，人間對於菩提道，是如何富有價值了！人間的環境，不太苦也不太樂，既沒有天國欲樂的迷惑，也沒有三途劇苦的逼惱，實是最適修行辦道的理想場所。」〔註30〕因此印順法師對人間佛教的美滿讚歎道：「生存在這樣理想的環境中，人與人之間已沒有傾軋和衝突，個個總和樂相處，大家皆信仰佛教，皈依三寶，奉行五戒、十善等種種善行。能有緣生到那個時候，是真正值得歡喜的！」〔註31〕印順法師提倡人間佛教，還有時代傾向的考慮。他認為，除了掌握佛法不共世間的特性之外，也有適應今時、今地、今人的實際需要。他分析所身處

〔註28〕 楊劍豐：《印順導師人間佛教的理論原則——中觀思想的內涵》，載《2012年第十一屆海峽兩岸印順導師思想之理論與實踐學術會議論文集》，第138頁。

〔註29〕 印順著，《佛法概論》，正聞出版社，1992年，第54頁。

〔註30〕 印順著：《藥師經講記》，正聞出版社，第109頁。

〔註31〕 印順著：《佛法是救世之光》，正聞出版社，1992年，第41～42頁。

的時代特徵：第一是青年時代。強調要重視青年的佛教，少壯的青年，會漸演化爲社會中心。適應少壯的佛教，必然重於利他。人菩薩行的大乘法，就是適應少壯唯一契機的法門。這是因爲「導師所推重的佛法是以釋尊圓寂後所集結之阿含經佛法及大乘初期佛法（龍樹中觀），導師稱之爲少壯的人間佛教，這少壯期佛法導師認爲最符合佛法本意，也是最契理契機的適應現代社會人間正見佛教。」〔註 32〕第二是處世時代。其實佛教本就是在人間的。佛與弟子經常的遊化人間，雖然住在山林，卻仍於每天進入村邑聚落乞食，與人相接觸，而隨緣弘化。修菩薩行者，應作利益人類的事業，在人間傳播法音，在不離世事、不離眾生的原則下，就可達到淨化自己，覺悟自己之目的。印順法師要求「我們首先應記著：在無邊佛法中，人間佛教是根本而最精要的，究竟徹底而又最適應現代機宜的。」〔註 33〕第三是集體時代。摩訶迦葉修頭陀行，釋尊勸他回僧伽中住；優婆離想獨處修行，釋尊要他住在僧中；釋尊甚至於無例外地宣稱佛在僧數。佛法以集體生活來完成自己，並透過組織性的僧伽，令正法久住，這與中國人所說的隱遁，是根本不同的。因此，即使是在家弟子修菩薩行，也應以健全的組織來從事利他而自利的事業。

　　根據以上的分析，可以看到，印順法師人間佛教不但契應時機，而且契合於佛法的深義，是契理契機的。「從而吾人可以看出，印公雖然體大思精，研究主題也不少，但都不是遠離宗旨的清談而已，自有其吾道一以貫之的總綱——尋研契理契機的人間佛教。」〔註 34〕契機，即所說的法，要契合當時聽眾的根機，使他們能於佛法，起信解，得利益。契理，即所說的法，能契合徹底而究竟了義的。契理與契機必須兩者並重，「佛法要著重這二方面，才能適應時機，又契於佛法的真義。如專著重於契理，或不免要曲高和寡了！如專著重於應機，像一分學佛者，只講適應時代，而忽略了是否契合佛法的真義，這樣的適應，與佛法有什麼關係！現在所揭示的人間佛教，既重契機，又重契理。」〔註 35〕契理與契機的並重也不是絕對的對等，而是要根據具體

〔註 32〕楊劍豐：《印順導師人間佛教的理論原則——中觀思想的內涵》，載《2012 年第十一屆海峽兩岸印順導師思想之理論與實踐學術會議論文集》，第 141 頁。

〔註 33〕印順著：《人間佛教論集》，正聞出版社，1992 年，第 106 頁。

〔註 34〕釋昭慧著：《人間佛教的播種者》，東大圖書股份有限公司，1995 年，第 92 頁。

〔註 35〕宏印法師主編：《印順導師著作導讀篇》，印順文教基金會，2006 年，第 212 ～213 頁。

情況具體分析，因此，「印順法師在不同著作中的說法，有的時候，他更強調『人間佛教』理念的契機性，有的時候，更強調契理性，人間佛教契理性的根本原因就在於：人間佛教是佛法正義的合理開展！雖然在佛法所提出的入道理論中，有方便的天乘行，在解脫理論中，有方便的聲聞行、如來行，但是最根本的入道理論是人乘，最究竟的解脫理論是菩薩行，人乘與菩薩行兩者是統一的。」〔註36〕這就是說，要依人菩薩行的實際情況而決定選擇強調契理還是契機。

　　為了更加明確人間佛教的涵義，我們有必要澄清認識上的幾個誤區：一是人間佛教不是僅指世俗社會。「印順的人間佛教提出之後，並沒有獲得廣泛的認同。『憂慮』之一就是：人間佛教所說的『人間』不過是世俗社會，而不是佛教中的『人間』──佛教中的『人間』指六道之一的人界，既包括世俗社會，也包括非世俗社會，如荒無人煙的山林。這個擔憂是有一定道理的。因為，如果人間佛教的人間僅僅指世俗社會，顯然就喪失了佛教的超越性和神聖性，有可能淪為世俗化和庸俗化的佛教。但是，印順人間佛教的『人間』實際上是既指六道中的「人間」（人界或人），又指世俗社會，還特別地指勝義的大乘的世間。」〔註37〕可以看到，要消除憂慮，必須認清印順法師的人間佛教不是一個狹窄的概念，而是有廣義的範圍，它包括世俗和非世俗社會，而不僅僅是世俗社會。二是人間佛教非同於世間的慈善事業。「必須確定人間佛教決非同於世間的慈善事業，是從究竟的佛乘中，來看我們人類，應怎樣的從人而向於佛道。他說明人間佛教的主要內容，是由人發心直趣佛果──即藉由人性的淨化與進展，達到人格的最高完成。從究竟的佛果位來看，人間佛教的要義應如何從人而向於佛道，而非世間的慈善事業，或神教者的人間行，或佛法中的人乘行。」〔註38〕在這裡，已明確人間佛教的目標是要從人而向於佛道，而不同於世間的慈善事業助人為樂而已。三是人間佛教不是傳統的宗派。人間佛教與傳統的宗派具有一定的關係。「人間佛教是不是傳統的宗派？像禪、淨、台、賢那樣，有著自己的義理體系和修行方式？對此，印順的觀點是：從方便和真實的結構，或者從修證和教證的角度而言，人間佛教和傳統宗派有類似處，但是，就根本和應機上說，人間佛教則指超越宗

〔註36〕 李嶷：《印順法師佛學思想研究》，2001年北京大學博士學位論文。
〔註37〕 蒲長春：《印順如來藏思想研究》，2004年北京大學博士學位論文。
〔註38〕 呂姝貞：《〈勸發菩提心集〉的人菩薩行》，載《2011年第十屆印順導師思想之理論與實踐學術會議論文集》，第303頁。

派的整體的佛教。所以，在印順看來，眞正的禪、淨、台、賢都可以是人間的，從而可以是人間佛教——人間佛教並不是一個與之並列的宗派。」〔註39〕從此可以清楚地看到，人間佛教與傳統的宗派有類似之處，但不是並列的關係，人間佛教是超越宗派的整體的佛教。人間佛教與傳統的宗派相比，具有自身的特點。「正是這種對於『佛教的全體』的重視，對黨同伐異的痛心，讓印順決心弘揚人間佛教。作爲超越宗派的人間佛教，有兩個不同於一般宗派的特點：（1）對於修行的法門不執著，也不輕視，所以『在初學期間，應當從博學中，求得廣泛的瞭解，然後再隨各人的根性好樂，選擇一門深入，這無論是中觀、唯識或天台、賢首，都好。』（2）方法圓融的背後是『眞實』的支撐，這是超越的關鍵。沒有空性的智慧，就沒有俯瞰的視野。這是義理上融通的根據。」〔註40〕這兩個特點說明，無論是在理論上，還是在修持上，人間佛教都不是傳統的宗派。

　　尤其值得一提的是，人間佛教不是人生佛教。這裡包含兩層意思，說明二者之間既有同又有異。對於二者的同異目前仍未引起學界足夠重視，「眾所周知，太虛和其學生印順是最重要的人間佛教的理論建構者，關於二人的思想及其關係，從八十年代初以來兩岸諸多學者的關注，尤其是進入二十一世紀後，隨著臺灣的人間佛教實踐的推動，關注者和關注面都獲得很大的增加。儘管如此，筆者認爲，對於太虛與印順的人間佛教思想的同與異，學界雖不乏深刻的剖析討論，但仍然沒有給予足夠重視，並且多停留在史料的考證對應和調停矛盾的態度上，顯得深度不夠，因而難以推動人間佛教理論與實踐的深刻反思和前進。」〔註41〕甚至還在臺灣出現過將人間佛教與人生佛教等同的現象，「當時，他曾試圖將印順導師與太虛的思想作比較，卻發現印順本人處處明白表示他的思想與太虛的思想有別，可是戰後來臺的印順追隨者，包括新一代的臺灣本地認同他思想的眾多僧侶，居然毫無警覺地，將印順的思想直接視爲太虛思想的繼承者或將兩者的思想視爲是同構型的內涵。因此，江氏當時心中生起第一個念頭，就是，『追隨他（按：印順導師）的學生和一些弟子，對印順導師的人間佛教思想，實際上並不理解』。因而，這股強烈意識，從一開始，便引發他積極求證，並對修嚴法師等1986年所理解的人

〔註39〕蒲長春：《印順如來藏思想研究》，2004年北京大學博士學位論文。

〔註40〕蒲長春：《印順如來藏思想研究》，2004年北京大學博士學位論文。

〔註41〕學愚主編：《人間佛教與當代倫理》，中華書局（香港）有限公司，2012年，第60頁。

生佛教是等同於人間佛教觀點,萌生了質疑的大問號。」〔註42〕可見,當時已有人覺察了這一問題,印順法師本人也意識到並試圖證明人間佛教不是人生佛教。由此也必然會引起一系列的相關問題:「太虛大師提倡人生佛教,而導師提倡人間佛教,有很多人會問人生佛教和人間佛教有什麼不同?或者有哪些是相同的部份?」〔註43〕針對這些問題,筆者將作一些必要的闡述。

人間佛教與人生佛教不同點在於:一是具有理論和實踐意義的差別。在理論上來說,首先是思想理論基礎不同。「因為兩者(即太虛、印順)對大乘三系思想的認知,是大不相同的,太虛是以如來藏的真常唯心思想,作為其最高義理的判準依據,印順則是以性空唯名的龍樹中觀空義,作為究竟的義理判準的最高原則,所以他過去即曾質疑過太虛所主張的人生佛教理念,是基於方便而融攝密與淨的思想而來。」〔註44〕在這裡,太虛人生佛教是如來藏的真常唯心思想為基礎的,而印順人間佛教則是以性空唯名的龍樹中觀空義為準則的,顯然人間佛教與人生佛教分別源於兩個不同的思想理論。不同的思想理論,也會導致二者的利弊產生。「江氏在同文中,還認為印順導師所採用性空思想,雖然是以人間佛教的思想,作為其針對現實關懷的有力考慮,但是,此一過於理性的宗教心態,固然對治了傳統佛教中常有的重經懺體驗的成分和喜神秘神通的流弊現象,但是同樣也削弱了其中的宗教體驗成分。反之,太虛卻是根據其宗教體驗而建構其佛教思維的。」〔註45〕這裡,特別指出了人間佛教對治各種流弊現象的同時,也會削弱宗教的體驗成分。其次是依據的佛教經典不同。「人間佛教的概念名詞及其理念詮釋,仍是太虛大師最先提出的,只是後來印順法師另對人間佛教重新定義,兩者因依據的佛教典據各有所宗,而產生不同的詮釋內容和關懷立場的差異罷了。」〔註46〕可見,由於人間佛教與人生佛教依據的

〔註42〕 江燦騰:《從解嚴前到解嚴後——戰後印順導師的淨土思想在臺灣的變革、爭辯與分化發展》,載《2009年第八屆印順導師思想之理論與實踐學術會議論文集》,第C14~6頁。

〔註43〕 釋厚觀著:《印順導師佛學著作述要》,印順文教基金會,2012年,第118頁。

〔註44〕 江燦騰:《從解嚴前到解嚴後——戰後印順導師的淨土思想在臺灣的變革、爭辯與分化發展》,載《2009年第八屆印順導師思想之理論與實踐學術會議論文集》,第C14~7頁。

〔註45〕 江燦騰:《從解嚴前到解嚴後——戰後印順導師的淨土思想在臺灣的變革、爭辯與分化發展》,載《2009年第八屆印順導師思想之理論與實踐學術會議論文集》,第C14~10頁。

〔註46〕 傳道法師主講:《印順導師與人間佛教》,中華佛教百科文獻基金會,2001年,第101頁。

佛教經典不同，因而在立場觀點、內容詮釋等方面也出現了差異。人間佛教是依據印度早期佛教的經典《阿含經》，「印順的人間佛教思想在這一點上不同於太虛的想法，因爲他的參照系是印度佛教，在經典的依據上是以印度早期佛教的經典《阿含經》爲根據，他所要做的是一個溯源的工作，……」〔註47〕由於這一點，印順法師極力倡導回歸純正佛法。再次是形態結構路徑不同。從人間佛教與人生佛教形成的先後來看，「一般認爲近代『人間佛教』思想肇始於民國時期釋太虛的『人間佛教』理念，而成熟的『人間佛教』理論形態則是在釋印順那裡才得到明確建立。」〔註48〕可以說，太虛人生佛教是印順人間佛教的早期形態，印順人間佛教才是成熟的人間佛教。此外，人間佛教與人生佛教的不同結構，「從理論上說，二人恰好構成了人間佛教的兩種路徑，姑且我們可以稱之爲：太虛——綜合的人間佛教，和印順——分析的人間佛教。」〔註49〕這兩種完全不同的分析路徑，進一步導致「印順法師提出的人間佛教與太虛大師不同之處在於，他更注重對佛教學理論的研究，從而闡釋佛教在新的時代所應該採取的策略。」〔註50〕這是一種邏輯的必然。這也充分表現出人間佛教與人生佛教在理論意義上的差別。在實踐上來看，人間佛教與人生佛教不同點在於是否提倡凡夫菩薩。人間佛教提倡凡夫菩薩，因爲「凡夫菩薩的第一個特色是具煩惱身，因此不能裝成聖人、不誇高大，不眩神奇、不裝腔作勢，不會標榜神奇，也不會矜誇玄妙，而從平實穩健處著手做起。無疑地，這是印順導師所提倡的人間佛教當中最重要，也最感人之處。事實上，這也是人間佛教有別於太虛大師之人生佛教的地方。」〔註51〕這裡，所謂的凡夫菩薩，就是前面已提到具備了人菩薩行的基本特徵，是人乘法加菩薩行的完美結合的凡夫菩薩。這是印順法師人間佛教的顯著特色，也是在實踐上有別於人生佛教之處。根據以上理論與實踐的分析，可以總結出「從其中，我們可以看到太虛對於印順的巨大影響，但也必須看到二人的根本分歧：無論是人間性 1 還是人間性 2（即兩種不同的人間性），在太虛那裡，都具有濃厚的方便色彩和契機性；而在印順那裡，

〔註47〕黃夏年：《印順的人間佛教思想》，載《佛學研究》，2005 年，第 14 期。

〔註48〕周貴華：《釋印順「人間佛教」思想之特質評析》，載《哲學研究》，2006 年，第 11 期。

〔註49〕學愚主編：《人間佛教與當代倫理》，中華書局（香港）有限公司，2012 年，第 70 頁。

〔註50〕李嶷：《印順法師佛學思想研究》，2001 年北京大學博士學位論文。

〔註51〕楊惠南著：《當代佛教思想展望》，東大圖書股份有限公司，2006 年，第 162～163 頁。

更多的是根源性和純正性。這種差別並非一種可有可無的偶然,而是具有理論和實踐意義的差別。」〔註52〕

二是重鬼死重天神態度不同。我們可以看到,「印順法師人間佛教與太虛人生佛教差異在:太虛的人生佛教雖不能容忍傳統中國佛教對鬼的佛教、死的佛教的信仰,但卻仍容忍對天的尊敬。印順法師不容忍鬼的佛教、死的佛教,也不容忍天的佛教。印順法師重視諸佛皆出人間,終不在天上成佛,並深信純正的佛法是佛在人間,以人為本的。所以印順法師強調說:在佛教中,雖有不同的佛陀觀,但正確的佛陀觀,到底是佛在人間,即人成佛。諸佛世尊,皆出人間,不在天上成佛也。《阿含經》如此說,初期大乘經也如此說。正確的佛陀觀,是不能離卻這原則的。」〔註53〕在這裡,太虛人生佛教否定了鬼、死的佛教,卻容忍了天的佛教;而印順人間佛教既否定了鬼、死的佛教,也摒棄了天、神的佛教,而是強調了人為本的佛教。這是絕然不同的態度。對這兩種不同的態度進行對比,「由此可見,印順所謂人生佛教在對治(中國佛教)上的不足,乃指它那含有天神信仰的成分。」〔註54〕太虛人生佛教雖然否定了鬼、死的佛教,但是留有鬼、死的佛教存在的空間,而印順人間佛教不僅徹底掃除鬼、死的佛教,而且也消滅天、神的佛教存在的餘地。「在太虛那裡,除了最切近的人生佛教外,還存有鬼的佛教,天神的佛教,出世二乘的佛教等;而在印順那裡,只有人間的佛教,絕不有什麼鬼的佛教、天神的佛教之類的存在。」〔註55〕印順人間佛教對重鬼死重天神的態度是非常明確的,「可見,既不重鬼、死,也不重天、神,是印順所強調的重點,也是人間佛教與人生佛教的差異所在。」〔註56〕人間佛教與人生佛教這種態度上的差異,印順法師曾進行過總結,他在《遊心法海六十年》中曾說:「虛大師說人生佛教,是針對重鬼重死的中國佛教。我以為印度佛教的天(神)化,情勢異常嚴重,也嚴重影響到中國佛教,所以,我不說人生而說人間。希望

〔註52〕學愚主編:《人間佛教與當代倫理》,中華書局(香港)有限公司,2012年,第64頁。

〔註53〕侯坤宏:《對人間佛教的歷史性與永續性的一些思考》,載《2011年第十屆印順導師思想之理論與實踐學術會議論文集》,第60頁。

〔註54〕楊惠南著:《當代佛教思想展望》,東大圖書股份有限公司,2006年,第100頁。

〔註55〕學愚主編:《人間佛教與當代倫理》,中華書局(香港)有限公司,2012年,第62頁。

〔註56〕《人間佛教研究》,第1期,香港中文大學出版社,2011年,第133頁。

中國佛教，能脫落神化，回到現實的人間。」〔註57〕

　　三是對治具體對象有所不同。從上面論述知道，太虛人生佛教否定了鬼、死的佛教，因此必然要對治重鬼、死的佛教。「首先談虛大師的人生佛教，它具有對治與顯正的意義。從對治的意義來說，因為虛大師有感於中國佛教末流，一向重視於死和鬼。中國佛教的末流是重視死、鬼的問題，而引出無邊的流弊。虛大師覺得很痛心，為了糾正弊病，所以主張不重死而重生，不重鬼而重人。以人生來對治死鬼的佛教，所以稱為人生佛教。」〔註58〕從這裡，可以看到，太虛人生佛教以重生對治重死，以重人對治重鬼，因此，人生佛教就是以人生來對治死鬼的佛教。而印順人間佛教則不同，「從對治方面來說，則有些不同。……但是導師更發現到，佛教即使不落入死、鬼這方面，但有的人不重視人間，一味地想要往生天上，然而這跟往生天國並沒有兩樣；或有人崇尚天神，這樣天化、神化的思想，其實也造成佛教很多的流弊。所以，導師在對治方面，除了特別對治死、鬼以外，認為天神這一部份也須要對治，不能流入這一端流弊。要重視人的這一部份，而恰當的語詞，就是人間。」〔註59〕可見，印順人間佛教不僅要對治死、鬼，而且還要對治天神。也就是說，印順法師「提倡人間佛教，不但對治中國流於死鬼的偏向，也對治印度後期佛教的流於天神混濫（初重一神傾向的梵天，後來重於泛神傾向的帝釋天）。」〔註60〕從這一意義上來說，人間佛教與人生佛教相比在對治對象上要廣得多。對治天神佛教，不是人生佛教的對象，而是人間佛教的重要對象。如果從這一角度來看人間佛教與人生佛教的不同，那麼就會導出這樣的結論：「因此，天神化的對治與否，是人間佛教和人生佛教的分野。」〔註61〕

　　我們瞭解了人間佛教與人生佛教不同，接著再看二者之間又有哪些相同點呢？歸納起來，有兩點：一是適應時代需要。「不管是太虛法師或是印順法師，他們所提出來的佛教改革理念──人生佛教和人間佛教，都是受到當時

〔註57〕印順著：《華雨集》第五冊，《印順法師佛學著作全集》，第12卷，中華書局，2009年，第13頁。

〔註58〕釋厚觀著：《印順導師佛學著作述要》，印順文教基金會，2012年，第119頁。

〔註59〕釋厚觀著：《印順導師佛學著作述要》，印順文教基金會，2012年，第120頁。

〔註60〕釋清德：《〈成佛之道教材彙編〉導讀》，載《第八屆印順導師思想之理論與實踐學術會議論文集》，2009年，第B5～8頁。

〔註61〕楊惠南著：《當代佛教思想展望》，東大圖書股份有限公司，2006年，第164頁。

整個中國大時代的刺激所致。」〔註62〕同樣的論述也是存在的,「事實上,印順的提倡人間佛教和太虛的提倡人生佛教一樣,都是同感當時中國佛教衰微的危機,對於傳統中國佛教不關心現實社會,以致引生不滿而試圖有所改善的自然反應。」〔註63〕這些論述都充分說明,人間佛教與人生佛教都是在中國大時代背景而產生的。二者的產生,都對佛教發生了一定的積極作用。「無論是太虛大師,還是印順法師,二人都對人間佛教的人間性(包括1和2)和佛教性有著非常深刻的自覺,並在大量的著述和演講中,作了相當全面的討論和明確的表達,其中諸多的認識不僅在其當時具有重要的革新意義,至今仍有強烈的指導作用,不愧為人間佛教理論的開創者和奠基者。」〔註64〕二是重視現實人生。「人生佛教與人間佛教雖然存在若干差異,然而從大的方面來講,皆主張貼近現實人生,發揚中國佛教原有的現實主義風格和內容,為利益人群、造福社會而積極奉獻。」〔註65〕這是由於「太虛的人生佛教與印順的人間佛教一脈相承,共同理念是『即人成佛』的菩薩道或菩薩行思想。」〔註66〕所必然會導致的結果。人生佛教極為關注現實人生,「太虛大師曾說:『仰止唯佛陀,完成在人格,人圓佛即成,是名真現實。』這是太虛大師人生佛教的思想中心。」〔註67〕可見,關注現實人生已成為人生佛教的思想中心。與人生佛教相比,人間佛教關注現實人生也毫不遜色,印順法師「從時代的適應來瞭解,認為應該重視現實的人生。依著人乘正法,先修成完善的人格,保持人乘的業報,方是時代所需,尤為我國的情形所宜。以人生為基礎,再來修菩薩道,這才是人生佛教。」〔註68〕由此可見,重視現實人生是人生佛教與人間佛教的共同點。三是相同的對治對象。人生佛教與人間佛教雖然存在對治具體對象有所不同,但是也有相同的對治對象,這就是異中之

〔註62〕楊惠南著:《當代佛教思想展望》,東大圖書股份有限公司,2006 年,第 107 頁。

〔註63〕楊惠南著:《當代佛教思想展望》,東大圖書股份有限公司,2006 年,第 97 頁。

〔註64〕學愚主編:《人間佛教與當代倫理》,中華書局(香港)有限公司,2012 年,第 69 頁。

〔註65〕楊曾文:《當代人間佛教與生態文明建設》,載《2012 年第十一屆海峽兩岸印順導師思想之理論與實踐學術會議論文集》,第 298 頁。

〔註66〕張華:《人間佛教的內在精神和發展趨向》,佛教導航網,2009 年 04 月 12 日。

〔註67〕潘煊著:《法影一世紀——印順導師百歲》序,天下遠見出版股份有限公司,2005 年。

〔註68〕釋厚觀著:《印順導師佛學著作述要》,印順文教基金會,2012 年,第 119 頁。

同。我們可以「參照下表：天神──永生、人──生、鬼──死，上面是天神──永生，下面是鬼──死，在中間是人，人間主要是在中間這一塊。從對治來說，同樣是對治死、鬼，這與虛大師相同。」〔註 69〕從此可知，人生佛教與人間佛教相同的對治對象就是對治死、鬼的佛教。四是顯正方面相近。人生佛教與人間佛教不但有對治的方面，而且「還有顯正的意義。太虛大師是從佛教的根本來瞭解，因爲在佛典裏面，佛是在人間遊化，主要開示度化的對象是在人間的人。所以，在生而爲人的時候，應該就要好好修行，並非捨本逐末，等到死了以後才去超度。」〔註 70〕顯正的意義也體現人生佛教對現實人生的關注。其實，人間佛教與人生佛教「約顯正方面說，大致相近。」〔註 71〕這也是客觀存在的，「我們再看導師的人間佛教，先從顯正方面來說，依人乘爲基礎來成就佛道，這與虛大師相近。」〔註 72〕二者顯正方面相近與其重視現實人生是分不開的。五是基本原則一致。人生佛教與人間佛教在願景上具有一致的基本原則。「通觀二人（即太虛、印順）在人間性和佛教性各個層面的思考，我們可以發現：在什麼是人間佛教和怎麼建設人間佛教的問題上，二人有著基本原則的宏觀一致性，但在人間性和佛教性等核心認識上卻存在著相當程度的分歧甚至對立。」〔註 73〕二者在基本原則上的一致，並不意味著能排除其分歧存在，這可以說是同中有異。

二、人間佛教的來源

　　人間佛教由來以久。人間佛教的論題，民國以來，即逐漸被提起。「太虛大師在民國十四、五年，提出了人生佛教，在對日抗戰期間，還編成一部專書──《人生佛教》。人生佛教有兩重意思：一、對治的，二、顯正的。」〔註 74〕太虛大師提出的人生佛教，是人間佛教的早期雛型。1934 年，《海潮音》出過人間佛教專號，當時博得許多人的同情。抗戰期間，浙江縉雲縣也出了小型的《人間佛教》月刊。在海外，慈航法師在星洲，辦了一個佛教刊

〔註 69〕釋厚觀著：《印順導師佛學著作述要》，印順文教基金會，2012 年，第 120 頁。
〔註 70〕釋厚觀著：《印順導師佛學著作述要》，印順文教基金會，2012 年，第 119 頁。
〔註 71〕印順著：《人間佛教論集》，正聞出版社，1992 年，第 105 頁。
〔註 72〕釋厚觀著：《印順導師佛學著作述要》，印順文教基金會，2012 年，第 120 頁。
〔註 73〕學愚主編：《人間佛教與當代倫理》，中華書局（香港）有限公司，2012 年，第 69 頁。
〔註 74〕釋昭慧著：《人間佛教的播種者》，東大圖書股份有限公司，1995 年，第 29～30 頁。

物,名為《人間佛教》;法舫法師在暹羅,也以人間佛教為題來講說。印順法師第一次明確地用到人間佛教這一名詞,是在 1941 年左右。在這裡,我們著重論述印順人間佛教的來源。

在論述印順人間佛教的來源之前,有必要先瞭解學界對這個問題的看法。不妨在這裡引用一段較詳細的文字:「關於其(即印順法師)人間佛教思想的來源,學界有著不同看法。如臺灣的楊惠南教授認為它有五個來源:對《三論》與唯識法門的研究心得;太虛人生佛教的啓發;《阿含經》和廣《律》所含有的現實人間的親切感;日本佛學家的治學方法;梁漱溟等新儒家學者的闚佛風尙。而黃夏年先生在《印順的人間佛教思想》一文中則重點指出了其兩個主要來源:一是《阿含經》中諸佛世尊皆出人間,不在天上成佛也的觀點;二是太虛的與時俱進思想、人生佛教理論和人間淨土理想。另外,臺灣的江燦騰教授在《從人生佛教到人間佛教》一文中也有與黃夏年先生相類似的論述。綜合各家觀點,我們認為,儘管他的人間佛教理論有著其深厚的印度佛學淵源和特殊的時代背景,但其最直接的殊勝因緣卻非太虛的人生佛教思想莫屬。」〔註75〕從這裡可見,印順人間佛教的來源存在多種不同看法,但有一個共同點,就是認為印順人間佛教與太虛人生佛教分不開。為此,我們來論述印順人間佛教與太虛人生佛教的源淵關係,以窺探其實質。

為了弄清楚印順人間佛教與人生佛教的源淵關係,我們有必要在這裡先介紹一下太虛大師,以及他與印順法師之間的關係。眾所周知,太虛大師(1889～1947)是我國現代著名的佛教改革家。他根據當時佛教存在的狀況,於 1913 年提出了佛教三大革命的主張:教理革命、教製革命、教產革命。以後他又提出了建設人生佛教的理論體系,他的人生佛教理論基礎是中國大乘佛教的基本理論和中國傳統文化中的儒家思想。儘管太虛大師的佛教改革計劃沒有成功,人生佛教理論沒有得到實施,卻不能抹殺他在中國佛教史上重要地位,以及對人間佛教理論所作出的巨大貢獻。

太虛大師豐富的佛學思想,讓印順法師讚歎不已。他說:「我深受大師思想的啓發,對大師也有某種程度的理解,但自己為宿習所薰的根性所限,即使嚮往有心,也不可能成為大師那樣的菩薩。」〔註76〕這是他從內心發出的

〔註75〕徐弢:《印順導師眼中的佛教中國化》,載《2009 年第八屆印順導師思想之理論與實踐學術會議論文集》,第 C13～11 頁。

〔註76〕印順著:《華雨香雲》,正聞出版社,1994 年,第 339 頁。

感歎，與此同時，也表達了自我謙虛的心態。印順法師認為太虛大師是近代佛教的大善知識。他說：「大師之學行，足為今日佛教之南針者特多。」印順法師指出學習太虛大師的精神必須從菩薩行和人生佛教開始，要「想讚揚大師，紀念大師，學習大師，不從這學菩薩發心而修行的人生佛教，即人成佛的真現實論，今菩薩行去著眼，就不免摘葉尋枝，甚至要誤解大師了！」〔註77〕因此，學菩薩發心而修行的人生佛教，成為印順法師一生追求和倡導的目標。印順法師立足印度佛教，弘揚大乘佛教的中觀思想，與太虛大師倡導的菩薩行、人生佛教的目標是分不開的。

印順法師經過深入細緻的探究太虛大師佛學思想，最後總結出他與太虛大師不同之處在於：一、大師太偉大了！大師是峰巒萬狀，而自己只能孤峰獨拔。二、大師長於融貫，而自己卻偏重辨異。三、大師說人生佛教，自己說人間佛教。一般專重死與鬼，太虛大師特提示人生佛教以為對治。然佛法以人為本，也不應天化、神化。不是鬼教，不是（天）神教，非鬼化非神化的人間佛教，才能闡明佛法的真意義。虛大師說融攝魔梵，漸喪佛真之泛神秘密乘，殊非建立三寶之根本。可是點到為止，只說不適宜於現代而已。四、在印度大乘佛教中，大師立三宗，我也說三系，內容大同。不過自己認為：在佛教歷史上，真常唯心論是遲一些的；大師以此為大乘根本，所以說早於龍樹、無著。自己與大師間的不同，除個性不同外，也許我生長的年代遲些；遵循大師的研究方針，世界性（佛教）的傾向更多一些。關於以上幾點不同，印順法師以後在他的著作中也作過一定程度的說明。關於第一、二點的不同，主要集中在佛法與現實佛教界的矛盾，對此，太虛大師大力提倡改革佛教以適應現實需要，印順法師則不同，只在探討問題的原因。印順法師就說過：「代表佛教的，如我家鄉的出家人，好像與我經上看到的佛法，有相當大的距離。但是我沒有像虛大師和你們院長那樣要來改善佛教，有振興改革佛教的心。只是想探究：佛法這麼好，這麼高深，為什麼同我們實際上的佛教距離這麼遠？這問題在那裡？」〔註78〕但他對太虛大師所提倡的佛教改革運動，原則上是贊成的，覺得不容易成功。他感到，現實佛教界的問題，根本是思想問題。他不像太虛大師那樣，提出教理革命；卻願意多多理解教理，對佛教思想起一點澄清作用。關於第三點的不同，他認為太虛大師說人生佛教，是針

〔註77〕印順著：《華雨香雲》，正聞出版社，1994年，第347頁。
〔註78〕印順著：《華雨集》第五冊，南普陀寺慈善事業基金會，2002年，第62頁。

對重鬼重死的中國佛教，自己以印度佛教（流入西藏）的天（神）化情勢異常嚴重，也嚴重影響到中國佛教，所以不說人生而說人間，希望中國佛教能脫落神化，回到現實的人間。關於最後一點的不同，曾引起長期的爭論，未達成一致的看法。這一點不同，是由印順法師最早的一本著作《印度之佛教》而引起。印順法師回憶道「卅二年夏天，我的《印度之佛教》出版，引起了與大師的長期商榷，也可說長期的論爭。問題的重心在：我以爲大乘佛教，先是性空唯名論，次是虛妄唯識論，後是眞常唯心論。我從佛教流行的情況說，從佛教思想盛行的主流說。但大師以爲：先眞常唯心，次性空，後唯識。大師雖承認說一切空的經論，比之說眞常不空的（如來藏、佛性），盛行的時期要早。但眞常唯心爲佛果的圓滿心境，爲一切佛法的根本，所以應列於最先。」〔註79〕除此之外，印順法師在佛學的義理方面與太虛大師的觀點也存在著分歧。印順法師對於太虛提出的「法界圓覺宗」、「天菩薩」等思想，有不同的看法。對太虛大師提出的法界圓覺宗，印順法師就毫不隱晦地說：「《印度之佛教》，於眞常唯心論——即大師所贊之法界圓覺宗，頗有微辭。以大乘之發展，爲性空、唯識而後眞常唯心論，與大師之先眞常而後性空、唯識相反，因再爲評議。」〔註80〕在佛學思想方面的這些不同之處，或多或少都對印順人間佛教與太虛人生佛教的源淵關係產生過一定的影響。

印順人間佛教與太虛人生佛教的源淵關係有兩層意思：一是既有繼承，又有不同。「論思想之起源，則太虛大師的人生佛教（Buddhism for the Human Life）思想較早出現在佛教論壇之中，影響及於其門生之印順導師，以及臺灣佛教領袖星雲大師、聖嚴法師、證嚴法師，中國大陸佛教領袖趙樸初居士，乃至越南及印度的佛教領袖一行禪師、世友居士。論思想之同異，則印順導師公開指出，他的人間佛教承續太虛大師的人生佛教而又有所不同。」〔註81〕這是從印順人間佛教來源的異同上而論的。二是既有繼承，又有批判。在「太虛的得意門生中，印順是其中之一。在當代中國佛教中，印順也是宣傳人間佛教思想最有影響的大家之一。研究印順的人間佛教思想，離不開他與太虛的關係，這不僅是因爲他是太虛的弟子，而且還因爲他的人間佛教思想直接與太虛的人間佛教思想有必然的聯繫。其中既有繼承的關係，也有批判的情

〔註79〕印順著：《華雨香雲》，正聞出版社，1994年，第305頁。
〔註80〕印順著：《太虛大師年譜》，正聞出版社，1992年，第502頁。
〔註81〕釋昭慧：《印順學與人間佛教——由無諍之辯到求同存異》，載《2011年第十屆印順導師思想之理論與實踐學術會議論文集》，第404頁。

況。」〔註82〕這是從印順人間佛教來源的對治對象而言的。為了敘述的方便，我們先來探討印順人間佛教對太虛人生佛教的繼承，然後再分析其不同和批判的兩個方面。

關於繼承，有兩段較詳細的分述。一段是：「印順對太虛的人生佛教思想至少有以下幾方面原則性的繼承：（1）菩薩法不礙人生正行，人生正行即是菩薩法門。（2）仰止唯佛陀，不屬宗派徒裔。（3）適應社會，化導社會，為以佛法濟世的重要一著。（4）正確的出世觀，是必然的配合著世間的淨化。擁護建設人間淨土的目標。（5）發揚佛法的世界性，以鼓鑄世界性的新文化，而不為民族感情所拘蔽。」〔註83〕另一段是：「印順對太虛人間佛教理論的框架，至少有五方面基本繼承：1、同樣直仰佛陀，『不屬於宗派徒裔』。2、認同菩薩道是佛法正道，菩薩行是人間正行。3、贊同太虛的世界胸懷，『不為民族感情所拘蔽』。4、擁護淨化社會，建設人間淨土的目標。5、贊成佛教適應現代社會，關懷社會，進而提升社會。」〔註84〕如果進行比對，這兩段的大意基本上相同，而且都列舉了五個方面，只是在排序上有點不同而已。此外，還有一種較籠統的說法，就是「一句話，在這裡印順實際上是繼承太虛佛教三大革命的思想，力圖扭轉天國淨土、往生淨土、西方極樂世界的虛幻追求，而在現實社會建設『人間淨土』。」〔註85〕在這裡，當然也包括印順人間佛教對太虛人生佛教的繼承的內容。印順人間佛教對太虛人生佛教的繼承，如果用一個較形象的說法，那麼可以說「太虛大師算是近代人間佛教的浪漫狂飆精神之祖師爺了，而太虛大師的人生佛教更成了印順導師人間佛教的重要啟蒙。」〔註86〕

關於不同，是指在理論上進一步發展和深化，並形成體系，與上一節談的人間佛教與人生佛教不同是有區別的。

首先在理論上的發展，具體來說，一是印順法師在太虛人生佛教的基礎上提出人間佛教。「那麼，他（指印順）為何沒有沿用太虛的人生佛教一詞，

〔註82〕黃夏年：《印順的人間佛教思想》，載《佛學研究》，2005年，第14期。

〔註83〕河北省佛教協會編：《人間佛教》，河北省佛教協會，2000年，第205頁。

〔註84〕陳兵、鄧子美著：《二十世紀中國佛教》，民族出版社，2000年，第205頁。

〔註85〕麻天祥：《印順佛學思想解讀》，《閩南佛學》（第四輯），宗教文化出版社，2005年，第372頁。

〔註86〕許清原：《試論人間佛教的崇高美學》，載《2011年第十屆印順導師思想之理論與實踐學術會議論文集》，第272頁。

而要進一步提出人間佛教呢？因為在他看來，太虛的人生佛教具有兩層意思，第一層是對治的意思，即對治中國佛教末流偏重死和鬼的特徵及其引起的無數流弊。第二層則是顯正的意思，即按照佛教的人乘正法去理解和重視現實的人生，並且由此修成大乘的菩薩行果。對人生佛教的這兩層意思，他是基本贊同的，但他又認為太虛在對治方面做得不夠徹底，即僅僅對治了偏重死鬼的弊端，而未能徹底對治天神化的弊端。因而他在繼承和發展太虛人生佛教思想的基礎上進一步提出，讓中國佛教徒從傳統的神秘催眠狀態中振作起來的關鍵是找到佛陀所傳的純正的佛法，而確認佛法的純正與否的標準既不是宗派偏見和民族情感，也不僅僅是流傳的佛典本身，而是處在現實世間的轉化之中的人間的佛教史實。」〔註87〕可見，印順法師認為太虛人生佛教在理論上只對治了偏重死鬼的佛教，而未能對治天神化的佛教，「然我從經論所得來的佛法，純正平實，從利他中完成自利的菩薩行，是糾正鬼化、神化的人間佛教。」〔註88〕印順人間佛教的提出就是要從理論上進一步對治天神化的佛教，以追求純正的佛法。印順法師極力強調人間佛教，是因為他已意識到天神化的佛教不僅對印度產生了危害，而且對中國佛教出現了影響。「太虛大師說人生佛教，是針對重死重鬼的中國佛教；印順法師認為，印度後期佛教的天（神）化，情勢異常嚴重，不以人為本，而以天為本。初重一神傾向的梵天，後來重於泛神傾向的帝釋天，使印度佛教在適應社會的過程中，日益混濫於天神宗教，也嚴重影響到中國佛教，所以他在人生佛教的基礎上，進而強調人間佛教。」〔註89〕當時太虛人生佛教在理論上對治重死重鬼是不夠的，必須由印順法師提出人間佛教來完成這一神聖使命。

　　二是豐富了太虛人生佛教的內容。印順人間佛教的提出，不僅擴大了對治的範圍，而且還涉及其他方面。「印順的人間佛教思想是太虛人生佛教思想的發展。他自言『宣揚人間佛教，當然是受了太虛大師的影響，但多少是有些不同的。』這主要表現在以下幾個方面：（1）太虛『大師的思想，核心還是中國佛教傳統的』。而印順認為『臺、賢、禪、淨的思想，依印度佛教思想

〔註87〕徐弢：《印順導師眼中的佛教中國化》，載《2009年第八屆印順導師思想之理論與實踐學術會議論文集》，第C13～12頁。

〔註88〕潘煊著：《法影一世紀——印順導師百歲》，天下遠見出版股份有限公司，2005年，第160頁。

〔註89〕釋昭慧著：《人間佛教的播種者》，東大圖書股份有限公司，1995年，第84～85頁。

史來看，是屬於後期大乘的』，他則『斷然的贊同佛法（原始佛教與部派佛教）與大乘佛法的初期行解。』（2）他的人間佛教，比太虛大師的人生佛教尚有進一步的對治。印順認為『人生佛教』對治傳統偏於『死』與『鬼』的傾向，而他自己強調的『人間佛教』則『不但對治了偏於死亡與鬼，同時也對治了偏於神與永生』。（3）太虛大師認為現在進入『依人乘行果，進趣大乘行的末法時期』，印順同意其說，但認為『若無經說的依據，不易為一般信徒所接受』。所以，他『要從佛教思想的演化中，探求人間佛教的依據。』〔註90〕這裡，所列舉的三點內容比較準確地反映了理論上的突破。第一點，前面已作過敘述，這裡不再贅述。第三點，後面會作論述，這裡著重闡述第二點。在這一點上，印順法師既有吸收，又有發展。他贊同太虛大師對治重死重鬼的佛教，以及提倡人本的佛教。「印順提倡的人間佛教是太虛大師人生佛教的發展。太虛大師提出人生佛教是為了解決中國佛教界偏重死後事的問題。……太虛大師人生佛教的目的是專門針對『鬼教』的。這一點，印順理解得很準確，他認為太虛的人間佛教是『對治這一類鬼本的謬見，特提倡人本來糾正他』」。〔註91〕但是對於太虛大師關於天菩薩的觀點持有異義，「對於天菩薩，印順認為『從現代弘法來說，我繼承太虛大師的思想，對於天菩薩（以佛菩薩示現夜叉等為主尊的）佛法，不敢苟同。』」〔註92〕鑒於此，印順法師在吸納太虛對治鬼教的基礎上，提出還要對治神教。「太虛對治『鬼本』的思想被印順所吸納，同時，印順認為不只是要對治『鬼本』的『鬼教』，還特別要對治『神本』的『神教』。」〔註93〕印順法師在推行這一主張時，曾經歷過艱難曲折的過程，「印順作為太虛的學生，是接著太虛把明清漢傳佛教朝著『去鬼化』後再『去天神化』的方向發展的，並與堅持明清漢傳佛教傳統的長老僧伽作著不妥協讓步的鬥爭，一心一意地在臺灣撒播人間佛教的種子。」〔註94〕可以說，這一主張在臺灣具有一定的影響。在理論上，提出對治天神化的佛教，是一個重大進步。「在這樣的時空背景之下，太虛提出了人生佛教的理念，試圖對於當時的中國佛教有所改善。而印順，更在人生佛教的基礎之上建立起他特有的人間佛教的新主

〔註90〕河北省佛教協會編：《人間佛教》，河北省佛教協會，2000 年，第 205～206 頁。

〔註91〕蒲長春：《印順如來藏思想研究》，2004 年北京大學博士學位論文，第 71 頁。

〔註92〕印順著：《華雨集》第五冊，南普陀寺慈善事業基金會，2002 年，第 273 頁。

〔註93〕蒲長春：《印順如來藏思想研究》，2004 年北京大學博士學位論文，第 72 頁。

〔註94〕李尚全：《印順思想脈絡論》，載《佛學研究》，2005 年，第 14 期。

張。這一新主張，到底以什麼內容而被稱爲新呢？那就是：太虛雖然不容忍傳統中國佛教對鬼的佛教、死的佛教的信仰（詳見前文），但卻容忍對天的尊敬；另一方面，印順既不容忍鬼的佛教、死的佛教，也不容忍天的佛教。」〔註95〕從這裡可知，印順人間佛教既可對治鬼的佛教、死的佛教，也可對治天的佛教，因而，對治範圍的擴大，也就成爲印順人間佛教新內容。印順人間佛教這一新內容，具有重要的意義。一方面，是消除太虛人生佛教的漏洞，「印順是二十世紀人間佛教思想的重要代表人物，他的思想可以說是對太虛人生佛教（人間佛教）思想的系統發展。由於太虛的人生佛教對於佛教諸神沒有作過深入的分析，由人而菩薩而佛的修行路線也難免會被人理解爲出世入神的宗教，爲了消除太虛人生佛教的漏洞，印順以更加徹底的理性精神破除神道，使佛教完完全全地回歸人間。」〔註96〕這裡的漏洞，是指太虛人生佛教沒有對治天神的佛教功能，然而印順人間佛教增加這種對治功能，以消除這一漏洞。另一方面，是使漢傳佛教的人間性更爲顯著，「印順的人間佛教思想是接著太虛的人本佛教思想繼續講的，是在太虛把漢傳佛教『去鬼化』後，爲防止漢傳佛教的『西藏化』、或『天神化』而提出的，是以漢傳佛教爲中心的一種佛教理論，這說明印順雖然在做印度佛教史的研究，但目的是爲漢傳佛教正本清源，爲明清漢傳佛教——早晚功課、一句阿彌陀佛、趕經懺、農做，再增加大乘佛法的三論，還要去掉兩化——鬼化和天神化，讓漢傳佛教回到現實的人間。」〔註97〕所有這些，實際上都是豐富和發展太虛人生佛教的內容。

其次，印順人間佛教是對太虛人生佛教的深化。這一點很明顯，「印順人間佛教的提出，無疑地和太虛的人生佛教有關。事實上，它是人生佛教的更進一步。」〔註98〕這是由於「印順法師自從在故鄉學佛的時代，即留意到現實佛教的衰弊，自然會重視此一振衰起弊之理論。後來他所倡議的人間佛教，也是在人生佛教的理論基礎上擴大而深化的。」〔註99〕這種理論上進一步深

〔註95〕楊惠南著：《當代佛教思想展望》，東大圖書股份有限公司，2006 年，第 98 頁。

〔註96〕劉成有：《印順的人間佛教思想及其倫理價值探析》，載《人間佛教研究》，第 1 期，香港中文大學出版社，2011 年，第 132 頁。

〔註97〕李尚全：《印順思想脈絡論》，載《佛學研究》，2005 年，第 14 期。

〔註98〕楊惠南著：《當代佛教思想展望》，東大圖書股份有限公司，2006 年，第 97 頁。

〔註99〕釋昭慧著：《人間佛教的播種者》，東大圖書股份有限公司，1995 年，第 31 頁。

化，主要表現在理論上作出論證。印順法師就說過：「我（指印順）是繼承太虛大師的思想路線（非鬼化的人生佛教），而想進一步的（非天化的）給以理論的證明。」〔註 100〕在這裡，他對人間佛教作理論上的證明確是對太虛人生佛教在理論上的進一步深化，為人間佛教的弘揚和傳播奠定良好的基礎。與此同時，他也論證中國漢語系傳統佛教的非正統性，「印順是二十世紀中國佛教史非常重要的人物，他在太虛大師人生佛教思想的基礎上，立足於大乘佛教三系的判攝，論證了中國漢語系傳統佛教的非正統性，力倡具有現代意義的人間佛教思想。」〔註 101〕這種否定中國漢語系傳統佛教的正統性論證，為批判人生佛教奠定了基礎。從這種在理論上作出論證的角度來說，「繼承太虛大師人間佛教，並加以深化的是印順法師。」〔註 102〕

再次，印順法師在理論論證的基礎上，進而形成了自己的人間佛教體系。這一點可以說已達成共識，「而現今海峽兩岸也都共同認同『人間佛教』此一理念，其中高舉『人生佛教』進而推展到『人間佛教』思想體系並完成的就是印順導師。」〔註 103〕印順人間佛教重在發展太虛人生佛教。「印順大師是當代著名的學者型僧人。他對人間佛教、人間淨土的理論，並非是簡單的繼承，而重在理論的建設。」〔註 104〕經過這種理論建設和發展，人間佛教思想得以深化。「印順法師是一個典型的學問僧人，他的研究，資料豐富，考據精確，義理深刻，成果卓越而具有前瞻性，他豐富、發展了太虛大師首創的人間佛教的理論建構，經過他的理論闡釋，人間佛教思想在理論上進一步深化。」〔註 105〕印順法師在此基礎上，進而不斷完善其人間佛教理論體系。「佛教在近代中國的復興，……，是一多方面呈現的總趨勢，而其核心代表人物，正是最先從事佛教三大革命（教理、教產、教制）的太虛大師，其人間佛教思想在印順法師闡述下，更為細緻精微，成為後來追隨者的思想

〔註 100〕印順著：《人間佛教論集》，正聞出版社，1992 年，第 69 頁。

〔註 101〕劉成有：《印順的人間佛教思想及其倫理價值探析》，載《人間佛教研究》，第 1 期，香港中文大學出版社，2011 年，第 132 頁。

〔註 102〕侯坤宏：《對人間佛教的歷史性與永續性的一些思考》，載《第十屆印順導師思想之理論與實踐學術會議論文集》，2011 年，第 59 頁。

〔註 103〕慈光禪學研究所整理：《印順長老訪談錄》，載《世界宗教研究》，1999 年，第 1 期。

〔註 104〕學愚主編：《人間佛教與當代倫理》，中華書局（香港）有限公司出版，2012 年，第 236 頁。

〔註 105〕李嶷：《印順法師佛學思想研究》，2001 年北京大學博士學位論文。

淵源。」〔註106〕印順法師最後才完善人間佛教的體系的建構。「印順法師最大的貢獻在於他系統地論證了人間佛教歷史的和經典的根據，深刻揭示了佛教中存在的『死化』、『鬼化』，『梵化』、『神化』、乃至『巫化』的現象，極大地完善了人間佛教的理論體系和實踐體系。在一定程度上實現了太虛大師三大革命中的教理革命。可以說他是中國人間佛教之集大成者。」〔註107〕其人間佛教體系的內容較爲豐富，具體來說，可概括爲這麼幾點：一是從整個佛教思想發展的進程上來闡明人間佛教的眞實意義，「太虛大師的人生佛教因應世俗諦的理論，以提倡五乘共法爲主的人乘行，由人乘漸階佛乘的基礎，開演出成佛理論；印順法師則是進一步從佛教的思想發展進程上，闡明了人間佛教爲佛法的原始性格。」〔註108〕二是提出了人間佛教的論題核心與理論原則。「爲了對治這些問題，他按照印度初中二期佛教以人爲中心的原則，在太虛人生佛教的基礎上進一步提出了其人間佛教的論題核心與理論原則。」〔註109〕這是其人間佛教體系形成的重要內容。三是具有顯著的特點。由於印順人間佛教的內容更爲豐富，因此表現出其顯著的特點。「印順倡導的『人間佛教』理論，是在繼承太虛人生佛教的基礎上形成的，從其理論形態上講，更爲成熟和完善。綜觀印順的人間佛教思想，有三個顯著特點：其一，突出強調佛教適應社會的重要性。其二，從研究整體佛法中開發佛教最寶貴的精神資源。其三、確立『以人爲本』的原則，把尊重人的思維方式和價值取向貫穿到人間佛教理論的始終。」〔註110〕由此，可以說，印順人間佛教與太虛人生佛教在理論上具有很大的不同。印順人間佛教正是根據這一理念，來構造自己的理論體系。「人間佛教的理念，由太虛大師（1890～1947）啓其端緒，印順導師（1906～2005）成其體系，它先從華語世界開始，進而以入世佛教（Engaged Buddhism）的名稱在英語世界開展。就亞洲地區

〔註106〕侯坤宏：《對人間佛教的歷史性與永續性的一些思考》，載《2011年第十屆印順導師思想之理論與實踐學術會議論文集》，第75～76頁。

〔註107〕學誠：《〈印順法師佛學著作全集〉出版座談會上的致詞》，載《法音》，第11期，2009年。

〔註108〕釋德傳：《一秒鐘，一輩子——論「爲佛教，爲眾生」對慈濟宗門開展與影響》，載《2011年第十屆印順導師思想之理論與實踐學術會議論文集》，第326頁。

〔註109〕徐弢：《印順導師眼中的佛教中國化》，載《2009年第八屆印順導師思想之理論與實踐學術會議論文集》，第C13～1頁。

〔註110〕劉元春：《實踐人間佛教精神　承擔社會關懷使命》，載《佛學研究》，2004年。

而言，人間佛教在時間進程上也與西方宗教人間化（Religious Secularization）的開展相呼應。」〔註111〕由此可見，印順人間佛教理論體系已可與其他宗教人間理論相提並論了。

關於批判，是指對太虛人生佛教的修正和補足而已。前面已述，印順法師分析過自己與太虛大師諸多方面的不同，其中也包括其人間佛教與太虛人生佛教的不同。「印順導師一生以辨異見長，因此其人間佛教之定義與範疇，是毫不含糊地對太虛大師的人生佛教，作了創造性的繼承與轉化，並且親自指出了彼此間思想的異同。」〔註112〕這裡所說的異同，實際上已含有批判的意義。對太虛人生佛教展開批判，這是由他堅定的立場和態度所決定的，由於「他不迎媚時代的流行、更不為中國既往的傳統所拘囿，即使面對的是他心目中所最欽仰的太虛大師，如果在佛學領域中有不同看法，他也不致因為彼此的情誼而扭曲己見的指鹿為馬。」〔註113〕因此，他毫不猶豫的對太虛人生佛教進行所謂的批判。「而印順導師，也曾站在人間佛教的立場，對其老師——太虛大師的人生佛教展開評論。」〔註114〕這種批判，主要表現在修正和補足上。

從修正上來說，一是在理論上更強調契理。印順「人間佛教的觀念，直接來自於太虛大師的『人生佛教』的理念，不過在印順法師那裡，這種思想有了更多的發揮和修正。大略地說，太虛大師更注意佛教的契機方面的內涵，而印順法師更強調佛教契理的內涵。」〔註115〕印順人間佛教更強調契理，事實上更體現出二者之間的聯繫與差異。「太虛的人間佛教思想是印順人間佛教思想的主要來源之一，印順的許多思想都是在太虛思想的基礎上或予於肯定，或予以修正，或予以批評，所以印順的人間佛教思想與太虛的人間佛教思想既是分不開的，也是不同的。」〔註116〕二是在實踐上更重視人菩薩行。「印順法師的人間佛教當然是繼承了太虛大師強調人乘法的思想，但是他並不停

〔註111〕游祥洲：《人間佛教與三乘共貫》，載《2012 年第十一屆海峽兩岸印順導師思想之理論與實踐學術會議論文集》，第 267 頁。

〔註112〕釋昭慧：《印順學與人間佛教——由無諍之辯到求同存異》，載《2011 年第十屆印順導師思想之理論與實踐學術會議論文集》，第 405 頁。

〔註113〕傳道法師主講：《印順導師與人間佛教》，中華佛教百科文獻基金會，2001 年，第 44 頁。

〔註114〕楊惠南著：《當代佛教思想展望》自序，東大圖書股份有限公司，2006 年。

〔註115〕李颖：《印順法師佛學思想研究》，2001 年北京大學博士學位論文。

〔註116〕黃夏年：《印順的人間佛教思想》，載《佛學研究》，2005 年，第 14 期。

留在這個層面上，他只是贊同人生佛教注重現實人間這個大前提，對具體的內容則進行了修正。他認為，不是修『人乘法』，而是『人菩薩行』，才是進入佛道的唯一途徑，這也就是他所說的『人間佛教』。」〔註117〕

從補足上來講，學術界基本上已形成了共識。「印順導師的人間佛教，無疑是受到太虛大師人生佛教的啓發，或者，我們也可看作是一種補足。」〔註118〕這種補足，源於對傳統中國佛教的反思而來。「一般都把太虛大師作為人間佛教的首創者，印順法師也自承其思想是為太虛大師建立一個理論基礎，是對太虛大師思想的一種補充，不過，他所闡述的理念，更多是通過對傳統佛教的反思來完成的。」〔註119〕補足的具體內容是對天神化的批判，可以看到，實際上「印順的人間佛教，是為了補太虛人生佛教的不足（太過容忍佛教的天神化）而提出來的。」〔註120〕

印順法師對太虛大師的感情是深厚的。印順法師不能忘記，他曾說：「我懷念虛大師，他不但啓發了我的思想，又成全了我可以修學的環境。」〔註121〕可以說，印順法師佛學思想的啓蒙，探求大乘佛法的真義方向確立，都是承續了太虛大師的佛學思想。但是，印順法師不是完全按照太虛大師佛學思想的發展理路走下去，而是另闢蹊徑，開拓出自己的一片研究新領域，可謂是站在巨人肩膀上有所創新的研究者。「比較太虛大師、印順法師有關人生（人間）佛教思想來源，除與個人早年修學經驗有關外，兩人同受梁漱溟出佛歸儒之刺激。又印順法師除受太虛思想啓發外，另有因研讀《阿含經》和廣律的體會，而此即為太虛大師與印順法師兩人有關人間佛教思想的主要分歧點。」〔註122〕從這裡可以看到，印順法師研讀早期佛教經典《阿含經》和廣律等，是導致印順人間佛教對太虛人生佛教不同的重要原因。事實上果真如此嗎？下面我們來進行論證。

其一，印順法師是因閱讀佛教經典《大藏經》而產生人間佛教思想的。

〔註117〕李嶷：《印順法師佛學思想研究》，2001年北京大學博士學位論文。
〔註118〕傳道法師主講：《印順導師與人間佛教》，中華佛教百科文獻基金會，2001年，第106頁。
〔註119〕李嶷：《印順法師佛學思想研究》，2001年北京大學博士學位論文。
〔註120〕楊惠南著：《當代佛教思想展望》，東大圖書股份有限公司，2006年，第97頁。
〔註121〕印順著：《華雨集》第五冊，南普陀寺慈善事業基金會，2002年，第59頁。
〔註122〕侯坤宏：《對人間佛教的歷史性與永續性的一些思考》，載《2011年第十屆印順導師思想之理論與實踐學術會議論文集》，第59頁。

爲了「既然願意多多理解教理，因此印順導師開始閱讀《大藏經》。……，而印順導師的收穫是：知道法門廣大，以及人間佛教之思想的萌芽。」〔註123〕尤其是他「因爲閱藏時讀到《阿含經》和各部廣《律》，因此體會到其中具有現實人間的親切感，眞實感。無疑地，第（2）點對於印順導師人間佛教之思想的萌發，起了催化的作用。」〔註124〕可見，閱讀經典不僅促使印順法師人間佛教萌芽，而且產生了催化作用。

其二，推崇龍樹菩薩大乘佛法。「原始佛教時期主張緣起無我，大乘的般若經典則談一切法空，但印順導師提倡的人間佛教，更推崇於龍樹菩薩的中觀學的緣起性空所開展的大乘菩薩行，會通小乘的緣起和大乘的空性，……。」〔註125〕印順法師在這裡推崇龍樹菩薩大乘佛法，也正好與其倡導的中觀思想是相一致的。「印順導師在二十世紀提出了人間佛教的新聲，但其實也是回歸佛陀和龍樹菩薩本懷的古典精神，人間佛教在以菩薩爲本質，大小乘兼暢，在大乘佛法的崇高理想和實踐中，蘊含了古典理性與浪漫崇高的統一。」〔註126〕從佛法實踐來說，這也是其倡導的中觀思想具體落實。印順法師推崇龍樹菩薩大乘佛法，實際上含有對中國推行印度佛教的後期大乘即眞常唯心論的否定。「總之，印順提出人間佛教的根本原因在於：中國的眞常系思想繼承了印度佛教的『後期大乘』，而這一大乘就是『後期大乘』的眞常唯心論，以致『變異』出諸多的弊端。」〔註127〕這就指出，太虛人生佛教貫徹的眞常唯心論存在的問題，可以深刻地意識到印順法師提出人間佛教的原因所在。

其三，提倡彌勒淨土。印順法師認爲彌勒淨土勝於彌陀淨土，「印順之所以認爲彌勒淨土勝於彌陀淨土，是因爲彌勒淨土更重視現生的利益安樂，更有利於人間佛教的建設，這無需多加說明，也是一目了然的。」〔註128〕可見，

〔註123〕楊惠南著：《當代佛教思想展望》，東大圖書股份有限公司，2006 年，第 152〜153 頁。

〔註124〕楊惠南著：《當代佛教思想展望》，東大圖書股份有限公司，2006 年，第 153頁。

〔註125〕許清原：《試論人間佛教的崇高美學》，載《2011 年第十屆印順導師思想之理論與實踐學術會議論文集》，第 269 頁。

〔註126〕許清原：《試論人間佛教的崇高美學》，載《2011 年第十屆印順導師思想之理論與實踐學術會議論文集》，第 269 頁。

〔註127〕蒲長春：《印順如來藏思想研究》，2004 年北京大學博士學位論文。

〔註128〕麻天祥：《印順佛學思想解讀》，載《閩南佛學》（第四輯），宗教文化出版，2006 年，第 370 頁。

這與其人間佛教思想具有密不可分的關係。由此，印順法師進而提出要求生兜率天國，他「所以求生兜率天國，目的在於親近彌勒，將來好隨同彌勒一同來淨化人間。這實際上也是印順『人間思想』建設的理論基礎。」〔註129〕這也成為其人間思想建設的重要理論基礎。

　　綜上所述，可以看到，「印順所提倡的人間佛教，自然受到了太虛的啟發，甚至印順還說，他的人間佛教的理念，為古代佛教所本有的。但是，事實上印順的人間佛教，卻有他自己不同於古代佛教和不同於太虛的地方。」〔註130〕這個結論告訴我們，印順人間佛教既不同於古代佛教，也不同於太虛人生佛教，這正是印順人間佛教來源所表現出的特徵。

三、人間佛教的抉擇

　　按照佛法所說，由於眾生的無明，而產生「物欲的貪愛，人情的嫉恨，把我們這個世界，帶向陰森森的死亡邊緣」〔註131〕可悲的景象，與人間佛教的光明前景呈現天壤之別。因而，致使人間佛教的本有真義隨時空的變化已隱而不顯了。人間佛教之所以要抉擇，就是因為其固有的人間性的喪失。這種人間性的喪失具體表現為：

　　一是佛法的方便化。從時間的變化來看，「佛法的流行人間，不能沒有方便適應，但不能刻舟求劍而停滯於古代的。」〔註132〕為了適應度眾，佛教大開方便之門，無論是在理論上，還是在實修上都發生了很大的變化。在理論上，聖典的集成就經過了很長的累積增加而形成，如「南本《大般涅槃經》，有一譬喻，如卷九（大正一二・六六三上）說：『如牧牛女，為欲賣乳，貪多利故，加二分水，轉賣與余牧牛女人。彼女得已，復加二分，轉復賣與近城女人。彼女得已，復加二分，轉復賣與城中女人。彼女得已，復加二分，詣市賣之。……取已還家，煮用作糜，無復乳味，雖無乳味，於苦味中猶勝千倍』。活用這一譬喻，來說明佛法的長期流傳，集成不同聖典，倒是非常適合的。佛法，如牛乳一樣。為了多多利益眾生，不能不求適應，不能沒有方便，

〔註129〕麻天祥：《印順佛學思想解讀》，載《閩南佛學》（第四輯），宗教文化出版，2006 年，第 370 頁。

〔註130〕楊惠南著：《當代佛教思想展望》，東大圖書股份有限公司，2006 年，第 96 ～97 頁。

〔註131〕印順著：《佛法是救世之光》，正聞出版社，1992 年，第 221 頁。

〔註132〕印順著：《佛法概論》自序，正聞出版社，1992 年。

如想多賣幾個錢，而加上水一樣。這樣的不斷適應，不斷的安立方便，四階段的集成聖典，如四度加水去賣一樣。終於佛法的真味淡了，印度的佛教也不見了！」〔註133〕這裡所說的四階段集成聖典的過程，其間就像牧牛女，為多賣乳而不斷加水一樣。不過，與牧牛女加水為多賣乳的性質不同，聖典內容的變化是由於方便適應度生而逐漸改變其原有形式的。印度佛教史自身的演變過程也說明佛法方便化的道理。「人間的佛教是現實的，不是想像的。就現實的佛教來講，從起初的原始佛教慢慢發展到部派，慢慢地大乘佛教接著也興起了，這麼一來，就形成時間、地點種種實際因緣關係的不同，當然裡面也有個人的特質，但重要的是時間關係。」〔註134〕在實修上，佛法也出現方便化。佛法「應機設教，古代的聲聞法，主要是適應於苦行，厭世的沙門根性；菩薩法，主要是適應於樂行，事神的婆羅門根性。這在古代的印度，確乎是大方便，但在時異境遷的今日，今日的中國，多少無上妙方便，已失卻方便大用，反而變為佛法的障礙物了！所以弘通佛法，不應為舊有的方便所拘蔽，應使佛法從新的適應中開展，這才能使佛光普照這現代的黑暗人間。」〔註135〕佛法以前雖開出了不少法門，為了新的適應，還會出現新的方便。這是由佛法本身的特點所決定的，「佛教徒的解行，如不從染著隱遁色彩的聲聞行，神秘色彩的天乘行中出來，從平常的人生行而趣入菩薩乘，是不能幸存於將來的。人類需要宗教，但決不需要帶有隱遁、神秘傾向的宗教，而是救人救世的宗教。」〔註136〕從現實來說，只有適應時機的佛法，才能存在，因此佛法的方便化也就不可避免。

　　二是中國傳統儒家思想的影響。這主要是指儒家思想的政治影響。如「彌勒人間淨土，給予中國人的影響極大。可惜的是，中國是儒家思想的天下，佛教不能實現政治的淨化；不能引淨土的思想而實現於人間，得到正常的發展。」〔註137〕這是說彌勒人間淨土由於受儒家思想的影響而喪失其人間性。又如「月光童子出世和彌勒下生的思想，千多年來的發展，鼓舞了中國人對於人間淨土的要求與實行，而一直受著家本位的文化的障礙，不曾實現。」〔註138〕這裡講出了彌勒人間淨土受到儒家思想限制而難於實行和發展的深刻原

〔註133〕印順著：《原始佛教聖典之集成》，正聞出版社，2002年，第879頁。

〔註134〕印順導師著：《永光集》，正聞出版社，2004年，第188頁。

〔註135〕印順著：《佛法概論》自序，正聞出版社，1992年。

〔註136〕印順著：《華雨香雲》，正聞出版社，1994年，第281頁。

〔註137〕印順著：《淨土與禪》，正聞出版社，1992年，第20頁。

〔註138〕印順著：《淨土與禪》，正聞出版社，1992年，第20頁。

因，從而導致其人間性的喪失。印順法師在肯定中國傳統儒家思想的影響的同時，並不否認佛法在印度所發生的人間性的喪失。他經過「出家來八年的修學，知道為中國文化所歪曲的固然不少，而佛法的漸失本真，在印度由來已久，而且越來越嚴重。」〔註139〕

三是佛教的天神化。在印度，佛教受婆羅門教的思想影響，出現了天神化。「純正的佛法，在流變當中，大量引進了婆羅門教的外道思想和儀禮，以致失去了原初之人間佛教的色彩。」〔註140〕這裡所說的婆羅門教的外道思想和儀禮，其實就是天神思想。這種天神思想最終導致佛教人間性的喪失。在中國，天神化的現象有過之無不及。早在「佛教傳入中國之初，梵佛合流的佛教又與中國的神仙方術相結合。所以東漢楚王英『誦黃老之微言，尚浮屠之仁祠，潔齋三月，與神為誓。』漢代牟子著《理惑論》說『佛』能『恍惚變化，分身散體，或存或亡，能大能小，能圓能方，能老能少，能隱能彰，蹈火不危，履刃不傷，在污不染，在禍無殃，欲行則飛，坐則揚光，故號為佛。』佛陀在當時中國某些人的心目中竟成了一位無處不在，無所不能，有感斯成的大神。佛陀生前是竭力反對神佑論，提倡業感緣起說的，後世主張神佑說的人們又把佛當作神來崇拜，這不能不說它是對歷史的一種嘲弄。」〔註141〕這就充分說明，中國佛教天神化由來已久，具有其客觀必然性。印順法師還深有感觸的指出：「現在的臺灣，人生佛教——人間佛教，人乘佛教，似乎漸漸興起來，但適應時代方便的多，契合佛法如實的少，本質上還是天佛一如。」〔註142〕這是說，中國佛教天神化至今依然存在。在中國，出現天神化的現象有其必然因素，很可能是由於「中國佛教向來是過份迎合民間信仰的，所以神話的色彩相當濃厚，什麼天啦、神啦，對一些神秘的境界也極盡其讚美之能事。這樣一來，雖是人生佛教，仍然免不了受過去包袱的拖累，而抹上一層出世、消極和迷信的色彩。」〔註143〕這種天神化色彩，影響了人間佛教的度眾化生的功能張揚，也是人間性喪失的重要原因。

四是佛教的山林化。自「宋、明以來——佛教衰落以來，佛教更局促的被

〔註139〕印順著：《華雨集》第五冊，南普陀寺慈善事業基金會，2002年，第13頁。
〔註140〕楊惠南著：《當代佛教思想展望》，東大圖書股份有限公司，2006年，第170頁。
〔註141〕淨慧主編：《佛法在世間》，中國佛教協會，1995年，第16頁。
〔註142〕印順著：《華雨集》第四冊，南普陀寺慈善事業基金會，2002年，第65頁。
〔註143〕印順著：《華雨集》第五冊，南普陀寺慈善事業基金會，2002年，第153頁。

保守於山門之內。」〔註144〕佛教拘於山門之內，直接造成「中國佛教，一向重玄理、重證悟、重（死後）往生，與老年的心境特別契合。尤其是唐、宋以後，山林氣息格外濃厚。」〔註145〕這樣人間佛教的人間性就徹底喪失了。印順法師對這種情況進行了深刻的分析，認為「中國佛教入世精神的衰落，問題在：輕視一切事行，自稱圓融，而於圓融中橫生障礙，以為這是世間，這是生滅，都是分外事。非要放下這一切，專心於玄悟自修。這才橘逾淮而變枳，普遍地形同小乘。問題在：在家學佛，不知本分，一味模仿僧尼，這才不但出家眾不成入世，在家學佛也不成入世。這真是中國佛教的悲哀！」〔註146〕中國佛教入世精神的衰落，就違背了大乘菩薩道的宗旨，自然就出現背道而馳的作為，猶如「橘逾淮而變枳」，而且是「形同小乘」。因此，太虛大師曾慎重指出過這一問題。雖然「中國佛教的理論與修行，說起來應稱之為最大乘的。但從實際上衡量起來，虛大師是稱之為『說大乘教，修小乘行』的。」〔註147〕大乘佛法的人間性被小乘行的山林佛教的封閉性所代替，將不可避免導致佛教人間性的喪失。

五是佛教的西方淨土化。眾生一般認為西方淨土法門殊勝，卻不知「彌陀佛的極樂淨土法門，是厭棄現實人間的。」〔註148〕尤其是「中國人特重西方淨土，也即是重佛德而忽略了菩薩的智證大行（阿閦佛國淨土），又忽略了現實人間淨土（彌勒淨土）的信行，這已經是偏頗的發展了。」〔註149〕這是指從西方淨土法門不重視人間佛教而導致的畸形發展。這種西方淨土法門的盛行，反而造成對人間淨土的淡化，從而致使佛教人間性的喪失。

人間佛教的抉擇，就是要使人間佛教重返其本來面目，恢復其人間性，回歸純正的佛法。「為了『把握純正的佛法』，印公決心從流傳下來的佛典中去探求本源。諸如：『人間成佛』怎樣演進到『天上成佛』？從無我而發展到真常大我？從禁欲的『梵行』而演變到縱慾的男女結合的『雙身法』（亦即世俗所說的『歡喜佛』）？諸如此類，印公都要從佛教的史實中去加以探討、抉擇。」〔註150〕在這裡，印順法師提出了要從根本史實中來抉擇人間佛教。這

〔註144〕印順著：《教制教典與教學》，正聞出版社，1992年，第81頁。
〔註145〕印順著：《人間佛教論集》，正聞出版社，1992年，第197頁。
〔註146〕印順著：《無諍之辯》，正聞出版社，1995年，第199頁。
〔註147〕印順著：《無諍之辯》，正聞出版社，1995年，第196頁。
〔註148〕印順著：《成佛之道》，正聞出版社，1993年，第309頁。
〔註149〕印順著：《淨土與禪》，正聞出版社，1992年，第32頁。
〔註150〕黃夏年主編：《印順集》，中國社會科學出版社，1995年，第3頁。

與他研究印度佛教史的宗旨是並行不悖的，他說：「我（指印順）的研究印度佛教史，是想從歷史的流變中，抉擇而洗煉之，提供契理契機的佛法，以有益於佛教與社會。」〔註151〕就像印順法師從事研究是以佛法來研究佛法的思路一樣，他對人間佛教的抉擇也是從佛法的角度來抉擇的。人間佛教的抉擇，他認為就是將佛教固有的人間性「刮垢磨光」。他說：「從人而學習菩薩行，由菩薩行修學圓滿而成佛——人間佛教，為古代佛教所本有的，現在不過將他的重要理論，綜合的抽繹出來。所以不是創新，而是將固有的『刮垢磨光』。」〔註152〕那麼他是如何「刮垢磨光」呢？歸納起來，他對人間佛教的抉擇，有這麼幾點：

一是消除誤解。長期以來，對人間佛教存在的兩個誤解必須澄清。一是人間佛教決非世間的慈善事業。印順法師認為「以下的觀念很重要，必須確定人間佛教決非同於世間的慈善事業，所以不要以為我現在做善事，我就在行人間佛教，不是這樣。如果只是同於一般的慈善事業，沒有佛教的特色在裏面，那跟慈善事業又有什麼不同？」〔註153〕這就是說，人間佛教有自身的特徵，與世間的慈善事業是完全不同的兩個概念。人間佛教區別於世間的慈善事業在於有明確的行動和目標，「不過，導師所說的人間佛教，並不是認為只要當人就好，或者做做善事之類就好，而是以人身為基礎來行菩薩道，目標是成佛、是佛乘，不是停留在人乘而已。」〔註154〕這就告訴我們，人間佛教的行動和目標是行菩薩道而成佛。因此，如果要抉擇人間佛教，那麼就「必須確定人間佛教決非同於世間的慈善事業，是從究竟的佛乘中，來看我們人類，應怎樣的從人而向於佛道。」〔註155〕這是一定要分清的。二是人間佛教有別於傳統的佛教宗派。這一點，在前面已有詳細的論述，在此就不再贅述。

二是否定天化、神化的佛教。佛教不否認天神的存在，但並不崇拜天神。「我們知道，雖然不否認傳統信仰中各種高低大小的神靈的存在，但把他們貶為六道眾生之一種，即和畜生，餓鬼的地位不一樣，不過苦樂有別而已。而且，佛教從不承認天神有創造世界之功，有主宰人類禍福之能，可以說相

〔註151〕印順導師著：《永光集》，正聞出版社，2004 年，第 194 頁。
〔註152〕印順著：《人間佛教論集》，正聞出版社，1992 年，第 183 頁。
〔註153〕釋厚觀著：《印順導師佛學著作述要》，印順文教基金會，2012 年，第 121～122 頁。
〔註154〕釋厚觀著：《印順導師佛學著作述要》，印順文教基金會，2012 年，第 121 頁。
〔註155〕印順著：《人間佛教論集》，正聞出版社，1992 年，第 157 頁。

當徹底粉碎了世俗對於神的崇拜和迷信。」〔註156〕然而，隨著時空的變化，天化、神化的佛教就出現了。「到了近代，佛教界一些有識之士，爲匡正佛教的流弊，使之契合佛陀的原義，著重人間正行，針對重死，重鬼的偏向，揭示『人間佛教』的眞諦。」〔註157〕印順法師就是一位傑出的代表人物。「印順是當代意在探求眞理、重視聞思的學問僧。」〔註158〕他極力反對各種天神化的佛教，「印順法師對於各種神化佛教均持理性的反對態度，對於中國漢語系傳統佛教中的念佛（淨土宗）、念咒（密宗）等也同樣持理性的反對態度。」〔註159〕他當初反對太虛大師人生佛教，也是針對這一點，「可見，印順法師對於人生佛教的不滿意，主要是其中所含有的天神的成分，而他本人基於理性的態度，是容不得任何神化的東西的。」〔註160〕可以看出，他對天神化的佛教是毫不容情給予否定的。對此，他曾鮮明地表達了這一態度，說：「爲了佛法的眞義，我是不惜與婆羅門教化、儒化、道化的神化的佛教相對立。也許就是這點，部份學友和信徒對我寄予莫大的希望，希望能爲佛法開展一條與佛法的眞義相契應，而又能與現代世間相適應的道路。」〔註161〕爲了徹底否定天化、神化的佛教，他還進一步指出：「我（指印順法師）說人間佛教，是對佛法的天化，清除不符佛法特質的部份，所以說探其宗本，明其流變，抉擇而洗煉之。」〔註162〕

　　否定天化神化的佛教是印順法師佛學思想的重要內容。印順法師的佛學著作很多，佛學思想博大精深，「儘管如此，我們還是可以看出印順佛學思想是基於如下兩條理路全面展開的：一、理論上返歸釋伽之本教，即緣起無常，而非眞常或梵化；二、特行於人間佛教之探索，既非死鬼的佛教，也非天神之佛教，而是『人的佛教』」。〔註163〕這就是說，否定天化、神化的佛教，抉擇人間佛教是其佛學思想展開的兩條重要理路。從一定意義上說，否定天化、

〔註156〕淨慧主編：《佛法在世間》，中國佛教協會，1995年，第41頁。
〔註157〕淨慧主編：《佛法在世間》，中國佛教協會，1995年，第16頁。
〔註158〕麻天祥：《印順佛學思想解讀》，載《閩南佛學》（第四輯），宗教文化出版社，2005年，第333頁。
〔註159〕《人間佛教研究》，第1期，香港中文大學出版社，2011年，第133～134頁。
〔註160〕《人間佛教研究》，第1期，香港中文大學出版社，2011年，第133頁。
〔註161〕印順導師著：《平凡的一生》，正聞出版社，2005年，第84頁。
〔註162〕印順法師著：《印度之佛教》自序，正聞出版社，2004年。
〔註163〕麻天祥：《印順佛學思想解讀》，載《閩南佛學》（第四輯），宗教文化出版社，2005年，第333～334頁。

神化的佛教就是印順人間佛教核心思想。「印順導師深研三藏經典，建立人間佛教的理論體系，其核心思想就是要將天化、神化的佛陀重新還原其人間聖哲的形象，讓佛法真正成爲人類信仰的真理和修學的準則。」〔註164〕這一核心思想貫穿其學術思想的始終，「顯然，糾正漢傳佛教的『鬼化』和『天神化』的『人間佛教』是印順思想的靈魂，這既是他在重慶判教時的結論，也是晚年經過長達30年學術反省後的定論，茲把印順晚年的學術反省過程簡單介紹如下，以作爲『人間佛教』理論是印順晚年學術反省後的定論的強有力的注腳。」〔註165〕從此，也可看出，印順法師人間佛教抉擇的重要意義。

否定天化、神化的佛教思想在他講的寫的內容中得以充分體現，這是因爲「講的寫的，只是爲了從教典自身，探求適應現代的佛法，也就是脫落鬼化、神（天）化，回到佛法本義，現實人間的佛法。」〔註166〕針對天化、神化的佛教，在他的《佛在人間》一書中就表明一定要抉擇人間佛教的本來面目。他說：「大乘佛法，由於理想的佛陀多少神化了，天（鬼神）菩薩也出現了，發展到印度的群神，與神教的行爲、儀式，都與佛法融合。這是人間佛教的大障礙，所以民國三十年，寫了《佛在人間》，明確的說：佛陀怎樣被升到天上，我們還得照樣歡迎到人間。」〔註167〕他在《人間佛教緒言》中還深入分析天化、神化的佛教產生的根源，並提出對治方法。他說：「佛教是宗派，有五趣說，如不能重視人間，那麼如重視鬼、畜一邊，會變爲著重鬼與死亡的，近爲鬼教。如著重羨慕那天神（仙、鬼）一邊，即使修行學佛，也會成爲著重於神與永生（長壽、長生）的，近於神教。神、鬼的可分而不可分，即會變爲又神又鬼的，神化、巫化了的佛教。這不但中國流於死鬼的偏向，印度後期的佛教，也流於天神的混濫。如印度後期的佛教，背棄了佛教的真義，不以人爲本而以天爲本（初重於一神傾向的梵天，後來重於泛神傾向的帝釋天），使佛法受到非常的變化。所以特提人間二字來對治，這不但對治了偏於死亡與鬼，同時也對治了偏於神與永生。真正的佛教，是人間的，惟有人間的佛教，才能表現出佛法的真義。所以，我們應繼承人生佛教的真義，

〔註164〕陳星橋：《關於當前佛教界幾個思想理論問題的反思》，載《法音》，2006年，第2期。

〔註165〕李尚全：《印順思想脈絡論》，載《佛學研究》，2005年，第14期。

〔註166〕印順著：《華雨集》第四冊，南普陀寺慈善事業基金會，2002年，第47頁。

〔註167〕印順著：《華雨集》第四冊，南普陀寺慈善事業基金會，2002年，第45～46頁。

來發揚人間的佛教。」〔註168〕他還從印度佛教史的角度，闡述天化、神化的佛教出現的原因，「從印順所謂印度佛教的三期說，可以看出佛教如何一步一步從人間發展到天神之路；也可以看出為何印順要反對天神化之佛菩薩觀的原因。」〔註169〕從上述可見，在印順法師講的寫的內容中否定天化、神化的佛教內容是相當豐富的。與此同時，也可以看到，「印順對於佛教梵化、天化的批判，源自於對人間佛教思想合法性的說明。」〔註170〕這就是說，否定天化、神化的佛教思想是為了人間佛教的抉擇而展開的。

此外，印順法師在否定天化、神化的佛教的基礎上，還警告佛法不能與具有天神化的異教相通。「他甚至對於當代提倡人間佛教的人士，試圖將異教和佛法相通的做法，抱持著批判的態度，認為這對佛法的純正化、現代化，不一定有前途，反而有引起印度佛教末後一著（為神教侵蝕而消滅）的隱憂。」〔註171〕因此，人間佛教的抉擇對此應引以為戒。

三是恢復本有的人間性。恢復本有的人間性是佛教的實踐證實和強調的。從佛教的實踐上來說，恢復本有的人間性是人的需要，因為「我們是人，需要的是人的佛教。應以此抉擇佛教，使佛教恢復在人間的本有的光明！」〔註172〕印順法師指出釋迦牟尼佛就是在人間成佛的，他說：「我在這樣的抉擇下，推重人間的佛陀，人間的佛教。」〔註173〕接著他繼續解釋道：「所以我就進一步提倡人間佛教，因為釋迦牟尼佛是在人間成佛的，所謂『諸佛世尊皆出人間，終不在天上成佛』，這是佛法本有的原始思想，也是大乘佛法入世的真正精神！」〔註174〕其中所引用的「諸佛世尊皆出人間，終不在天上成佛」經典名句，就是從實踐上證實佛法本有的人間性。在這裡，我們還是以佛陀來說，佛陀成佛的整個過程都是在人間。「佛陀出生在人間，成佛在人間，說法度生在人間。人間的佛後來怎麼會變成天上的佛？這同佛陀所

〔註168〕印順著：《佛在人間》，《印順法師佛學著作全集》第 6 卷，中華書局，2009 年，第 16～17 頁。

〔註169〕楊惠南著：《當代佛教思想展望》，東大圖書股份有限公司，2006 年，第 103 頁。

〔註170〕《人間佛教研究》，第 1 期，香港中文大學出版社，2011 年，第 136 頁。

〔註171〕楊惠南著：《當代佛教思想展望》，東大圖書股份有限公司，2006 年，第 171 頁。

〔註172〕印順著：《人間佛教論集》，正聞出版社，1992 年，第 112 頁。

〔註173〕印順著：《人間佛教論集》，正聞出版社，1992 年，第 47 頁。

〔註174〕印順著：《華雨集》第五冊，南普陀寺慈善事業基金會，2002 年，第 153 頁。

處的時代背景有關。如前所述，當時的印度社會被『神權』的迷霧所籠罩。在佛的弟子中，婆羅門種姓出身的占絕對多數，他們雖然改信佛教，但其傳統的信仰觀念，尚無法根除，他們總是習慣地以天神的觀點來看待佛陀。在他們看來，人間的佛陀未免太平凡了。於是把人間的佛陀請到天上最高處摩醯首羅天。經過逐漸地演變，甚至認為天上的佛才是佛的真身，人間的佛不過是佛的化身而已。來了個本末倒置，使印度佛教走上了『梵』『佛』合流的道路。」〔註175〕從這裡可見，如果認為佛陀離開人間成佛，那就是本末倒置了。因此，恢復本有的人間性是經佛教的實踐證實勿庸懷疑的抉擇，「所以我們必須立定佛在人間的本教，才不會變質而成為重死亡的鬼教，或重長生的神教。」〔註176〕

恢復本有的人間性也是人間淨土所強調的。印順法師極力強調人間淨土的重要意義。「他不僅承認淨土信仰在佛法中的重要地位與意義，而且進一步根據佛教的歷史與義理，拓寬了傳統淨土信仰的視野，強調了創造人間淨土的重要性。」〔註177〕他還指出，人間淨土有別於往生淨土，「在《淨土新論》等一系列著作中，他反覆強調人間淨土的重要價值，與傳統佛教中的往生淨土不同，印順十分重視創造人間淨土的積極意義。」〔註178〕他堅決反對將人間淨土視為天國，「如果僅僅強調求生淨土，那是把淨土看成了神教一類的天國，這是印順法師堅決反對的。」〔註179〕他深入分析西方淨土的危害，「他在講說的《淨土新論》裏，以鮮明的觀點，總體反省了中國傳統淨土信仰是：忘卻了人間淨土的原始特質，著重極樂世界的金沙布地、七寶所成，思想過於庸俗；忽略了菩薩修行與智慧體證的般若思想，以西方為死亡的象徵，西方淨土使人誤會學佛就是學死；不知莊嚴淨土，不識淨土何來，只知求生淨土，把淨土看成神教的天國；稱名念佛成為中國唯一的念佛法門後，雖有普及教化之功，卻大大導致了大乘法深義大行的被輕忽。」〔註180〕為了恢復本有的人間性，他倡導人間的彌勒淨土，「他以著重人間的彌勒淨土，呼喚人們

〔註175〕淨慧主編：《佛法在世間》，中國佛教協會，1995年，第15～16頁。

〔註176〕宏印法師主編，《印順導師著作導讀篇》，印順文教基金會，2014年，第221頁。

〔註177〕《人間佛教研究》，第1期，香港中文大學出版社，2011年，第134頁。

〔註178〕《人間佛教研究》，第1期，香港中文大學出版社，2011年，第134頁。

〔註179〕《人間佛教研究》，第1期，香港中文大學出版社，2011年，第135～136頁。

〔註180〕潘煊著：《法影一世紀──印順導師百歲》，天下遠見出版股份有限公司，2005年，第230頁。

不要把眼光一直停留在天上！」〔註181〕這一主張，受到學界的高度肯定和讚歎，「透過了對於淨土思想的分析，無疑地，我們對於印順導師的人間佛教，有了更加深層的理解。那就是：做爲眾生之一環的人，必須試著去和佛、菩薩，共同在人間創造新的淨土。相反地，不是在往生到他方的世界去逃避現實世界（五濁惡世）的煩惱或不幸。這才是符合人間佛教的淨土觀。」〔註182〕這也是印順人間佛教的抉擇契理契機的表現。

　　四是行菩薩道。從實質上來看，「人間佛教不是人乘行，他的目標是把握現有的人身，積極行菩薩道來自利利他、成就佛道，這才是導師人間佛教的本意。」〔註183〕在這裡，印順法師認爲，人間佛教必須行菩薩道。然而，在現實中，行菩薩道是極其艱難的，印順法師曾說：「然我從經論所得來的佛法，純正平實，從利他中完成自利的菩薩行，是糾正鬼化、神化的人間佛教這一理念，在傳統的現實而功利的人心，似乎是撒種在沙石中，很難見茁壯繁盛的！」〔註184〕甚至還會出現這種現象，「佛教越是衰落，越與社會脫節，誤會也就越深。所以學佛並非出家，學佛不必出家，這是目前應該普遍宣傳的重要論題。」〔註185〕造成這種現象的後果是很嚴重的。要改變這一現象，就必須行菩薩道。這是因爲「……現在所提倡的人間佛教，我們是人，應以人爲中心，應攝取印度初中二期佛教的人菩薩的慈悲與智慧，特應從悲起智，而不取後期佛教的天菩薩法。」〔註186〕天菩薩是應該拋棄的。然而，菩薩道的思想具有博大的無我精神，「所以，導師說：既然稱爲人間佛教，那就要有佛教的特質。佛教，不共其他宗教與一般世間善法的特色是無我，不以我爲中心來行善。」〔註187〕菩薩這種無我精神與一般世間善法具有天壤之別。不僅如此，菩薩還具有無緣大慈、同體大悲的精神，「所以我們修善要具有佛法的

〔註181〕潘煊著：《法影一世紀——印順導師百歲》，天下遠見出版股份有限公司，2005年，第231頁。

〔註182〕楊惠南著：《當代佛教思想展望》，東大圖書股份有限公司，2006年，第186～187頁。

〔註183〕釋厚觀著：《印順導師佛學著作述要》，印順文教基金會，2012年，第121頁。

〔註184〕宏印法師主編：《印順導師著作導讀篇》，印順文教基金會，2014年，第39頁。

〔註185〕印順著：《教制教典與教學》，正聞出版社，1992年，第82頁。

〔註186〕楊惠南著：《當代佛教思想展望》，東大圖書股份有限公司，2006年，第170頁。

〔註187〕釋厚觀著：《印順導師佛學著作述要》，印順文教基金會，2012年，第122頁。

特色——三法印、無緣大慈、同體大悲，要看有沒有這些佛法特質在裏面，那才能與一般的世間善法有所區別。行人間佛教要有佛法的特質，那才足以稱爲人間佛教。」〔註188〕從此可見，行菩薩道是人間佛教的特質，也是人間佛教抉擇的不二法門。

行菩薩道也要處理好三乘關係。首先要注意三乘之間的差別，根據前面分析，我們可以看到，「印順導師所提倡的人間佛教，有別於一般所說人天乘。（事實上，太虛大師所提倡的人生佛教，也不同於人天乘。）二者之間的差異，乃在人天乘僅止於家庭生活的合於倫理、個己生命（爲人、昇天）的獲得福報而已。而人間佛教（或人生佛教），指出一條超越人、天的聖者之路，直向更高的賢聖菩薩和佛菩薩的大道走去。因此，人間佛教（或人生佛教）所標示的：從凡夫菩薩到賢聖菩薩，再到佛菩薩的進化過程，必須特別留意，才不會誤解它（們）的本意。」〔註189〕只有看到這種差別，才能深刻理解人間佛教抉擇的價值。其次還要維持三乘同尊。因爲「三乘對立只會加深裂痕，自我弱化，唯有三乘同尊，人間佛教的路才會越走越寬廣。」〔註190〕這也是人間佛教抉擇的基本要求。

總之，印順法師對人間佛教抉擇，實際上是對佛教人間性喪失的檢討。「印順導師對中國化佛教的反思並不是標新立異的產物，而是以其契理契機的人間佛教原則爲基本方法的。爲了契機，他當然要適應佛教現代化的時代要求而批判中國佛教中存在的諸種偏重天神死鬼而不重現實人間的傾向；爲了契理，他又要把釋迦佛所傳的根本教法作爲其人間佛教思想的來源，並且試圖以印度後期佛教由於過度的圓融方便而一步步偏離純正佛法的歷史教訓爲借鑒，來探求當代中國佛教的復興之路。」〔註191〕對這種契理契機的人間佛教原則，他要求達到的目的是，「著重於舊有的抉發，希望能刺透兩邊，讓佛法在這人生正道中，逐漸能取得新的方便適應而發揚起來！」〔註192〕

〔註188〕釋厚觀著：《印順導師佛學著作述要》，印順文教基金會，2012 年，第 122 頁。

〔註189〕楊惠南著：《當代佛教思想展望》，東大圖書股份有限公司，2006 年，第 162 頁。

〔註190〕游祥洲：《人間佛教與三乘共貫》，載《2011 年第十一屆海峽兩岸印順導師思想之理論與實踐學術會議論文集》，第 267 頁。

〔註191〕徐弢：《印順導師眼中的佛教中國化》，載《2009 年第八屆印順導師思想之理論與實踐學術會議論文集》，第 C13～2 頁。

〔註192〕印順著：《佛法概論》自序，正聞出版社，1992 年。

四、人間佛教的依據

　　前面說過，印順人間佛教對太虛人生佛教的深化，主要表現在理論上作出論證。這種論證，就是人間佛教依據的重要內容。從印順人間佛教的整個論證來看，「印順思想雖有尚待深思及實踐檢驗之處，然而經過他的發展，太虛大師由作人而成佛的論點擴展成了嚴整的理論體系，人間佛教思想亦有了磐石般不可動搖的教理依據。這是印順不可磨滅的功績。」〔註193〕由此可見，印順法師提供的人間佛教依據是可靠的，且具有重要的價值。他鑒於太虛人生佛教在理論上論證的局限，「所以他『要從佛教思想的演化中，探求人間佛教的依據。』他從三寶觀、人性、教乘應機及時代特征諸方面論證了人間佛教的依據。」〔註194〕為了更加明晰印順法師是如何具體展開論證的，我們將根據有關的著作進行梳理。按照這一做法，印順法師為人間佛教所提供的依據，主要是印度原始佛教中的基本教義、主要經典、日常行持等內容。具體來說，有這麼幾點：

　　一是緣起性空的理論。印度原始佛教中的緣起性空，可以說是整個佛教的理論基石，當然也是佛教教義的重要內容。在原始佛教中，「緣起性，是宇宙人生的最高法則，那麼我們的身心修養，自它共處，一切的一切，都不能違反這緣起法性。也就是說，世出世法不能打為兩截，要在這一貫的法則中建立。」〔註195〕緣起性是要求世出世法不能分開，而且要貫通，再「進一步，就諸法畢竟空性說，在空有相待觀中，世間即涅槃，緣起與性空相成而不相奪。」〔註196〕通過緣起性空的相統一，就可以進一步說明世間與出世間的統一，這就為人間佛教的成立提供了理論上的一個重要支撐。在大乘佛教中，緣起性空的理論為人間佛教提供的依據如同一轍。我們可以看到，「特別是大乘佛教的『生死與涅槃的不二』、『世間與出世間的不二』等基本精神，實際上溝通了佛教的理想與現實人生的聯繫，既為佛法常住人間、化導世間提供了契機，也為建立人間佛教、人間佛國、人間淨土提供了依據。」〔註197〕在這裡，緣起性空理論深刻地揭示了世間與出世間的真相和本質，這也為人間

〔註193〕河北省佛教協會編：《人間佛教》，河北省佛教協會，2000年，第207～208頁。

〔註194〕河北省佛教協會編：《人間佛教》，河北省佛教協會，2000年，第209頁。

〔註195〕印順著：《人間佛教論集》，正聞出版社，1992年，第90頁。

〔註196〕印順講、演培記：《中觀論頌講記》，正聞出版社，1992年，第512頁。

〔註197〕洪修平著：《中國佛教文化歷程》作者自序，江蘇教育出版社，2005年。

佛教的成立提供了依據。因爲只有了知世間與出世間相統一的眞相和本質，人間佛教才可能成立。印順法師並未就此止步，他還作了進一步的證明。「爲了論證人間佛教思想的合理性，印順更進一步從印度佛教發展的歷史脈絡中梳理出大乘三系說，力圖從緣起性空的中觀立場推導出契理契機的人間佛教。」〔註198〕這裡所說的，是從大乘三系說的角度切入，應該說是緣起性空理論爲人間佛教的依據深化，這也將使人間佛教的依據更加穩固。如果說上述的緣起性空理論僅提供了正面依據的話，那麼再來看其從反面提供的依據。緣起性空理論還告訴我們「國土——世界是緣起假名，所以能廣大莊嚴。沒有自性的世界，即沒有不變性，如遇穢惡的因緣，即成穢惡的世界；如造集清淨的因緣，即自然會有清淨的世界出現。假使穢惡世界是實有定性而不可改易的，那就是塗抹一些清淨的上去，也不會清淨，反而更醜惡了！所以，世界無定，穢惡與清淨，全依眾生知見行爲的邪正善惡而轉。必須知道如此，才會發心轉穢惡的國土爲清淨。必須善悟國土莊嚴的非莊嚴，才能隨行願而集成國土的莊嚴。」〔註199〕在這裡，緣起否定了自性的世界不變性，也就否定了穢惡世界的實有定性，這樣就爲清淨的人間佛教成立提供了可能。

二是眞俗無礙的特質。眞俗無礙，我們從印順中觀思想特徵中可知，它是緣起性空理論進一步展開而表現出的重要特徵之一，也是人間佛教的一個重要基本教義依據。眞俗無礙，可從解行兩方面說：解即俗事與眞理，是即俗而恒眞，又眞而不礙俗。行即事行與理證，是依世間福智事行的進修而能悟入眞性，契入眞性而能不廢世間的福智事行。若「由此而發爲理論的說明，那就世間即涅槃、生死即解脫、色即是空、無明實性即菩提了。」〔註200〕由此來看待世間與出世間的關係，那麼「世間與出世間，並非敵對相反（不善世間是相反的）。世間的改善與淨化，決不障礙出世的解脫，反而是接近。」〔註201〕這樣世間與出世間也就統一起來了。因此，眞俗無礙，是生死即涅槃、世間即出世的。毫無疑問，眞俗無礙的特質是人間佛教成立的重要理論依據。

三是原始佛教的經論。這主要是指《阿含經》。這裡我們著重說一說《增一阿含經》。《增一阿含經》既是印順人間佛教的來源，又是其主要經典依據。

〔註198〕劉成有：《印順的人間佛教思想及其倫理價值探析》，載《人間佛教研究》，第1期，香港中文大學出版社，2011年，第131頁。
〔註199〕印順講，演培、續明記：《般若經講記》，正聞出版社，1992年，第68頁。
〔註200〕印順著：《佛法是救世之光》，正聞出版社，1992年，第196頁。
〔註201〕印順著：《人間佛教論集》，正聞出版社，1992年，第95頁。

「現代中國佛教界最先提出「人生佛教」口號的是太虛大師。印順法師受其影響，眞正把人生佛教推進到人間佛教的更高境界。他『要從佛教思想的演化中，探求人間佛教的依據』(《契理契機之人間佛教》)他從《增一阿含經》這句『諸佛皆出人間，終不在天上成佛也』話中得到啓發，深入挖掘印度原始佛教的思想精神，最終發現佛的教化，是現實人間，自覺覺他的大道，所以佛法是『人間佛教』，而不應該是鬼化、神化的。經由印順法師廓清了重重障蔽，佛法才重顯它的本義，而『人間佛教』的提法也能建立在可信的理論基礎上。」〔註202〕可見，《增一阿含經》這句「諸佛皆出人間，終不在天上成佛也」話確實是印順人間佛教的重要依據。同樣的觀點也可以佐證這一點，「聖嚴法師談及印順導師一生成就的核心：印順導師從太虛大師所倡導的人生佛教，而弘揚人間佛教的理念。太虛大師提出觀念，而印順導師明確地從經典中找到理論根據，就是《增一阿含經》的諸佛皆出人間，終不在天上成佛也。」〔註203〕這裡也明確提到了這一點。不僅如此，從印順法師的著作中的相關內容也可以得到印證。印順法師在國難教難嚴重時刻，讀到了《增一阿含經》所說：「諸佛皆出人間，終不在天上成佛也」。這給他觸動很大。他曾說：「我初學佛法——三論與唯識，就感到與現實佛教界的距離。存在於內心的問題，經虛大師思想的啓發，終於在『佛出人間，終不在天上成佛也』，而得到新的啓發。」〔註204〕後來他又「回想到普陀山閱藏時，讀到《阿含經》與各部廣《律》，有現實人間的親切感、眞實感，而不是部份大乘經那樣，表現於信仰與理想之中，而深信佛法是佛在人間，以人類爲本的佛法。」〔註205〕這些原始佛教經論中含有的人間性內容，不但是他思想啓發和人間信仰基礎，而且也是他的人間佛教的重要依據之一。因此，可以說，原始佛教的經論是印順人間佛教的依據。

　　四是三寶常住人間。三寶是指佛、法、僧。首先觀佛。佛在人間是印順法師堅不可移的信念，且具有重要的經典依據。印順法師深信「他看到，佛在人間。《佛在人間》在這一年寫出，印順法師對全體佛法的看法，從此時起，逐漸凝定。民國三十年，三十六歲的印順法師，這樣體會著二千五百歲的佛

〔註202〕鄭群輝：《印順及其佛學思想》，載《世界宗教文化》，2005年，第2期。
〔註203〕潘煊著：《法影一世紀——印順導師百歲》，天下遠見出版股份有限公司，2005年，第151頁。
〔註204〕印順著：《人間佛教論集》，正聞出版社，1992年，第47頁。
〔註205〕印順著：《人間佛教論集》，正聞出版社，1992年，第3頁。

陀心靈：釋尊為了真理與自由，忍受一切衣食上的淡泊，但他以法悅心，怡然自得。他受著教敵的譏謗、毒害，但他還是那樣慈悲無畏，到底在恬靜中勝過了一切。在入滅的時候，他還在教化須跋陀羅，諄諄的教誨他的弟子。他為著什麼？拋棄了人間嗎？比那些稱孤道寡的統治者，更消極嗎？一切屬於一切，唯有為眾生特別是人類的痛苦，為人類的真理與自由，為使人類向上。此外更不為自己，沒有自己。在這人類所知的歷史中，有比釋尊更在人間的嗎！諸佛皆出人間，終不在天上成佛也，印順法師在此落下眼淚。這一行經句，是人間佛教的泉眼。」〔註206〕可以看到，印順法師對佛在人間體會至深。這裡所指的佛，不僅只是指釋迦牟尼佛，而是包含諸佛。「人間佛教的三寶觀照這歷史上千真萬確的事實來看，佛那一樣不是在人間的。釋迦牟尼佛，不是天神，不是鬼怪，也從不假冒神子或神的使者。他老實的說：諸佛世尊，皆出人間，非由天而得也（《增一阿含經》）。這不但是釋迦佛，一切都是人間成佛，而不會在天上的。又說：我亦是人數。佛是由人而成佛的，不過佛的斷惑究竟，悲智功德一切到達無上圓滿的境地而已。佛在人間時，一樣的穿衣、吃飯、來去出入。他是世間的忠實導師，人間的佛弟子，即是隨佛出家、常隨佛學。《法句經》說：具眼兩足尊，眼即知見，知見的具足圓滿者，即是佛，佛在兩足的人類中，處最可尊敬的地位。佛出人間，人間才有正法。由於有本師釋迦牟尼佛，我們才知道有三世十方諸佛。從佛佛道同來說，一切佛還不等於釋迦佛嗎？」〔註207〕這就告訴我們，三世十方諸佛與釋迦牟尼佛一樣，都是出自人間的。這與經論指出諸佛皆出人間的意義是一致的。現在我們以佛陀為例，來看佛與人間的關係。「釋迦牟尼自認他是屬於『人間』的。《增一阿含經》卷二八記載天帝釋問他，用『人間之食』還是用『自然天食』？佛答，『用人間之食』，因為『我身生於人間，長於人間，於人間得佛』。所以，他說教的對象就是人間的人類，所要解決的是『人間』的各種人生問題。」〔註208〕事實也正是如此。佛陀與人間分不開的，生活於人間，需要穿衣、吃飯等等。佛陀在人間的所作所為，都是為了度眾生，表現出強烈的人間性。佛陀修證圓滿，卻「不願以統攝者自居，是佛陀正覺緣起正法

〔註206〕潘煊著：《法影一世紀——印順導師百歲》，天下遠見出版股份有限公司，2005年，第209頁。

〔註207〕宏印法師主編：《印順導師著作導讀篇》，印順文教基金會，2014年，第218頁。

〔註208〕淨慧主編：《佛法在世間》，中國佛教協會，1995年，第42～43頁。

完滿的實踐。他服事病比丘洗滌，給盲比丘袵針，向小比丘懺摩（意思說請你容恕我）。他不再單是王公宰官與政客學者的朋友，他是一切人的安慰者，誠摯的勸誡教誨者。釋尊的弟子，有王公、大臣、后妃，也有屠戶、妓女、土匪與奴隸；有讀遍四吠陀與十八大經的名學者，也有三個月讀不熟一偈的呆子；有威儀庠序的耆年大德，也有嬉笑跳躍的童子。他的足跡踏遍了恒河兩岸，你說他出家是消極，棄離人間嗎？」〔註209〕佛陀這種捨己爲人的精神，正是以人間的正行而踐行菩薩道，也就是印順法師所倡導的人間佛教。因此要確信「佛陀是人間的，我們要遠離擬想，理解佛在人間的確實性，確立起人間正見的佛陀觀。」〔註210〕

其次，說法。法是佛的言說，當然也屬人間。因此，佛陀的說法依然是在人間開展的。我們在這裡引用一段較詳細的問答話語來解釋這一問題：「那麼爲什麼說法在人間？因爲本師釋迦佛的說法，是爲人而說的。在神鬼氣氛濃厚的印度環境，雖也偶爲天龍等說法，而重點到底是爲了人間的人類。如佛教根本教義中的十二緣起的識、名色、六處三支，由初識——投胎識而有名色（肉團凝成），由名色而起六處（眼耳鼻等成就），這唯有此欲界人間才有這完整的生長過程。他界如天與地獄等，都是化身的，頃刻即圓滿六處，那裡有此階段？又如無色界，既沒有色法，那未有名無色，處中也但有意處而沒有眼等五處了。佛這樣的說明身心漸成的階段，即是約此界人間而說的。又如生老病死（阿毗達磨者把病略去了，但經說是有的），老與病，其實也只是此界人間的情況。地獄與天神，可說都是沒有的。佛本爲人說十二緣起，等到以此論到一切，即覺到有些不盡然。其實，佛沒有爲天爲鬼而說此法門，這是爲人類而安立的。五蘊、十二處、十八界等，都如此。又六根對境生起六識，這也是人類的情況。許多下等動物——畜生，是無耳、無鼻的，當然不會有圓滿的十二處、十八界。色界的眾生，沒有鼻、舌識，到了二禪以上，前五識就都不起了。五蘊、十二處、十八界的分類，實在是依人類而分別的。談到修道，如天國、畜生，即沒有律儀戒。所以，可以肯定的指出：法，本是爲人類而說的，一切是適應人類的情形而安立的。」〔註211〕從此可見，佛

〔註209〕印順著：《人間佛教論集》，正聞出版社，1992年，第96頁。
〔註210〕印順著：《人間佛教論集》，正聞出版社，1992年，第99頁。
〔註211〕宏印法師主編：《印順導師著作導讀篇》，印順文教基金會，2014年，第219～220頁。

陀的說法內容都是爲了人間的人類而講說的，並且都成爲佛教的基本教理或教義。佛陀的說法內容不斷豐富，就爲人間佛教理論注入新的活力，也使人間佛教的依據更爲堅實。「佛教重視人間的意義是從它的根本教義出發的。佛教強調只有人能成佛！其他各類眾生雖具足佛性，但只有獲得人身才有條件實現成佛的可能性。」〔註212〕這裡著重強調的是，佛陀的說法是爲人間的人類而設的。如果說法是爲人類而設立的，那麼「怎麼能使法寶常在人間流行呢？一、由出家在家的佛弟子，切實的依教奉行，而表現於身心中。二、有經、像、塔、廟等傳世，表示出佛法的內容與精神。」〔註213〕這樣佛法就能在人間發揚光大了。從上述可見，佛陀所從事的一切都是在人間開展的，都是爲了度化人。可以說，佛陀在人間的度化實爲人間佛教的標誌，也是人間佛教不可或缺的重要依據。

再次，談僧。說到僧寶，不用說，是在人間了。「出家五眾中，沙彌、沙彌尼、式叉摩那、比丘、比丘尼，除了人間，其他眾生都是沒有的。所以出家眾的律儀戒，惟是爲人而說，也惟是人所受所行的。受戒時，即曾問：汝是非人耶？如是非人——天神與鬼畜，即不得受戒。依戒而攝僧，依僧伽而住持佛法，一切都是人間的，何等明顯？」〔註214〕可以說，僧寶與人間的關係極爲密切。從佛教發展史來看，「著名的大德高僧無不強調這一方面。龍樹菩薩在其所著的《大智度論》中就說：『世間一切資生事業悉是佛道』。彌勒菩薩在《瑜伽師地論·菩薩地》中強調，菩薩若不學習五明，就不能證得一切智智（成佛）。六祖慧能說過：『佛法在世間，不離世間覺』。近代名僧太虛法師特別倡導人間佛教。由此可見，『人間佛教』是自釋迦牟尼起爲歷代高僧大德一直堅持的正統思想，並不是在某一特定歷史條件下爲了適應時代或改革弊端而提出來的權巧之舉和權宜之計。」〔註215〕這些大德高僧雖然表達的方式不同，但是都一致強調僧寶對人間的重要意義。反過來說，人間也是僧寶的依報。對於僧寶來說，「人間在五道（六道）之中，是如此的殊勝與重要，無怪乎印順導師會標舉人間佛教，企圖將佛教徒的眼光從遙遠的天上、他方，

〔註212〕淨慧主編：《佛法在世間》，中國佛教協會，1995年，第11頁。
〔註213〕宏印法師主編：《印順導師著作導讀篇》，印順文教基金會，2014年，第221～222頁。
〔註214〕宏印法師主編：《印順導師著作導讀篇》，印順文教基金會，2014年，第220頁。
〔註215〕淨慧主編：《佛法在世間》，中國佛教協會，1995年，第42～43頁。

與專重死後的度亡，拉回此現實的人間！」〔註216〕這就是說，僧寶不能脫離人間，必須回歸人間。這既是人間佛教的要求，也是人間佛教的依據。

總的來說，「三寶常住人間，進一步說，人間才有如法而完美的三寶。佛在人間，法與僧也無不在人間。三寶本在人間，這即是我們的皈依處。如忽略此界人間的佛法僧，而偏重他方、天國、龍宮，無疑地會落入於死亡與鬼靈，永生與天神的窠臼，埋沒了佛法的真義！」〔註217〕因此，可以說，三寶常住人間是人間佛教的必要條件。

五是佛法要適應人間的變化。原始佛教聖典的不斷集成就可以說明這一點。在印度佛教史上，「卓越的聖者們，經內心的體證而流露出來，集成定形文句而傳誦於佛教界，就是聖典。佛教每一階段的聖典，都是代表著時代佛教，成為時代佛教的指導方針。佛教聖典，不是別的，是佛法在活躍的進行中，適應人類，而迸出智慧的光明，留下了時代佛教的遺跡。」〔註218〕佛教聖典的不斷出現而集成，雖說是時代的產物，反映了佛教在不同時代的特徵，這種變化是為適應人間眾生而出現的。不同時代的佛教聖典或同一時代的不同佛教聖典，不應區別其之間的分別，它們的分別是佛法適應眾生的明證。在內容上，「佛教聖典，不應該有真偽問題，而只是了義不了義，方便與真實的問題。說得更分明些，那就是隨（世間）好樂，隨時宜，隨對治，隨勝義的問題。所以最後說，佛法在流傳中，一直不斷的集成聖典，一切都是適應眾生的佛法」〔註219〕佛教聖典的不斷集成，其具體內容都是為對治眾生自身出現各種不同問題，來適應眾生的需要而產生的。佛教聖典中的菩薩道內容的變化也說明佛法是適應人間變化的，「雖然菩薩道的發展，由於適應一般的民間而通俗化，攝受一分祭祀、咒術、苦行的天行，或加上隱遁、瑜伽，發展為後期佛教的依天乘行果而向佛道。……佛法是怎樣的重在人間！」〔註220〕由此，可以說，菩薩道的人間性是相當明顯的。從菩薩道的實踐來看，所得果報就在人間。「這是印順法師依據佛教的業報理論，從有情在佛法中的地位以及人類在有情中的地位來說明，雖然佛教開演了許多成就的法門，但是只

〔註216〕傳道法師主講：《印順導師與人間佛教》，中華佛教百科文獻基金會，2001年，第112頁。

〔註217〕印順著：《人間佛教論集》，正聞出版社，1992年，第110頁。

〔註218〕印順著：《原始佛教聖典之集成》，正聞出版社，2002年，第876頁。

〔註219〕印順著：《原始佛教聖典之集成》序，正聞出版社，2002年。

〔註220〕印順著：《人間佛教論集》，正聞出版社，1992年，第156頁。

有在人間修習菩薩行進趣佛道，才是最適合於人本身的方法，由此而說明人間佛教的合理性。」〔註221〕這樣菩薩道就成為人間佛教合理性的實踐依據。總之，佛教聖典的不斷集成和菩薩道內容的變化，都是為度眾化生，在現實人間實現的。這一方面說明佛法是適應人間變化的，具有現實的人間性，另一方面也為人間佛教提供了有說服力的依據。

五、人間佛教的創建

人間佛教的創建是印順中觀思想演變的必然結果。人間佛教的創建既要立足現實，又要面向未來。從現實來說，一定要解決存在的各種不利於人間佛教創建的因素；從未來來看，必須在把握佛法的特質基礎上提出具體的實施辦法。對現實和未來兩個方面進行綜合歸納，主要有以下幾點：

一是要避免佛教的俗化、神化現象。印順法師認為，佛教的衰落與佛法在演化中的神化、俗化有關。他說：「佛教的衰落，從印度到中國，不只是人的低落，而也是法的神化、俗化。」〔註222〕在這裡，印順法師著重強調佛教的衰落在於佛法的神化、俗化，而且這種現象在印度和中國都是存在的。對於中國出現的這種現象，他深有體會，「印公認為，傳統的中國佛教，一向講究『了生脫死』。由於重視於死（有人甚至說『學佛就是學死』！），也就重視於『鬼』。中國民俗，以為人死後就變成了『鬼』。佛教免不了也受到這種影響，所以不少的佛教徒，往往都自覺不自覺地準備在自己死了之後去做『鬼』。某些佛教學者，甚至主張信佛就要先『信鬼』，簡直把佛教變成了『鬼教』！孔老夫子尚且說：『未知生，焉知死』，而佛教，卻不管活人，只顧死鬼！這樣，佛教又怎能不日趨沒落呢？有鑒於此，印公特提出『人間佛教』以為對治。印公認為，真正的佛教，應該是『人間』的，只有『人間佛教』，才能表現出佛教的真正精神！那些又神又鬼、神鬼不分的佛教，只能給佛教帶來無窮的禍害！」〔註223〕從這裡可以看到，印順法師不僅深刻剖析俗化、神化現象導致佛教的衰落，而且提出人間佛教來對治這種現象。他還進一步指出：「泛神化（低級宗教萬物有靈論的改裝）的佛法，不能蒙蔽我的理智，決定要通過人間的佛教史實而加以抉擇。……確認佛法的衰落，與演化中的

〔註221〕李嶷：《印順法師佛學思想研究》，2001 年北京大學博士學位論文。
〔註222〕印順導師著：《永光集》，正聞出版社，2004 年，第 254 頁。
〔註223〕黃夏年主編：《印順集》，中國社會科學出版社，1995 年，第 5～6 頁。

神化、俗化有關，那麼應從傳統束縛，神秘催眠狀態中，振作起來，爲純正的佛法而努力！」〔註224〕這就表明，他要以史實對佛教的衰落與佛法在演化中的神化、俗化有關作出證明，並以此來振興純正的佛法。值得一提的是，佛法神化、俗化的現象，會導致大乘佛教失去吸引力。在「大乘佛教中，釋迦被升到天國的色究竟天，抽象的唯心的德性擴展，缺乏了人間佛教的親切性，也就缺乏了道德的感化力。這不能成爲一般的歸信對象。」〔註225〕這就是說，如果佛被天神化，那麼佛出人間的現實感也就隨之消失了，其命運只能走向衰落。「末了，大乘佛教的人類德行，逐漸被遺忘，僅剩了神鬼群像的遺骸，與飲食男女的物欲。佛教是這樣的從進展而到達衰落了。」〔註226〕這是一種必然的結果。

　　佛法神化、俗化的現象出現，涉及到諸多因素，相當複雜，既有自身的，也有外部的。綜合起來看，其基本特徵主要有以下幾點：

　　其一是寬容性。這一點很明顯，「大乘佛教的寬容性，在有利於大乘流通的要求下，種種方便漸漸融攝進來，終於到達天佛一如的境界。」〔註227〕這種融攝進來的內容，既有祭祀、咒術、苦行，又有鬼畜等。我們知道，「印度神教的三大特徵——祭祀、咒術、苦行，大乘中都顯著融攝著。」〔註228〕另外說到鬼畜等，「印度神教的胎藏思想，這樣的與（地居）天神（鬼畜）相關聯，不斷的融攝在佛法中。」〔註229〕所有這些都融攝在佛法中就易形成佛法神化的現象。這是由於「這些低級的鬼、龍，轉化爲佛法的護持者，增多了佛教神化的內容。」〔註230〕本來佛教融攝這些方便可以爲我所用，結果卻適得其反。「大乘以方便善巧，融攝咒術，以佛法淨化它；由於佛弟子的久而忘本，佛教化神教，結果反多少被神教化了。」〔註231〕從而也使佛法神化、俗化的現象寬容性特別明顯。

　　其二是適應性。這是大乘佛教的顯著特徵，因爲大乘佛教的宗旨就是爲

〔註224〕印順著：《華雨集》第五冊，南普陀寺慈善事業基金會，2002 年，第 54～55 頁。

〔註225〕印順著：《佛教史地考論》，正聞出版社，1992 年，第 243 頁。

〔註226〕印順著：《佛教史地考論》，正聞出版社，1992 年，第 243 頁。

〔註227〕印順著：《人間佛教論集》，正聞出版社，1992 年，第 65 頁。

〔註228〕印順著：《人間佛教論集》，正聞出版社，1992 年，第 155 頁。

〔註229〕印順著：《印度佛教思想》，正聞出版社，1990 年，第 421 頁。

〔註230〕印順著：《華雨集》第二冊，南普陀寺慈善事業基金會，2002 年，第 91 頁。

〔註231〕印順著：《人間佛教論集》，正聞出版社，1992 年，第 155 頁。

適應度化眾生的。這種適應性會直接導致佛法神化、俗化的現象出現。具體表現在兩個方面：一方面是為適應環境而產生的，「為了適應於印度神化極深的環境，佛教就更攝取婆羅門教的方便，發展到天菩薩去。」〔註232〕另一方面是為避免衝突而出現的，「佛法普及到一般民間，又為了避免與舊有的神教作無謂的衝突，人間為本的大乘法，日見發展的過程中，也就多少融攝了神教，天行也就逐漸發展起來。」〔註233〕這兩個方面導致佛法神化、俗化的現象出現，充分表現出這種適應性的消極作用。

其三是通俗化。這是大乘佛教度眾化生的一種重要的手段和方法。在通俗化的過程中，也不免出現融攝神化的內容。具體來說也有兩個方面：一方面是通俗化過程自身的融攝而形成的，「甚深而又通俗化，大乘佛法得到了廣大的流行。然而神秘化的融攝，比之佛法、大乘佛法是深一層的神秘化了，以後將更深刻的神化下去。」〔註234〕另一方面是通俗教化者的人為而造成的，「這都應該是公元四世紀集成的，論師們正從事於深細嚴密的論究，而一分通俗的教化者，正加速進行，佛法依賴鬼神護持的方向。」〔註235〕這兩方面的通俗化融攝進程的發展，將會加速佛法神化、俗化的現象出現。

其四是他力化。這是指對自力信心不足而求助於他力來救度的法門，它與大乘菩薩道的般若道是不相應的，而且易轉向神化，求助於他力。可以說，「這些，都是希求佛果，而不願承當菩薩的大行難行；不能即此人生，修十善行以進向人生之究竟，而企圖急速成就。於是一心一意的求阿羅漢（佛的別名），求佛，而卻轉向聲聞行與天行。」〔註236〕從而走向神化的道路。另外，求助於他力，就會喪失自我的能力，只能聽任擺佈，任人主宰，因此，「放棄自力，不是別的，這只是發展於神教氣氛中的神化！」〔註237〕這是大乘佛教他力化極易產生神化的後果。不僅如此，而且會給「自作自受的、自力解脫的佛法真諦，不免被蒙蔽而減失了光輝！」〔註238〕因此，他力化也是佛法神化、俗化現象出現的重要特徵。

〔註232〕印順著：《人間佛教論集》，正聞出版社，1992年，第127頁。
〔註233〕印順著：《人間佛教論集》，正聞出版社，1992年，第151頁。
〔註234〕印順著：《華雨集》第二冊，南普陀寺慈善事業基金會，2002年，第131頁。
〔註235〕印順著：《華雨集》第二冊，南普陀寺慈善事業基金會，2002年，第320頁。
〔註236〕印順著：《華雨香雲》，正聞出版社，1994年，第329頁。
〔註237〕印順著：《淨土與禪》，正聞出版社，1992年，第120頁。
〔註238〕印順著：《華雨集》第二冊，南普陀寺慈善事業基金會，2002年，第306頁。

其五是同異化。這包含兩種情況：一種是同化；一種是異化。同化是指佛教吸收其他思想的內容為我所用而已。如佛教「為了治病，消災，求財富等，護持佛法，如法修行等現生利益，佛教界有了結壇、請神、供養、誦咒等事行，有些說不上是大乘的。」〔註239〕這裡，佛教只是吸收結壇，請神、供養、誦咒等行事，雖然自身無任何變化，但是卻為佛法神化、俗化現象的出現準備了條件。異化是指佛教固有的思想受其他思想影響發生了改變。如「超神的佛教、慈悲的佛教，在中國的迷信中，變質得近於多神教，甚至巫教了！」〔註240〕甚至「而後佛法之化，為度亡，為事鬼，終且與鬼教、巫教、神教同流。」〔註241〕這種異化，因與鬼教、巫教、神教合流，致使佛教發生了變質，將會導致佛法神化、俗化現象的出現。因此，同異化也是佛法神化、俗化現象出現的顯著特徵。

印順法師極不願意看到佛教的俗化、神化，他曾慨歎道：「老實說，佛法注重實際，寧可無佛教之名，有佛教之實，卻不願見有神化的佛教！」〔註242〕這是他發自肺腑之言。與此同時，他也表達了他對佛教俗化、神化現象的痛恨。「對於這種『神化』佛教的混亂現象，印公是深惡痛絕、堅決反對的。印公認為，佛教是宗教，而且是完全不同於『神教』的宗教；那些把佛教『俗化』與『神化』（甚至『鬼化』），而決無助於佛教的昌明的。印公強調：佛教是以人為本的，決不應把它『天化』，『神化』（更不能『鬼化』）！佛教不是『神（天）教』，更不是『鬼教』！印公認為，那些因適應低級趣味而把佛教『神化』、『俗化』（以至『鬼化』）了的，正是導致佛教逐漸走向厄運的一個重要原因。我們完全可以這樣說，印公畢生致力於佛教的弘護事業，其願力之一，就是要『淨化』佛教，就是要恢復佛教的『本來面目』！」〔註243〕他已完全明確佛教俗化、神化現象的危害，希望中國佛教，能脫落俗化、神化，回到現實的人間，以振興和弘揚純正佛法。

避免佛法的俗化、神化，既涉及到佛教的理論，也牽涉到佛教的實踐。要避免佛法的俗化、神化，印順法師認為，首先是在教理上要有佛法正見。在他看來，「如對佛法缺乏正確而深刻的勝解，那麼青年佛教的勇往直前，隨宜方便，

〔註239〕印順著：《印度佛教思想》，正聞出版社，1990 年，第 428 頁。
〔註240〕印順著：《教制教典與教學》，正聞出版社，1992 年，第 183 頁。
〔註241〕印順著：《華雨香雲》，正聞出版社，1994 年，第 263 頁。
〔註242〕印順著：《青年的佛教》，正聞出版社，1992 年，第 93 頁。
〔註243〕黃夏年主編：《印順集》，中國社會科學出版社，1995 年，第 6～7 頁。

不可避免的會落入俗化與神化的深坑。」〔註244〕因此，在教理上樹立佛法正見是非常必要的。特別要指出的是，印順法師強烈地反對大乘佛教的俗化、神化。不過，他是爲了挽救大乘佛教的衰落，「所以他對大乘，不是否定，而只是抉擇而洗煉之，刮垢磨光。大乘佛教在天化方面的方便適應，末流甚至發展到神秘淫欲爲道，對純正的佛法——聲聞、菩薩的正常道，是嚴重的扭曲，所以他主張反天（梵）化，而回歸人間。」〔註245〕從而達到振興純正佛法的目的。

其次提倡人間佛教思想。提倡人間佛教思想對避免佛法的俗化、神化意義重大。從歷史來說，「因爲只有提倡人間佛教才能暢佛本懷，也只有提倡人間佛教思想，才能廓清千百年來附會在佛教軀體上的神教、鬼教、巫教的迷霧。」〔註246〕從現實來講，「只有他所提倡的人間佛教，才能一方面解決中國佛教偏重度亡、度鬼、死後往生的弊病，二方面又消除中國佛教偏重天神信仰的特色。如此一來，中國佛教才能不偏於鬼道和天道，而成爲重視人道的人間佛教。」〔註247〕前面說過，印順人間佛教是太虛人生佛教的繼承和發展，因此，「在這一意義之下，太虛大師對於中國佛教的批判，只能算是爲印順導師的人間佛教打前鋒，做一鋪路的工作罷了！」〔註248〕如果從佛法的俗化、神化來看的話，那麼印順人間佛教無疑具有較強的針對性。「當年，太虛大師曾經爲了校正佛教中只重視死後、來生而脫離現實的流弊，特提倡『人生佛教』以爲對治。不過，印公認爲，中國佛教，向來是過份迎合民間信仰的，所以神話的色彩相當濃厚，什麼天啦，神啦，對一些神秘的境界也極盡讚美之能事。這樣一來，雖是『人生佛教』，仍然免不了受過去包袱的拖累，而抹上一層出世、消極和迷信的色彩。有鑒於此，印公提出了他的『人間佛教』的主張，並爲此撰寫了一部專著——《佛在人間》（收入《妙雲集》下編之一）以闡明「人間佛教」的重大意義。」〔註249〕可以看到，印順人間佛教對佛法的俗化、神化的認識十分清楚。他還在此基礎上給予理論上的論證，「印順法師從理論上論證了佛在人間的眞實性，強調佛陀是人間的佛陀，佛陀的所說

〔註244〕印順著：《華雨集》第五冊，南普陀寺慈善事業基金會，2002年，第18～19頁。

〔註245〕釋昭慧：《人間佛教的播種者》，東大圖書股份有限公司，1995年，第193頁。

〔註246〕淨慧主編：《佛法在世間》，中國佛教協會，1995年，第16頁。

〔註247〕楊惠南著：《當代佛教思想展望》自序，東大圖書股份有限公司，2006年。

〔註248〕楊惠南著：《當代佛教思想展望》自序，東大圖書股份有限公司，2006年。

〔註249〕黃夏年主編：《印順集》，中國社會科學出版社，1995年，第5頁。

所行都在人間。他批評了天化佛陀的異說，主張回歸原始佛教的純樸。」〔註250〕這也使他的主張更易爲人接受。提倡人間佛教思想，雖然有助於避免佛法的俗化、神化，但是也要注意其產生的副作用。「印順也指出了在推行人間佛教時可能出現的副作用。他認爲由於大乘佛教無限的寬容性，是造成了印度佛教老化的主要原因，而佛教中的方便說，又爲外道的思想加入進來提供了條件，中國佛教的圓融思想又有可能使佛教變得有庸俗化的危險。」〔註251〕否則的話，又會重走佛法的俗化、神化覆轍。

　　再次是在修持上要行人菩薩法。在修持上，他「提倡純粹的人菩薩法，即由人發菩薩心，以悲智普濟一切有情，直趣無上正等菩提，應著重中期佛教，而脫落天化的傾向。」〔註252〕這就是說，如果行這種人菩薩法，圓滿自利利他的成就，就可糾正俗化、神化的現實佛教。在長期的時空演化中，「爲保持其神聖性純度，要有人來把關、來檢驗（如太虛大師、印順法師），以免過度沾染上地方色彩而走樣，成爲神化、俗化、脫離佛教本質。」〔註253〕這一點，對於避免佛法的俗化、神化也許會很重要。

　　二是消解佛法與現實的距離。我們知道，印順中觀思想的形成動機，是爲了振興和弘揚純正的佛法。如果要往前追根溯源，那麼我們就會看到，印順法師對純正佛法的探究，是起源於一向存在於他內心所關切的一個問題：佛法與現實佛教界間的距離。他說自己「經四、五年的閱讀思惟，多少有一點瞭解，也就發現了：佛法與現實佛教界間的距離。我的故鄉，寺廟中的出家人（沒有女眾），沒有講經說法的，有的是爲別人誦經、禮懺，生活與俗人沒有太多的差別。在家信佛的，只是求平安，求死後的幸福。少數帶髮的女眾，是先天、無爲等道門，在寺廟裏修行，也說他是佛教。理解到的佛法，與現實佛教界差距太大，這是我學佛以來，引起嚴重關切的問題。這到底是佛法傳來中國，年代久遠，受中國文化的影響而變質？還是在印度就是這樣——高深的法義，與通俗的迷妄行爲相結合呢！」〔註254〕對於這個問題，以

〔註250〕學愚主編：《人間佛教與當代倫理》總序，中華書局（香港）有限公司，2012年。

〔註251〕黃夏年：《印順的人間佛教思想》，載《佛學研究》，2005年，第14期。

〔註252〕印順著：《人間佛教論集》，正聞出版社，1992年，第127頁。

〔註253〕侯坤宏：《對人間佛教的歷史性與永續性的一些思考》，載《第十屆印順導師思想之理論與實踐學術會議論文集》，2011年，第72～73頁。

〔註254〕印順著：《華雨集》第五冊，南普陀寺慈善事業基金會，2002年，第5頁。

後他找到了答案,「佛法與現實佛教界有距離,是一向存在於內心的問題。出家來八年的修學,知道(佛法)為中國文化所歪曲的固然不少,而佛法的漸失本眞,在印度由來已久,而且越(到後)來越嚴重。」〔註255〕這個答案告訴我們,佛法與現實的距離產生有兩個原因:一是為中國文化所歪曲;二是為印度文化所神化。第二個方面的原因,我們在上面已作分析,不再贅述。在這裡,著重談第一個方面的原因。

佛教自印度傳入中國已有二千餘年的歷史,由於長期受中國的鬼神文化及急功近利思想的影響,中國佛教逐漸偏離了純正佛法的軌道,走向了衰弱。如果從佛法與現實佛教界間的距離來說,那麼可以看到以下幾個問題在佛教界產生了嚴重的影響。

其一是佛事泛濫。印順法師自己就感覺到佛教界「學佛者的解行,漸漸有了與日常生活脫節的現象,這實在是值得大家重視的問題!要知道佛法普遍應用於日常生活中,並不等於天天忙著誦經、禮懺、放焰口;日日研究經典,講經、著作、念佛、持咒、素食、放生;到處參加法會,布施功德;或修建寺院,辦學院,辦文化慈善事業;住茅蓬修行……。這些,可能與佛法相應,也可能是徒具形式。從現代中國佛教來說,上面這些活動,並不太少,而念佛、持咒,建大寺、大佛,近二十年來特別風行。」〔註256〕佛事泛濫已到了相當嚴重的程度。他還深有感觸地歎息道:「有的寺院,天天以做佛事為唯一事業,出家的主要事業,放棄不管,這難怪佛教要衰敗了。」〔註257〕這些佛事泛濫的原因,他認為是佛教為「適應中國的人死為鬼,與慎終追遠的孝思,這一超度鬼魂的法事,得到了異常的發展。」〔註258〕所致。

其二是經營商業。這種現象由來已久,「大陸佛教(在家出家)來了,做法事是要講定多少錢的。從前上海的寺院,有的設有賬房,負責接洽經懺。嚴格說,這已失去宗教的意義,變成交易的。」〔註259〕事實上,這種商業行為在許多寺院依然存在,而且經營的範圍有所擴展。1994 年,印順法師在大陸之旅中,瞻禮杭州靈隱寺時,看到沿路攤販林立,人潮擁擠。買門票入山

〔註255〕印順著:《人間佛教論集》,正聞出版社,1992 年,第 3 頁。

〔註256〕印順著:《華雨集》第四冊,南普陀寺慈善事業基金會,2002 年,第 269～270 頁。

〔註257〕印順著:《佛法是救世之光》,正聞出版社,1992 年,第 300 頁。

〔註258〕印順著:《華雨集》第四冊,南普陀寺慈善事業基金會,2002 年,第 138 頁。

〔註259〕印順著:《華雨集》第四冊,南普陀寺慈善事業基金會,2002 年,第 142 頁。

門，再買票入大殿禮佛。寺內的堂舍，幾乎都是販賣物品的。他認為，這樣的商業化，失去了古寺幽靜莊嚴的山林氣息。寺院經營商業，增加寺院的經濟收入，改善寺院的設施和僧眾的生活，但印順法師認為對佛法來說並不是好事，「儘管塔寺的建築越多，香客遊客越多，收入也越多，受到一部份人的讚美羨慕，而實際是象徵著佛教的衰落！」〔註260〕這話聽起來似乎有點嚴重，即使實際情況不至於如此嚴重，但對於加大佛法與現實佛教界間的距離倒是可說得過去。這裡順帶說一下，印順法師所說的「就我國來說，現在的大陸，小廟等於全部消滅；叢林已成為觀光地區，不再是過去的叢林了。」〔註261〕這不完全符合實際情況。就筆者瞭解的江西省來說，小廟仍有上千，大廟有全國的模範叢林。

其三是缺乏修學。他認為，當今的佛教界缺乏修學。「當然，真參實學的，不能說從此沒有了，只是質量越來越差，到近代，真可說一代不如一代了！」〔註262〕這可以說是一種普遍的現象，不光是大陸，就是「現代的臺灣佛教界，有的是事業心，缺少古代求法（不是求學）的精神，真參實學的精神。」〔註263〕這種現象，極易在主觀上造成佛法與現實佛教界間的距離，因此，加強佛教界的人才建設可以說是當務之急。

如果去除了佛法與現實佛教界間障礙，就自然消解了佛法與現實佛教界間的距離。當然去除障礙不像是搬開攔路的石頭那麼簡單，而是要從多方面考慮解決的辦法。

其一是理解佛法演變。從佛法的發展和演變，就可知道純正的佛法及佛法與現實佛教界間的距離，「從現實世間的一定時空中，去理解佛法的本源與流變，漸成為我探求佛法的方針。覺得惟有這樣，才能使佛法與中國現實佛教界間的距離，正確的明白出來。」〔註264〕這個道理，印順法師自己從研究佛法中就深有體會。不同的佛法，是佛法時代性與區域性的顯著特徵，因為佛法是為適應某一時代，某一區域的根機而發生變化的。理解了佛法演化的規律，是消解佛法與現實佛教界間的距離前提條件。

〔註260〕印順著：《佛法是救世之光》，正聞出版社，1992 年，第 340 頁。

〔註261〕印順著：《華雨集》第四冊，南普陀寺慈善事業基金會，2002 年，第 173 頁。

〔註262〕印順著：《華雨集》第四冊，南普陀寺慈善事業基金會，2002 年，第 166 頁。

〔註263〕印順著：《華雨集》第四冊，南普陀寺慈善事業基金會，2002 年，第 173 頁。

〔註264〕印順著：《華雨集》第五冊，南普陀寺慈善事業基金會，2002 年，第 9～10頁。

其二是運用善巧方便。方便，是佛法為求適應而使用的方法和手段。佛法為適應時地和根性，就不能沒有方便。但是「對於方便，或為正常之適應，或為畸形之發展，或為毒素之竄入，必嚴為料簡，正不能率以方便二字混濫之。」〔註265〕因此，方便的運用是需要經過一個抉擇的過程，才可料簡出適應時地和根性的方便。對於「方便過時而不再適應的，應有正直捨方便的精神，闡揚佛法真義，應用有利人間，淨化人間的方便。」〔註266〕關於善巧方便的運用，大乘法門運用世學作為方便就是很好的說明，「真正的大乘慧學，不但重視觀境與生活的相應，理性與事相的統一；而且能夠博通一切世學，容攝無邊微妙善法，使一切世間學，無礙於出世的佛學，並成為佛法利益眾生的善巧方便。」〔註267〕這樣既有利於度眾化生，又有利於消解佛法與現實佛教間的距離，可謂一舉兩得。

其三是改變佛事性質。一方面要轉變「中國佛教一向偏重於度亡佛事，而忽略了活人的一切喜事。如果出生、結婚、慶壽等事，都在佛教寺院舉行，佛教與社會生活，即可發生更密切聯繫，進而造成整個的佛化社會，這豈不是一種度生的巧方便？」〔註268〕佛教就會由過去專重度亡轉向度生，逐步走向人間佛教的目標；另一方面要改變做佛事的理念，雖然「今日的誦經念佛，超度亡者，是祖師傳下來的，說起來也是人生重要的事，但問題在佛事的營業化，失去佛法方便拔濟的意義。」〔註269〕如果由過去重經濟輕救人轉為輕經濟重救人，那就與佛法的宗旨相一致了，從而逐漸達到消解佛法與現實佛教界間的距離。

其四是提倡弘法度生。關於弘法，印順法師自己就身體力行，做出了表率。他說：「我當時有一構想，佛教難道非應付經懺，賣素齋，供祿（蓮）位不可！不如創一講堂，以講經弘法為目的，看看是否可以維持下去！我從不空言改革，但希望以事實來證明。」〔註270〕以後他陸續建有的講堂：福嚴精舍、慧日講堂、妙雲蘭若和華雨精舍。這些講堂在弘法方面產生了一定的影響。關於度生，「從菩薩的入世濟生說，我們的世間，由於菩薩僧的從來沒有

〔註265〕印順著：《華雨集》第五冊，南普陀寺慈善事業基金會，2002年，第15頁。
〔註266〕印順著：《印度佛教思想》自序，正聞出版社，1990年。
〔註267〕印順著：《學佛三要》，正聞出版社，1994年，第194頁。
〔註268〕印順著：《佛法是救世之光》，正聞出版社，1992年，第348頁。
〔註269〕印順著：《佛法是救世之光》，正聞出版社，1992年，第108頁。
〔註270〕印順導師著：《平凡的一生》，正聞出版社，2005年，第107頁。

建立，始終受著聲聞僧的限制，形成與世隔離。」〔註271〕若菩薩僧建立，將會有助於消解佛法與現實佛教界間的距離，這與印順倡導的菩薩道的內容是相合的。

　　三是從演變中把握佛法的特質。佛法的演變，是爲度化眾生、方便適應而發生的。這種演變，是符合佛法諸行無常的法則。諸行無常，是說明現在世間所存在的東西，都是不停的在變化的。比方佛說出來的某句話，經後來佛弟子慢慢弘揚，它自然而然多多少少有了演變。又如佛所訂的制度，我們稱爲戒律，這套戒律也會因時間區域不同而慢慢演變，你說完全不變，還是從前那樣，是不可能的。「從佛法在人間來說，變是當然的，應該的。（然而）佛法之所以爲佛法的特質，怎麼變，也不能忽視佛法的特質。重點的部份的過份發達（如專重修證，專重理論，專重制度，專重高深，專重通俗，專重信仰……），偏激起來，會破壞佛法的完整性，損害佛法的特質。象皮那麼厚，象牙那麼長，過份的部份發達（就是不均衡的發展），正沾沾自喜，而不知正障害著自己。」〔註272〕爲了避免佛法在演變中出現不正常的現象，必須把握佛法特質，抉擇方便的取捨，弘揚純正的佛法。

　　印順法師指出「把握佛法的特質，成爲佛弟子的信行，在佛法的研究中，可說是太重要了！」〔註273〕那麼應怎樣才能把握好佛法的特質呢？概而言之，其一是要勝解佛法。佛教徒對於佛法，要有正確堅固的認識——勝解。勝解是信仰的前因，勝解後的信仰，才是眞誠的信仰，理智的信仰，不是迷信。作爲一般的佛教徒來說，「徹悟緣起而能厭、離欲、滅的，在這重物欲而向外馳求的時代，當然不大容易；解了相互依存的緣起法，深信善行樂果，惡行苦果，通於三世的因果必然律，應該是學佛者所能有的信心。」〔註274〕這裡的緣起法，是佛法與世間法的不共，也是佛法特質的重要內容，學佛者一定要有正知正見。

　　其二是要取捨方便。關於捨，印順法師說：「《法華經》有一句話，我總覺得非常好：『正直捨方便，但說無上道』。怎麼捨呢？就是達到了某一階段，有更好更適合的就提倡這個，不適合的就捨掉。」〔註275〕這種捨，包括兩個

〔註271〕印順著：《佛法概論》，正聞出版社，1992年，第254頁。
〔註272〕印順著：《華雨集》第五冊，南普陀寺慈善事業基金會，2002年，第52頁。
〔註273〕印順著：《華雨集》第五冊，南普陀寺慈善事業基金會，2002年，第88頁。
〔註274〕印順著：《華雨集》第四冊，南普陀寺慈善事業基金會，2002年，第274頁。
〔註275〕印順著：《華雨集》第五冊，南普陀寺慈善事業基金會，2002年，第66頁。

方面：一方面是適合的方便要提倡，另一方面是不適合的方便就要捨掉。不適合的方便即使過去非常好的，但現在卻不太適合，依然要毫不顧惜的把它捨掉。關於取，他敘述道：「三十八年完成的《佛法概論》（自序）就這樣說：『深深的覺得，初期佛法的時代適應性，是不能充分表達釋尊真諦的。大乘佛法的應運而興，……確有他獨到的長處。……宏通佛法，不應為舊有的方便所拘蔽，應使佛法從新的適應中開展。……著重於舊有的抉發，希望能刺透兩邊（不偏於大小，而能通於大小），讓佛法在這人生正道中，逐漸能取得新的方便適應而發揚起來！』——這是我所深信的，也就是我所要弘揚的佛法。」〔註276〕這種取，是從舊有方便中抉發新意，並融通佛法，來達到「新的方便適應」。

其三是要發揚大乘。大乘法門是提倡人菩薩行、弘揚人間佛教的。實行「真正的人菩薩行，要認清佛法不共世間的特性，而適應今時今地今人的實際需要。」〔註277〕在佛法的演變中，隨著時空的轉移，雖然「人菩薩行——人間佛教的開展，是適合現代的，但也可能引起副作用。」〔註278〕在這種情況下，方便的取捨，佛法特質的把握就顯得尤為重要。因此，我們發揚大乘，應著重適應，更應著重引導，從而導向於正覺的光明。

其四是要宣傳佛法。這是讓更多的眾生瞭解和把握佛法特質的有效手段和途徑。為了度眾化生，「我們要宣傳佛法，復興佛教，縱或一時不能得到他人的同情，被人罵為頑固、腐化……但我們仍舊是要宣傳佛法，為佛法復興而努力。」〔註279〕這表達了印順法師實行菩薩道的決心，以及發揚人間佛教的願望。

四是具體的實施辦法。人間佛教的創建是印順法師的美好理想，也是他提倡人間佛教的目的和歸宿。「印順導師在提出人間佛教思想之時，自然不能忽略實踐的層面。如此，人間佛教才算具備完整性——具有了學理上的思想指導，亦兼具實踐方面的指導。」〔註280〕關於如何創建人間佛教，他提出了一些具體的想法。歸納起來為：

〔註276〕印順著：《人間佛教論集》，正聞出版社，1992年，第2頁。

〔註277〕印順著：《人間佛教論集》，正聞出版社，1992年，第66頁。

〔註278〕印順著：《人間佛教論集》，正聞出版社，1992年，第64頁。

〔註279〕印順：《華雨集》第五冊，南普陀寺慈善事業基金會，2002年，第84頁。

〔註280〕學愚主編：《人間佛教與當代倫理》，中華書局（香港）有限公司，2012年，第260頁。

其一是要依靠自力。他說：「因為世間的動亂和安寧，人們苦痛與幸福，都是人類自力所造成，並沒有什麼外在的東西來主宰我們。」〔註281〕但是由於眾生的無明，不能淨化自我，清淨人間，因而出現「現實人間是充滿缺陷的，種種非法，種種罪惡，不能看作當然。佛陀深刻的透視到人間的缺陷，所以要求人類改造自己，嚴淨世界，趨向於合理的完美的和平。」〔註282〕人類改造自己，要從心開始，淨化自心，使行為合理，逐漸來達到改善現實人間的目的，所以，世界是由我們推動的，要想轉穢土成淨土，全在乎我們能不能從自他和樂做起而決定。人類從事的自他和樂完全是一種自力的表現。通過這種自力來改變現實的人間，創建人間佛教，是人類自我能力發揮的體現。因此說，人間佛教的創建是依靠自力的結果。

其二是要改變業力。眾生自力實施於人間就轉化為業力，業力是造成現實人間的直接力量。因此「世界的進展到清淨，或退墮到穢惡，為有情的共業所造成；是過去的業力所感，也是現生的業行所成。」〔註283〕我們現實的人間就是眾生過去的業力的後果。印順法師舉了一個城市變化受業力影響的例子，如「本城的大小，崎嶇與平坦，珍寶與瓦礫，穢惡與清淨，都不是固定的永久的，是因人民的業行而跟著變化不同的。記得在濁惡的時代，城中的民眾，都歡喜作惡，這世間就是穢土了。」〔註284〕這個例子只說受業力影響這個城市變為穢土的事實，其實這個例子也告訴我們若改變業力，這個城市也可變為淨土。因此說，「佛法的造世界，是由各人起心動念的業力所造成，若能積功累德，淨心行善，就可以實現清淨理想的世界。」〔註285〕那麼人間佛教的創建就大有希望了。

其三是要選擇法門。這裡說的選擇法門是針對人間佛教的創建而言的。印順法師認為要通過實現人間淨土來達到人間佛教的創建。他在這裡要選擇的法門是對淨土法門的選擇。他選取最理想的法門有二個。一是彌勒淨土。彌勒淨土是要實現人間淨土，「彌勒的淨土思想，起初是著重於實現人間淨土，而不是天上的。」〔註286〕彌勒淨土雖然要上生兜率，最終還要回到人間

〔註281〕印順著：《學佛三要》，正聞出版社，1994年，第11頁。
〔註282〕印順著：《佛法是救世之光》，正聞出版社，1992年，第257～258頁。
〔註283〕印順著：《佛法概論》，正聞出版社，1992年，第123頁。
〔註284〕印順著：《青年的佛教》，正聞出版社，1992年，第87頁。
〔註285〕印順著：《學佛三要》，正聞出版社，1994年，第10頁。
〔註286〕印順著：《淨土與禪》，正聞出版社，1992年，第16頁。

的，「總之，彌勒淨土的第一義，爲祈求彌勒早生人間，即要求人間淨土的早日實現。至於發願上生兜率，也還是爲了與彌勒同來人間，重心仍在人間的淨土。」〔註287〕而且這是共五乘的人間淨土。彌勒淨土是相當的殊勝，它是人間淨土實現的代表。「人間淨土的實現，身心淨化的實現；這眞俗、依正的雙重淨化，同時完成。佛弟子都祝願彌勒菩薩，早來人間，就因爲這是人間淨土實現的時代。」〔註288〕而且「彌勒佛降生時，我們這個世界，政治與宗教，都達到了理想。政治方面，這個世界，輪王出世，成了人間淨土。」〔註289〕二是藥師淨土。有人間淨土現實感的，除彌勒淨土以外，就是藥師淨土。藥師淨土的十二大願就有很強的人間性，「琉璃光如來，因中發十二大願，都是針對現實人間的缺陷而使之淨化，積極地表現了理想世界的情況。這對於人間，富有啓發性，即人間應依此爲理想而使其實現。」〔註290〕十二大願爲眾生實現人間佛教提供了一條有效的途徑，只要「大家想想，果然都遵照藥師如來十二大願的開導，和大師人生佛教的提示去做，這世界不就是淨土，不就是康樂的國家，理想的社會了嗎？」〔註291〕因此眾生要依藥師淨土創建人間淨土，使其實現於人間。

其四是要大小兼行。這裡的大小分別是指聲聞佛教與大乘佛教。印順法師認爲「佛法對於現實社會的改造，可以約聲聞佛教與大乘佛教，兩方面來講。」〔註292〕人間佛教本質上就是現實社會的改造，因此人間佛教的創建也應從大小兩方面來說。人間佛教的創建，聲聞佛教與大乘佛教發揮的作用是不同的，「總之，佛法一是淨化身心的聲聞教，守住自己的崗位，不失自己的立場，從旁面去影響社會，不去從事正面的經濟等活動，它深刻不能廣及。二是以世間而達到清淨解脫的大乘佛法，可以正面地去從事經濟政治等活動。出家人應以聲聞佛教爲立腳點，而在家佛教徒則可本著大乘佛教的精神，正面的去從事政治經濟等活動。」〔註293〕兩方面配合起來，那麼人間佛教的創建就能達到宣傳與事業融合展開。在人間佛教的創建中，「如局限於出家，

〔註287〕印順著：《淨土與禪》，正聞出版社，1992年，第17頁。

〔註288〕印順著：《淨土與禪》，正聞出版社，1992年，第16頁。

〔註289〕印順著：《青年的佛教》，正聞出版社，1992年，第215頁。

〔註290〕印順著：《淨土與禪》，正聞出版社，1992年，第153頁。

〔註291〕印順講，妙峰、常覺記：《藥師經講記》，正聞出版社，1992年，第81頁。

〔註292〕印順著：《佛法是救世之光》，正聞出版社，1992年，第407頁。

〔註293〕印順著：《佛法是救世之光》，正聞出版社，1992年，第408頁。

那弘揚佛法只能限於口頭的宣揚，或領導修持而已。不能即人間正行（人間正當的事業），而引導人來歸向於佛法。」〔註 294〕那是極為不利的。因為大乘行者是以在家為主的，具有更強的人間性，是佛法達到普利眾生的重要力量，不可忽視。因此人間佛教的創建必須大小兼行。

其五是要佛化家庭。印順法師認為「中國佛教的前途，我們熱烈的寄望於在家佛教的發展！」〔註 295〕人間佛教的創建是中國佛教未來的方向和前途，因此人間佛教的創建與佛化家庭具有密切的關係。佛化家庭涉及面廣，「在家眾，無論是聲聞法，菩薩法，都有著正當的職業，遍及各個階層。」〔註 296〕佛化家庭宣傳範圍大，「在家中心的佛教，應該是依人乘而趨向菩薩，應將佛教的思想，推行到一切去。」〔註 297〕從人間佛教的創建著眼，印順法師對佛化家庭抱有很大的希望，「建設在家佛教，一方面從各人自身做起，做到佛化家庭。一方面在同見、同行、同願的基礎上，相互聯繫而組成在家的佛教團，來推行宣化、修持、慈濟等工作。向這樣的目標去努力，中國佛教是會大放光明的！」〔註 298〕

其六是要人菩薩行。行菩薩道已成為人間佛教菩薩事業的主要內容。「依著對於佛法的淨信，興起追求無上菩提的願欲；以同體大悲為動機出發，去從事利濟自他的一切善行，並以聞思經教而修得之空無我慧作為方便善巧，去行菩薩道，即是人間佛教菩薩事業的主要內容。」〔註 299〕修菩薩行，首先要法律並重。「人間佛教，以人生正行修菩薩道，要把握這法律並重，恢復佛教固有的精神。」〔註 300〕法律並重是人間佛教所固有的本性。面對偏重法或律的，「現代修學菩薩行的，必須糾正這種態度，法律兼重，來契合佛法的正宗。」〔註 301〕其次要有信願、智慧與慈悲。人間佛教的修持心要是：信願、智慧與慈悲。有信無智長愚癡，有智無信長邪見。如果信與智增上，而悲心不足，就是一般所說的小乘；如果信與智不足，雖以慈悲心而廣作利生善業，

〔註 294〕印順著：《華雨香雲》，正聞出版社，1994 年，第 236 頁。

〔註 295〕印順著：《教制教典與教學》，正聞出版社，1992 年，第 93 頁。

〔註 296〕印順著：《教制教典與教學》，正聞出版社，1992 年，第 88 頁。

〔註 297〕印順著：《教制教典與教學》，正聞出版社，1992 年，第 89 頁。

〔註 298〕印順著：《教制教典與教學》，正聞出版社，1992 年，第 89 頁。

〔註 299〕傳道法師主講：《印順導師與人間佛教》，中華佛教百科文獻基金會，2001 年，第 115 頁。

〔註 300〕印順著：《人間佛教論集》，正聞出版社，1992 年，第 191 頁。

〔註 301〕印順著：《人間佛教論集》，正聞出版社，1992 年，第 191 頁。

也不會是敗壞菩薩。所以在人間修行，此三德不可偏廢。這是印順法師於民國四十年在香港講授人間佛教的要點。再次要實行六度、四攝等法門。六度、四攝等法門是實踐菩薩行的基本要求，「人間佛教的推展，需本著人間佛教的內涵、精神，以六度、四攝等大乘法門，來實踐菩薩行。」〔註302〕

值得注意的是，印順法師在菩薩行加上一個「人」字，「菩薩行是大乘佛教利益眾生主要修行法門，所以人間佛教是重於菩薩行的，但是印順特意在菩薩行前加上了一個『人』字，以突出以人為主的菩薩行的特點。」〔註303〕可以看到，他強調的重點是人菩薩行。這是因為對於人間佛教來說，佛教的存在，並非敲打唱念，並非供養禮拜，並非形象寺院。佛教要適應時機，就要求眾生致力於修菩薩行，因為「現在的情形不同，不但不同情你的遁世，就是隱入深山，也會被迫而不得不出來。城市與山林，將來並無多大差別。隱遁山林的佛教，是一天天不行了。其實，佛教本來是在人間的，佛與弟子，不是經常的遊化人間嗎？大乘是適合人類的特法，只要有人住的地方，不問都會、市鎮、鄉村，修菩薩行的，就應該到處去作種種利人事業，傳播大乘法音。在不離世事、不離眾生的情況下，淨化自己，覺悟自己。山林氣息濃厚的佛教，現代是不相應的。應把這種習氣糾正過來，養成不離世間的大乘胸襟，決不宜再走隱遁遺世的路子。……現在到了緊要關頭，是不能不回頭恢復佛教的真精神，深入人間的時候了！」〔註304〕因此，修人菩薩行是符合佛教真精神的，也是契合人間佛教本性的。印順法師倡導的人菩薩行具有深刻的涵義。「印公導師即拈出人菩薩行，為人間佛教的精神所本。所以學佛必得由初學的凡夫菩薩，經歷久學，次第勝進成為大菩薩，最後福慧圓滿而成佛。這由人，而菩薩，而佛的人間佛教——人菩薩行，不但是佛出人間的真義，亦是印公導師畢生所弘揚的。」〔註305〕從這段話中，我們可以體會到這麼三點：一是人菩薩行的路徑。簡單的說，就是「人間佛教的論題核心，是人、菩薩、佛——從人而發心學菩薩行，由學菩薩行而成佛。」〔註306〕二是

〔註302〕呂姝貞：《〈勸發菩提心集〉的人菩薩行》，載《2011年第十屆印順導師思想之理論與實踐學術會議論文集》，第303頁。

〔註303〕黃夏年：《印順的人間佛教思想》，載《佛學研究》，2005年，第14期。

〔註304〕印順著：《人間佛教論集》，正聞出版社，1992年，第202頁。

〔註305〕傳道法師主講：《印順導師與人間佛教》，中華佛教百科文獻基金會，2001年，第4頁。

〔註306〕傳道法師主講：《印順導師與人間佛教》，中華佛教百科文獻基金會，2001年，第113頁。

人菩薩行體現人間佛教的眞義。「民國七十八年，完成《契理契機的人間佛教》，時已高齡八十四歲的印順導師，把這一路走來的思想核心，自抉發原始教典的質樸本色、闡揚緣起性空、實踐從人而學菩薩而成佛的核心方向、盡拋鬼化神化的偏差發展、在不棄世事不捨眾生下自淨自覺的這一條光明大道上，清晰表明人間佛教的意義。」〔註307〕三是人菩薩行必須弘揚。「民國七十八年，太虛大師百歲冥誕，慧日講堂舉行追思學術會議。高齡八十四歲的印順導師，挺著屢弱身軀，從臺中華雨精舍，趕赴臺北慧日講堂。致詞時，聲音微弱、目光炯亮，期勉大眾效法太虛大師依人乘行果趣進修大乘行的人菩薩精神。」〔註308〕但是，印順法師也警告我們，人菩薩行有可能會產生副作用。他說：「人菩薩行——人間佛教的開展，是適合現代的，但也可能引起副作用。」〔註309〕如果要避免出現副作用，那麼就必須把握人菩薩行的心要，即菩提願、大悲心、空性見，並從事十善業。「……導師再次揭櫫修學人間佛教——人菩薩行的心要：以三心——菩提願、大悲心、空性見——修十善，而從事或慧或福的利他菩薩行。如此才可眞正達到或淨化人心，或利樂人群的目的，而不致如泥菩薩過河，或使佛法產生了副作用！」〔註310〕

　　印順法師對人間佛教創建的思想很豐富，上述六點是他的主要想法，其他還有，如佛法要與自然科學，社會科學並重、要借鑒其他國家的經驗等。

第二節　印順人間佛教的影響

　　印順人間佛教在臺灣經歷了一個較長的發展過程。它傳播時間較早，且很長。「印順自從 1952 年秋天到了臺灣，就通過《海潮音》雜誌傳播人間佛教長達 12 年之久。」〔註311〕以後逐漸發展成爲當代佛教學術界的重要議題。「人間佛教之所以會成爲當代佛教學術界的重要議題，與臺灣學界對印順思想的研究與討論有關。先是，江燦騰在 1987 年東方宗教討論會上，發表《當

〔註307〕潘煊著：《法影一世紀——印順導師百歲》，天下遠見出版股份有限公司，2005年，第 209～210 頁。

〔註308〕潘煊著：《法影一世紀——印順導師百歲》，天下遠見出版股份有限公司，2005年，第 46 頁。

〔註309〕印順：《華雨集》第四冊，南普陀寺慈善事業基金會，2002 年，第 64 頁。

〔註310〕傳道法師主講：《印順導師與人間佛教》，中華佛教百科文獻基金會，2001 年，第 36 頁。

〔註311〕李尚全：《印順思想脈絡論》，載《佛學研究》，2005 年，第 14 期。

代臺灣淨土思想的新動向》，將人間佛教界定爲印順思想的核心內涵與整體特色，後又將印順法師視爲是當代臺灣人間佛教思想的領航者。」〔註312〕隨著學術探討的深入，開始成爲當代佛教學術界普遍關注的問題，就像「前言中提到的，在一連串大型的佛教學術會議的烘托下，印順法師人間佛教思想的闡揚討論，在世紀交替之際，在佛教學術圈子裏，呈現出熱鬧的景象。」〔註313〕直到現在依然值得當代佛教學術界研討。「可以說，印順法師人間佛教思想的研討仍然是當前佛教界及學術界注意的一個熱點。」〔註314〕爲了窺探印順人間佛教對當代佛教界的影響，下面我們將圍繞有關問題進行必要的探討。

一、印順人間佛教與國內外佛教

印順人間佛教在國內外佛教文化發展事業中顯示出勃勃生機。印順法師作爲「世紀的老人，人間佛教的播種者，一代導師，百歲人瑞。老人不老，人間佛教正當盛壯。」〔註315〕其人間佛教思想傳播的種子開始在國內外佛教界生根發芽，「若干年後，有較好受學環境的新生代佛弟子，就是透過他的著作而私淑艾於他的思想，繼而在華人佛教圈的各個角落，培植下人間佛教理想的秧苗。」〔註316〕如果我們面對現實，就會發現，「事實上，在國內外的佛教界中，有許多人數不多的小團體，亦稱其所在之城市，弘揚印順導師著作，或是以一己之力實踐人菩薩行，對人間佛教的流傳而言，這是一股不容忽視的力量。」〔註317〕由此可知，印順人間佛教在國內外佛教中已經產生了很大的影響。

印順人間佛教在當代佛教中具有重要的地位和作用。它對當代佛教確實具有方向指導性的意義，「人間佛教，是整個佛法的重心。印順導師如此點起

〔註312〕侯坤宏：《對人間佛教的歷史性與永續性的一些思考》，載《2011年第十屆印順導師思想之理論與實踐學術會議論文集》，第60頁。

〔註313〕溫金柯著：《繼承與批判印順法師人間佛教思想》，現代禪出版社，2001年，第92頁。

〔註314〕溫金柯著：《繼承與批判印順法師人間佛教思想》，現代禪出版社，2001年，第45頁。

〔註315〕潘煊著：《法影一世紀——印順導師百歲》，天下遠見出版股份有限公司，2005年，第271頁。

〔註316〕釋昭慧著：《人間佛教的播種者》，東大圖書股份有限公司，1995年，第152頁。

〔註317〕《第八屆印順導師思想之理論與實踐學術會議論文集》，2009年，第D2～2頁。

當代的光源，後人循著這明鑒之道行去，每走一步，自有新意，但都承接著當空照眼的啓迪。」〔註318〕對此，「中華佛研所李志夫所長指出：印順長老的人間佛教思想，是整個佛教界未來發展的方向。」〔註319〕不僅如此，而且發揮著它的重要功效，「印順『人間佛教』思想義理的證明。……。人間佛教至少有兩大『功效』？除盲信或迷信，把對於『心』或『神』的信念拉回到對『佛法』的『正信』上來，這是對於眞常系『義學的疏離』的『治療』；二是肅清『避世』和『欺世』，以『大悲心』來打通世間和出世間的隔絕，這是對眞常系『悲心的空缺』的處理。」〔註320〕這些功效，將有助於佛法逐步回歸純正，從而進一步推動印順人間佛教弘揚，並對國內外佛教發展產生深入的影響。

　　如果說印順人間佛教在國內外佛教界華人圈中影響很大的話，那麼其影響的華人信眾主要就集中在中國。因此，可以說，印順人間佛教對中國佛教影響相當深廣。「印順法師的思想中，緣自太虛大師發展而來的『人間佛教』理論無疑最爲璀璨，對於當代中國佛教影響深廣，幾乎變成佛教界的口頭禪。」〔註321〕這裡所謂的中國佛教，是指大陸、香港和臺灣三個華人圈的佛教。不過，印順人間佛教對這三個華人圈佛教的影響程度存在一定的差異。從香港華人圈的佛教來看，印順人間佛教思想起到了積極作用，獲得了順利發展。「印順在香港的講經和佛學著作的出版，對漢傳佛教在香港的傳播，以及香港同胞對中國文化的認同，應該說是起了重大的黏合作用，同時也把人間佛教的種子撒在香港，使香港的漢傳佛教一開始就朝著與現代社會相適應的方向發展。」〔註322〕對於大陸佛教界，印順人間佛教已引起了關注，「大陸佛教界接觸印順思想的主要方式，是通過『人間佛教』這一中介。『人間佛教』是臺灣和大陸佛教界關注的一個『交集』。印順作爲『人間佛教』思想家中至關重要的一員，而進入大陸佛教思想界的視野。」〔註323〕前面我們敘述過印順人間

〔註318〕潘煊著：《法影一世紀——印順導師百歲》，天下遠見出版股份有限公司，2005年，第 146 頁。

〔註319〕潘煊著：《法影一世紀——印順導師百歲》，天下遠見出版股份有限公司，2005年，第 268 頁。

〔註320〕蒲長春：《印順如來藏思想研究》，2004 年北京大學博士學位論文。

〔註321〕海波：《印順與福嚴佛學院關係探源》，載《西北工業大學學報》，2005 年，第 25 卷，第 3 期。

〔註322〕李尚全：《印順思想脈絡論》，載《佛學研究》，2005 年，第 14 期。

〔註323〕蒲長春：《印順如來藏思想研究》，2004 年北京大學博士學位論文。

佛教與太虛人生佛教之間的關係，這種關係的探討曾引起大陸許多佛教學
者的興趣，產生了一系列的研究成果。隨著研討的深入，「所以當代最多元
和最歧異的人間佛教思想，便宛如一股混濁的滾滾洪流，開始橫溢於各道
場的文宣或口語傳播上，其來勢之洶湧和強勁，甚至連大陸對岸的許多佛
教學者，都深受衝擊和影響。而其中，尤以太虛的人生佛教和印順的人間
佛教之別，構成了彼此溯源時的思想依據。」〔註324〕由此，可以說，印順
人間佛教對大陸佛教界人間佛教理論的探討產生了一定的影響。印順人間
佛教雖然對以上兩個華人圈的佛教都產生了影響，但是其程度卻不如對臺
灣華人圈佛教的影響。

　　印順人間佛教對臺灣華人圈佛教的影響應分兩個時期來說，前期影響
小，且受壓制。這種壓制，自印順法師剛來臺灣就出現了，「事實上，印順在
一九五二年定居臺灣之後，原本很有機會將他的理念實行於臺灣的佛教界，
但是不幸的是，當時政府剛剛來臺，爲了安定臺灣的政局，以致和來自大陸
江浙一帶的佛教保守勢力——以中國佛教會和淨土信仰爲主的一批人相結
合，而把剛剛要在臺灣佛教界生根的人間佛教，壓抑了下去，致使印順的理
想終究無法在臺灣獲得實現的機會。」〔註325〕可見，當時政府和佛教保守勢
力對印順人間佛教思想壓制很強。後來印順人間佛教雖然得到李子寬的支持
有所發展，但是還是在佛教保守勢力的壓制下而失敗。「總之，在青黃不接、
思想一片眞空狀態的光復後五、六年中，臺灣佛教原本可以接受太虛、印順
一系的開放思想，而徹底改變其不問世事的出世體質。特別是印順當時住持
臺北首剎善導寺，中國佛教會中又受到常務理事李子寬（基滿）的大力支持
（詳下文），聲望日隆。因此，極有可能因其出面領導，而使原本在日據時代
末期即已出世的臺灣佛教，成爲積極關懷社會、改造社會（印順所謂創造淨
土）的人間佛教。然而，在這場不能不說慘烈的宗教鬥爭當中，傳統而且已
漸趨沒落的勢力，終於獲得了勝利。當代臺灣佛教的出世性格，因而成了不
可更易的命運。」〔註326〕印順人間佛教雖然在前期倍受壓制，影響甚小，但

〔註324〕江燦騰：《當代慈濟宗的建立與臺灣佛教界去印順化新趨勢的辯證發展》，載
　　　　《2010年第九屆印順導師思想之理論與實踐論壇》。
〔註325〕楊惠南著：《當代佛教思想展望》，東大圖書股份有限公司，2006年，第109
　　　　頁。
〔註326〕楊惠南著：《當代佛教思想展望》，東大圖書股份有限公司，2006年，第24
　　　　～25頁。

是並不能阻止其後期的發展。印順人間佛教後期成爲臺灣佛教主流，且影響巨大。工夫不負有心人，由於印順法師辛勤耕耘，長期致力於推行人間佛教理念，「印順的人間佛教理論建構，特別是他與太虛基本一致並予以豐富發展的一面，既突出了佛法根本也體現了時代潮流，加以印順即使在那最艱難的日子裏，也始終不渝地致力於人間佛教理念的推廣，這些，終於使人間佛教成爲臺灣佛教主流。」〔註327〕作爲臺灣佛教主流思想，因而「印順及其後學所發揚的人間佛教在當代臺灣佛教界有其時代精神、意義與影響。」〔註328〕由於其影響，在臺灣甚至有人將其視爲一個學派和社會認同的指標。「印順學派具有廣大深遠之社會影響作用，其人間佛教已爲當代臺灣佛教的特色，也是佛教被社會所認同的重要指標。」〔註329〕這種看法不一定得到普遍的認可。不過，我們依然需要正視其客觀存在的影響。印順人間佛教對臺灣佛教界無論是在理論上還是在實踐上都產生了重要的影響，「他一生倡導和闡發的人間佛教思想，更是對當代漢傳佛教界尤其是臺灣佛教界的思想和實踐產生了廣泛而深遠的影響。」〔註330〕特別值得一提的是，印順人間佛教對近現代臺灣佛教界新思潮也有一定的影響。「在近代，臺灣佛教界興起一股人間佛教的熱潮，無疑是受印順導師倡導人間佛教思想，主張人菩薩行的影響。」〔註331〕在現代，主要是對青年佛教徒思想影響較大，「當代臺灣佛教的改革運動，發端於太虛大師的學生——印順法師，他提倡一種立基於人生佛教卻又超越人生佛教的人間佛教。這一人間佛教的理念，目前在臺灣的佛教界中，特別是在那些對傳統佛教深感不滿的青年佛教徒中，產生了極爲重大的影響力。」〔註332〕印順人間佛教由於在後期成爲臺灣佛教主流，且影響巨大，印順法師個人也受到高度讚譽：「不論就研究編寫佛教經典的貢獻，或者其提倡之人間佛教

〔註327〕陳兵、鄧子美著：《二十世紀中國佛教》，民族出版社，2000年，第209頁.

〔註328〕藍吉富：《印順學的薪火相傳與傳道法師的人間佛教事業》，載《2011年第十屆印順導師思想之理論與實踐學術會議論文集》，第8頁。

〔註329〕邱敏捷：《〈印順學派的成立、分流與發展訪談錄〉導讀》《2011年第十屆印順導師思想之理論與實踐學術會議論文集》，第13頁。

〔註330〕陳平：《印順導師著作在大陸的出版與流佈述評》，載《2012年第十一屆海峽兩岸印順導師思想之理論與實踐學術會議論文集》，第104頁。

〔註331〕呂姝貞：《〈勸發菩提心集〉的人菩薩行》，載《2011年第十屆印順導師思想之理論與實踐學術會議論文集》，第304頁。

〔註332〕楊惠南著：《當代佛教思想展望》，東大圖書股份有限公司，2006年，第68頁。

成爲臺灣佛教的主要實踐論述，印順導師無疑爲十世紀影響最廣的亞洲宗教家之一。」〔註333〕並且在臺灣獲得頒贈二等卿雲勳章的榮譽。

二、印順人間佛教與臺灣佛光、法鼓、慈濟三大道場

印順人間佛教與臺灣佛光、法鼓、慈濟三大道場具有極爲密切的關係。「在太虛大師、印順法師思想啓發下，在臺灣出現了佛光山、慈濟功德會、法鼓山三個與人間佛教有關的大道場。」〔註334〕可以說，佛光、法鼓、慈濟三大道場的形成都或多或少受到印順人間佛教的影響。佛光、法鼓、慈濟三大道場出現的繁榮景象雖然各有千秋，但是其共同宗旨與印順人間佛教思想主旨是相一致的。這一點，昭慧法師深有體會，「昭慧法師近年觀察臺灣社會，認爲人間佛教的多元思想與多樣風格，在不忍聖教衰，不忍眾生苦的共同宗旨下，是一項可貴的資產。它們千山競秀，萬壑爭幽，相互激蕩，相互助成，呈現出的是總體佛法的莊嚴。」〔註335〕事實情況也是如此。

在理論上，印順人間佛教對佛光、法鼓、慈濟三大道場有一定的影響。「如今，他（指印順）撒播下的種子，業已瓜瓞連綿。特別是臺灣佛教，強而有力的幾個大教團（佛光、法鼓、慈濟），即使在理論的建構方面略有出入，但總還是不約而同提倡著人間佛教，並積極展開慈善、教育、文化事業。哪裏有苦難眾生，哪裏就會出現救護並安慰他們的菩薩身影。」〔註336〕可以看到，佛光、法鼓、慈濟三大道場儘管在理論建構有些不同，但都提倡和推行印順人間佛教的理念，這也體現印順人間佛教思想在理論上的指導作用。

在實踐上，印順人間佛教對佛光、法鼓、慈濟三大道場也有很大的影響力。「太虛大師的發萌，印順導師的倡導，然後，我們這一輩人，比如佛光山、慈濟、法鼓山，在實踐的過程中，激蕩出影響力。假如沒有太虛大師及印順導師，我們這一批人，是不是能如此順利？有問題的！因爲經過將近一個世紀的鼓蕩，才成爲一個事實，必定是先知在前，而後，傳播思想，討論思想，

〔註333〕李玉珍：《佛教與出版——戰後印順導師的著作與影響》，載《2010 年第九屆印順導師思想之理論與實踐論壇》。

〔註334〕侯坤宏：《對人間佛教的歷史性與永續性的一些思考》，載《2011 年第十屆印順導師思想之理論與實踐學術會議論文集》，第 76 頁。

〔註335〕潘煊著：《法影一世紀——印順導師百歲》，天下遠見出版股份有限公司，2005年，第 157 頁。

〔註336〕潘煊著：《法影一世紀——印順導師百歲》，天下遠見出版股份有限公司，2005年，第 157 頁。

而後，付諸實踐，普遍推廣。」〔註337〕可見，臺灣佛教界是認可印順人間佛教對佛光、法鼓、慈濟三大道場人間佛教實踐的影響，而且這種影響是經過一個很長時間段才最終顯現出來的。在印順人間佛教影響下，佛光、法鼓、慈濟三大道場在人間佛教實踐中都提出了各自的口號，並開展了相應的活動。為了便於說明，不妨引用兩段相關的材料，一段是：「我們法鼓山推行『提升人的質量，建設人間淨土』的理念，已有五年，慈濟功德會於前年曾推出『預約人間淨土』的活動，佛光山在闡揚人間佛教，以及其他僧俗大德的佛教人間化，均與受到印順導師的思想啟發有關。」〔註338〕另一段是：「人間佛教已經成為臺灣佛教的主流，如：……臺灣最大，也是最著名的佛教教派佛光山系，積極實踐『人間佛教』，不燒香，不求籤，在迷信泛濫的臺灣信仰世界信仰獨樹一幟；證嚴尼師創立了臺灣會員最多的佛教團體『慈濟功德會』，……聖嚴法師主持的法鼓山系，以興辦佛教高等教育為己任，還提出了『心靈環保、人間淨土』的理念，……總之，印順法師的人間佛教理念已經得到人們越來越多的理解和支持。」〔註339〕從這兩段材料可以相當清楚地看到，佛光山在人間佛教實踐中倡導不燒香、不求籤；慈濟功德會推出預約人間淨土的活動；法鼓山在推行提升人的質量、建設人間淨土理念基礎上，還提出了心靈環保、人間淨土的理念，興辦佛教高等教育。所有這些，充分展示了印順人間佛教對佛光、法鼓、慈濟三大道場在實踐上的強大影響力。

　　印順人間佛教對佛光、法鼓、慈濟三大道場的影響，無論是在理論上還是在實踐上，都是長期性的。從慈濟來看，印順人間佛教有助於今後的發展，「特別是，借著印順法師人間佛教觀點的參照，應能助於日後慈濟功德會的發展，使能走得更平穩、走得更堅定。」〔註340〕從法鼓來說，聖嚴法師極力讚歎和推崇印順人間佛教。他在印順法師圓寂後，撰文悼念說：「印順長老是現代佛教世界級偉人，堪稱為人間佛教之父。人間佛教此一思想雖是釋迦佛化世的本懷，之所以能夠形成今日佛教世界的一大思潮及一大運動，即是出

〔註337〕潘煊著：《法影一世紀——印順導師百歲》，天下遠見出版股份有限公司，2005年，第151頁。

〔註338〕王志遠主編：《宗風》，宗教文化出版社，2009年，第96頁。

〔註339〕李嶷：《印順法師佛學思想研究》，2001年北京大學博士學位論文。

〔註340〕江燦騰：《當代慈濟宗的建立與臺灣佛教界去印順化新趨勢的辯證發展》，載《2010年第九屆印順導師思想之理論與實踐論壇》。

於印順長老大聲疾呼而來的貢獻。」〔註341〕他將印順法師抬高至人間佛教之父的位置,這引起佛光的不滿。針對此,星雲法師就毫不客氣說過:「甚至有人說,印順導師乃人間佛教之父,此說其實也有欠妥當,因為六祖大師主張佛法在世間,不離世間覺,向來是人間佛教行者的典範,如果印順導師是父,那麼六祖大師是人間佛教之徒嗎?」〔註342〕這裡,星雲法師認為過高的評價就會失去客觀的標準,但他並未否定印順人間佛教對佛光、法鼓、慈濟三大道場的影響。實際上,追求實事求是的態度是每個人的義務和責任。不過,聖嚴法師將印順法師定位為人間佛教之父,也許有他個人的感情成分在內。他曾這樣說過:「我(聖嚴法師)想,唯有把他老人家的人間佛教思想,普遍落實到社會,才是我答報法乳恩澤最好的方式。」〔註343〕如果我們別開聖嚴法師和星雲法師對印順法師的個人不同看法,那麼印順人間佛教對佛光、法鼓、慈濟三大道場的影響還是顯而易見的。特別值得一提的是,印順人間佛教與法鼓的人間佛教理論和實踐極為密切。二者經比較,「而以此來看待印順與聖嚴兩位法師之間,非但沒有對立性,反而是相得益彰,立下不同人間佛教系統間彼此借鏡、互相參照的典範。」〔註344〕

由於印順人間佛教對佛光、法鼓、慈濟三大道場的影響產生了較好效果,因此也引起大陸的關注。印順人間佛教「不僅在臺灣,從星雲法師、聖嚴法師到證嚴法師都受其影響,連中國都注意到,自臺灣發揚光大的人間佛教,在對岸亦逐漸興盛。」〔註345〕由此,這種影響已播及至大陸佛教界。

三、印順人間佛教與諸弟子的實踐

印順人間佛教與其諸弟子的實踐,主要是指印順人間佛教對其諸弟子在佛教事業和實踐上所產生的作用。我們在這裡主要論述證嚴法師慈濟功德

〔註341〕聖嚴法師:《佛門星殞　人天哀悼》,載《人生雜誌》第263期,2005年,第17頁。

〔註342〕星雲:《值得尊崇的當代沸學泰斗——永懷印順導師》,載《普門學報》,第30期。

〔註343〕潘煊著:《法影一世紀——印順導師百歲》,天下遠見出版股份有限公司,2005年,第151頁。

〔註344〕林建德:《印順法師及聖嚴法師如來藏思想比較》,載《2012年第十一屆海峽兩岸印順導師思想之理論與實踐學術會議論文集》,第230頁。

〔註345〕潘煊著:《法影一世紀——印順導師百歲》,天下遠見出版股份有限公司,2005年,第268～269頁。

會、性廣法師人間佛教禪法、昭慧法師兩性平權思想、以及傳道法師佛教弘法事業。

首先是證嚴法師慈濟功德會。關於印順人間佛教與證嚴法師慈濟功德會的理論與實踐的關係，存在諸多看法。「從印順法師與證嚴法師的師徒關係，因印順法師闡揚人間佛教，而證嚴法師倡導佛法生活化，菩薩人間化，於是予人有法脈傳承的關連。從相關的研究文獻中，可看到有些學者從思想層面，探討印順導師人間佛教與證嚴法師的慈濟志業，作了絕對的分割，認為兩者並不等同；或有學者將慈濟志業視如人間佛教的實踐，抑或是證嚴法師的思想；或有認為是證嚴法師實踐了印順法師的叮囑；以及有的學者認為，證嚴法師與印順法師的修行觀點有契合之處，並未將證嚴法師的思想劃歸於印順法師的思想體系內。筆者認為，慈濟人的身體力行常被視為是人間佛教的推廣或做法脈的連結，仍與印順導師所倡的人間佛教有實質意涵的區別。」〔註346〕從這裡概括的幾種看法來說，印順人間佛教與證嚴法師慈濟功德會，無論是在理論上還是在實踐上，都是有一定的聯繫，但又是不完全相同的。

印順人間佛教與證嚴法師慈濟功德會的聯繫和區別，有兩種截然不同的兩種觀點。一種是褒義的。認為證嚴法師慈濟功德會繼承和發揚了印順人間佛教思想。「證嚴法師實踐佛教的理念，從修行的觀點而言，是發揚了印順法師所闡揚的人間佛教思想，並從自身實踐佛法與體會累積。」〔註347〕這種看法，與上述不同學者論述的觀點有異曲同工之效。另一種是貶義的。認為證嚴法師慈濟功德會是別度的做法。這種看法是由邱敏捷延續楊惠南教授而來的。「事實上，邱敏捷博士的上述論點，並非獨創的見解，而是延續其指導教授楊惠南，對慈濟功德會和法鼓山這兩大佛教事業道場的人間佛教思想之批判觀點而來。因為楊氏認為，不論是慈濟功德會所主張的預約人間淨土或法鼓山所創導的心靈環保，都是屬於過於枝末性的社會關懷和過於唯心傾向的淨土認知。他認為此兩大佛教事業道場，不敢根源性地針對官方和資本家的污染源，提出徹底的批判和強力要求其改善，反而要求一般的佛教信眾以《維摩詰經》中所謂心淨則國

〔註346〕釋德傳：《一秒鐘，一輩子——論「為佛教，為眾生」對慈濟宗門開展與影響》，載《第十屆印順導師思想之理論與實踐學術會議論文集》，2011年，第335頁。

〔註347〕釋德傳：《一秒鐘，一輩子——論「為佛教，為眾生」對慈濟宗門開展與影響》，載《第十屆印順導師思想之理論與實踐學術會議論文集》，2011年，第327頁。

土淨的唯心觀點來逃避問題，所以他指責這是別度的做法，而非普度的做法。」〔註348〕在這裡，我們別開法鼓山不談，她指出證嚴法師慈濟功德會是別度的做法，反過來是要肯定印順人間佛教是普度的做法。這就表明，一方面是抬高印順人間佛教，另一方面是貶低證嚴法師慈濟功德會。

　　其次是性廣法師人間佛教禪法。性廣法師人間佛教禪法，並非像溫金柯所說的，是印順人間佛教接著說或全盤接受，而是一種繼承和發揚的關係。性廣法師自己也是這樣說的：「筆者（即釋性廣）個人一向服膺印順導師的人間佛教理念，在導師佛法思想的影響下修持、領眾並廣為教學，並且在導師學術成就的基礎上，作進一步的佛學研究與論述。」〔註349〕這種說法是有一定依據的。性廣法師人間佛教禪法繼承了印順人間佛教的青年佛教精神。印順「人間佛教蘊含這種青年佛教的精神，性廣法師在《禪觀修持與人間佛教》一書中說：筆者提倡人間佛教禪法，意即等同宣揚青年佛教的精神，直探善財童子參學的奧蘊。」〔註350〕在此基礎上，性廣法師人間佛教禪法是通過吸取南傳佛教禪法而創立的，「性廣法師則是依印順導師的禪學思想為基礎，掘發了大乘種種三昧的豐富意涵，並以其對南傳佛教禪法之理論學習與實修經驗，而發展出了人間佛教禪法的系統理論（含工夫論）。」〔註351〕

　　性廣法師人間佛教禪法經過對印順人間佛教的繼承和發揚，其理論體系日益趨於完善。「戰後臺灣首位女禪學思想家釋性廣，在 21 世紀開始的階段，歷經解嚴之後的多年努力，但在其最仰慕的印順導師人間佛教思想的影響之下，首度著有《人間佛教禪法及其當代實踐》一書，來提倡人間佛教禪法。」〔註352〕《人間佛教禪法及其當代實踐》一書的出版發行，可以說是性廣法師

〔註348〕江燦騰：《從解嚴前到解嚴後——戰後印順導師的人間淨土思想在臺灣的變革、爭辯與分化發展》，載《2009 年第八屆印順導師思想之理論與實踐學術會議論文集》，第 C14～13 頁。

〔註349〕釋性廣：《共三乘之定慧思想研究——以人間佛教與帕奧禪法為主》，載《2012年第十一屆海峽兩岸印順導師思想之理論與實踐學術會議論文集》，第 183頁。

〔註350〕許清原：《試論人間佛教的崇高美學》，載《2011 年第十屆印順導師思想之理論與實踐學術會議論文集》，第 265 頁。

〔註351〕釋昭慧：《印順學與人間佛教——由無諍之辯到求同存異》，載《2011 年第十屆印順導師思想之理論與實踐學術會議論文集》，第 412 頁。

〔註352〕江燦騰：《從解嚴前到解嚴後——戰後印順導師的人間淨土思想在臺灣的變革、爭辯與分化發展》，載《2009 年第八屆印順導師思想之理論與實踐學術會議論文集》，第 C14～16 頁。

人間佛教禪法成熟的標誌，同時也產生了很大的影響。「釋性廣也自書出版之後，不但經常應邀到其他佛教道場，去開班傳授人間佛教禪法的正確修行次第，也曾應邀到部份臺灣的大專院校去講授她本人詮釋和首創的人間佛教禪法。」〔註353〕從此，性廣法師人間佛教禪法在臺灣受到高度讚歎：「對於此一新佛教文化現象，我們若回顧整個東亞漢民族，近一千多年來的佛教傳播史上，可以說皆屬男性禪學思想家的天下。換言之，在過去從無有一位佛教比丘尼，夠得上被稱爲所謂人間禪法之禪學家者。因此，她的此一新禪學思想書的問世，可說具有臺灣本土佛教女性新禪學家出現的里程碑意義。」〔註354〕性廣法師人間佛教禪法之所以獲得這一殊榮，與對印順人間佛教的繼承和發揚是分不開的。

再次是昭慧法師兩性平權思想。昭慧法師兩性平權思想是以貫攝態度接受印順人間佛教思想的結果。按她自己的說法是：「但這樣有感而發，絕對不是突如其來的轉變，而是立基於緣起性空的省思，套句導師的話：離精嚴無貫攝，贊同有多元發展的人間佛教，這應是筆者在精嚴思辨之後，所產生的貫攝態度。」〔註355〕因此她接受的印順人間佛教不是眞正的印順人間佛教，只是印順人間佛教思想中的一個理念而已。這種理念就是「多元發展的人間佛教」，其理論基礎就是緣起性空。實際上，緣起性空是昭慧法師接受印順人間佛教更根本的源頭。昭慧法師曾分析過印順法師與證嚴法師在思想上不同，說：「我（即昭慧）本來以爲師公（指導師）與師父（指證嚴法師）的思想是一樣的，但後來研究發現，兩人思想確有不同，師公的思想以緣起性空爲主軸，但師父是傾向眞常唯心的。」〔註356〕由此可見，緣起性空思想，是昭慧法師選擇印順人間佛教而放棄證嚴法師慈濟功德會做法的深刻根源。

在印順法師多元發展的人間佛教的理念影響下，昭慧法師公開提出了兩性平權思想，並做出了相應的舉動。「由於印順導師的刻意栽培，所以釋昭慧

〔註353〕江燦騰：《從解嚴前到解嚴後——戰後印順導師的人間淨土思想在臺灣的變革、爭辯與分化發展》，載《2009年第八屆印順導師思想之理論與實踐學術會議論文集》，第C14～16頁。

〔註354〕江燦騰：《從解嚴前到解嚴後——戰後印順導師的人間淨土思想在臺灣的變革、爭辯與分化發展》，載《2009年第八屆印順導師思想之理論與實踐學術會議論文集》，第C14～17頁。

〔註355〕釋昭慧：《印順學與人間佛教——由無諍之辯到求同存異》，載《2011年第十屆印順導師思想之理論與實踐學術會議論文集》，第421頁。

〔註356〕釋昭慧：《印順學與人間佛教——由無諍之辯到求同存異》，載《2011年第十屆印順導師思想之理論與實踐學術會議論文集》，第420頁。

根據印順原先主張人間佛教的兩性平權思想，於 2001 年 3 月 31 日，在臺北南港中央研究院舉辦人間佛教薪火相傳的研討會時，曾公開宣讀《廢除八敬法宣言》，也實際結合僧俗兩眾，當場撕毀了八敬法的條文。」〔註 357〕《廢除八敬法宣言》和撕毀八敬法的條文，引起臺灣佛教界的巨大震動。「其後，釋昭慧的撕毀八敬法的條文此舉，連帶也衝擊到臺灣傳統的佛教界和亞洲其他地區的佛教界，並且儘管彼等的響應方式頗不一致，甚至連世界華僧內部的共識也遲遲未能達成，但臺灣佛教現代比丘尼的專業水平之高、及其能倡導亞洲佛教兩性平權新思維的睿智遠見，已堪稱為百年所僅見的世紀大手筆。」〔註 358〕可見，這一舉動，一方面顯示臺灣佛教現代比丘尼在佛教教義上有了自己的創意，另一方面也給臺灣佛教界的傳統觀念帶來了新的衝擊。對此，臺灣佛教界的看法極不一致，既有喝彩聲，又有抵制音。從喝彩聲來看，已迫使佛教界必須要作出反映。「而此一漢傳佛教千年來前所未有的大膽革新舉動，當時除了立刻獲得臺灣社會各方輿論的普遍肯定之外，也使臺灣現代比丘尼呼籲佛教兩性平權的有力訴求，不但直接強烈衝擊著二度來訪的達賴喇嘛，使其不得不立刻響應（儘管仍躲躲閃閃）此一具有普世人權價值的理性專業訴求。」〔註 359〕可見，兩性平權思想已傳達至當時在臺的達賴喇嘛，充分顯示其巨大影響。從抵制音來說，這是臺灣傳統佛教界必須作出的選擇。「另一方面，當時臺灣傳統佛教界的部份比丘長老們，在面對此一新世紀的佛教兩性平權新思維時，不但無法根據本身的律學素養來為自己一心想堅持的舊思維辯護，反而耍小手段於當時年紀已九十六高齡的印順導師身上，然後以其回信中的一句八敬法是佛制的簡單論斷，公之於中國佛教會的刊物上，想藉以堵塞釋昭慧所一再發出的滔滔雄辯和有力的訴求。」〔註 360〕可以看到，

〔註 357〕江燦騰：《從解嚴前到解嚴後——戰後印順導師的人間淨土思想在臺灣的變革、爭辯與分化發展》，載《2009 年第八屆印順導師思想之理論與實踐學術會議論文集》，第 C14～17 頁。

〔註 358〕江燦騰：《從解嚴前到解嚴後——戰後印順導師的人間淨土思想在臺灣的變革、爭辯與分化發展》，載《2009 年第八屆印順導師思想之理論與實踐學術會議論文集》，第 C14～17 頁。

〔註 359〕江燦騰：《從解嚴前到解嚴後——戰後印順導師的人間淨土思想在臺灣的變革、爭辯與分化發展》，載《2009 年第八屆印順導師思想之理論與實踐學術會議論文集》，第 C14～17 頁。

〔註 360〕江燦騰：《從解嚴前到解嚴後——戰後印順導師的人間淨土思想在臺灣的變革、爭辯與分化發展》，載《2009 年第八屆印順導師思想之理論與實踐學術會議論文集》，第 C14～17 頁。

他們是借助於印順法師的「八敬法是佛制」診斷給予抵制。然而，不幸的是，印順法師的「八敬法是佛制」診斷卻被證明是曲解了。「問題在於，當時印順導師那句八敬法是佛制的簡單論斷，正如他的另一名言大乘是佛說，原不能望文生義地只將其等同傳統的佛所說或佛所制來看。因此，有佛教學者江燦騰會將此意透過中華佛寺協會的林蓉芝秘書長，於 2001 年 7 月 23 日去電華雨精舍，向印順導師求證：其語意實際何指？結果，印順導師明確地回答說：釋清德在其《印順導師的律學思想》一書中所說的，較符合其本人的原意。可是，清德法師研究八敬法的結論與釋昭慧所主張的根本完全一致。亦即八敬法中，只有比丘尼應尊重比丘的這一精神，因各律見解一致，可以推定是佛制遺風。至於八敬法本身，其實是佛陀之後，部份法派所制定的，故各部派之間的見解並不一致。由此看來，中國佛教會的刊物上所登的那句八敬法是佛制，其實是被一語兩解了。」〔註361〕出現這種情況，當然不能過多的責備印順法師本人，只能以他年紀太大而不了了之。實際的解釋是這樣的：「但，也不難瞭解，印順導師其實已太老了，並且已無法精確詳說他的看法了，所以才會引來上述的誤解。因此不論他過去曾如何卓越？他如今都只能被當傳統的歷史人物來看待了。」〔註362〕

　　昭慧法師為了繼續倡導兩性平權思想，她和釋性廣法師聯合創立第五十二期（2001 年 8 月）佛教的《弘誓》雙月刊，便是以告別傳統，迎接佛教兩性平權的新世紀為宗旨，將有關的文章作為專輯正式發表。這些文章從不同角度闡述了兩性平權思想的豐富內涵和重要意義，「這意味著此一專輯的作者，不只敢於正面響應來自傳統派昧於時代潮流的無謂挑戰或淺薄的質疑，更能以專業的自信和理性的堅持，用大氣魄、大格局的新時代視野，來發揮其由智慧眼和菩提心所凝聚的大願力，以呼應兩性平權的普世價值和時代潮流，並帶領臺灣當代的佛教界，向改革的途徑勇往邁進。」〔註363〕可以說，

〔註361〕江燦騰：《從解嚴前到解嚴後——戰後印順導師的人間淨土思想在臺灣的變革、爭辯與分化發展》，載《第 2009 年八屆印順導師思想之理論與實踐學術會議論文集》，第 C14～18 頁。

〔註362〕江燦騰：《從解嚴前到解嚴後——戰後印順導師的人間淨土思想在臺灣的變革、爭辯與分化發展》，載《2009 年第八屆印順導師思想之理論與實踐學術會議論文集》，第 C14～18 頁。

〔註363〕江燦騰：《從解嚴前到解嚴後——戰後印順導師的人間淨土思想在臺灣的變革、爭辯與分化發展》，載《2009 年第八屆印順導師思想之理論與實踐學術會議論文集》，第 C14～18 頁。

這代表著臺灣佛教界目前在印順人間佛教理念上發展的一種新趨勢。

最後是傳道法師佛教弘法事業。傳道法師從 1966 年開始接觸印順法師著作，且親炙印順法師，深受啟發，遂發願以實踐印順法師所揭櫫的人間佛教思想作為畢生職志。傳道法師與印順法師其他弟子一樣，繼承和發揚印順人間佛教思想。傳道法師佛教弘法事業以印順人間佛教的不忍聖教衰、不忍眾生苦精神為宗旨。我們知道，「人間佛教的基本精神是不忍聖教衰、不忍眾生苦，這也是印公教導證嚴法師所說為佛法、為眾生警句的同義語。凡是人間佛教行者，都會以此為圭臬，傳道法師當然也不例外，數十年來，他就是秉持這種精神去從事佛教弘法事業的。」〔註 364〕因此，可以說，這是對印順人間佛教思想的繼承。傳道法師長期在臺南推廣印順人間佛教，實現人間的關懷與淨化。由於「他們都服膺印順法師人間佛教理念，宏印法師最早在臺灣各大專院校推廣《妙雲集》，傳道法師長期在臺南一帶弘化，推展印順導師的人間佛教思想理念，著重此時、此地、此人的關懷與淨化，是人間佛教的弘法者，也是人間佛教實踐者。」〔註 365〕由此可以說，這是對印順人間佛教思想的發揚光大。傳道法師繼承和發揚印順人間佛教思想，也與印順法師其他弟子一樣，成為了一位重要代表人物。「回首臺灣的人間佛教發展，傳道法師、宏印法師以及昭慧法師等人都是青年英雄，展現過浪漫狂飆精神，他們都從年輕和少壯時期，就積極而熱情地投入人間佛教的宏圖。孤峰獨拔的印順導師令人仰之彌高，樹立了不朽的崇高典範，雖然在冰雪大地撒種，一群小知音們卻仍發芽茁壯，傳道法師可說是已經成長為一棵大樹，繼續撒種並庇蔭著人間佛教的新芽和小樹，令正法久住，讓人間佛教的崇高理念和精神能延續下來。」〔註 366〕這是對傳道法師佛教弘法事業的高度肯定。

傳道法師佛教弘法事業巨大貢獻突出表現在理論和實踐兩個方面。在理論上，大力宣傳印順人間佛教思想。具體來說，有三點：一是肯定價值。傳道法師指出印順人間佛教具有導航的作用。「深受印老思想啟發的傳道法師，40 餘年親炙之體會，認為印老為人間佛教的導航者。他（印老）已經把這個

〔註 364〕藍吉富：《印順學的薪火相傳與傳道法師的人間佛教事業》，載《2011 年第十屆印順導師思想之理論與實踐學術會議論文集》，第 9 頁。

〔註 365〕侯坤宏：《對人間佛教的歷史性與永續性的一些思考》，載《2011 年第十屆印順導師思想之理論與實踐學術會議論文集》，第 61 頁。

〔註 366〕許清原：《試論人間佛教的崇高美學》，載《2011 年第十屆印順導師思想之理論與實踐學術會議論文集》，第 274 頁。

架構、藍圖都勾勒出來了，剩下就是後繼者的細部規劃與實踐，因時、因地、因人的不同而隨時隨地調整。他的理念與實踐契合釋尊的思想，也符合《阿含》的精神，就是《阿含》的通論。在《阿含》時期，因人、時、地與文化等種種因素，佛陀的本懷沒有充分的發揮，印公抉發人間佛教的精神，就是要貫徹佛陀的本懷與精神。如果說印老已把架構、藍圖都勾勒出來，那麼印順學派的門人必然要在其架構與藍圖去實踐。如果我們同意實踐是檢驗真理唯一的標準，那麼，只有理論還不夠，行動才是落實人間佛教的標尺。」〔註367〕從這裡可以看到，印順人間佛教不僅勾勒未來的藍圖，而且符合經論的要求。二是講解通俗。「傳道法師出家修行多年以來，不斷推展印順導師人間佛教的思想理念，不僅將義理融會貫通，且能深入淺出的詮釋，並常輔以意義雋永的譬喻說明，每每引人入勝，而令聽講者易於掌握佛法的微言大義。」〔註368〕可以說，達到了很好的效果。此外，傳道法師還兩次製作錄像帶。一次是在 1993 年製作發行，「民國七十九年，爲了紀錄印順導師懿德風範，傳道法師運用影視科技，歷時三年，將導師的生平與思想，製成《人間佛教的播種者——印順導師》錄像帶，在民國八十二年問世。」〔註369〕這是一種通俗講解印順人間佛教思想的新方式。另一次是在 2003 年重作出版，「十年倏忽而過，民國九十二年，傳道法師萌生重作《人間佛教的播種者》錄像帶之念，他認爲，十年不是個短暫的時間。十年來，臺灣佛教界因於導師思想的播種，已然大大不同於以往而逐漸展現出成果，實有再爲詳細介紹之必要。」〔註370〕這有助於進一步傳播印順人間佛教思想的新成果。三是著述作品。「在著述方面，（傳道）法師著有《印順導師與人間佛教》、《人間佛教的理論與實踐》（心夢師口述之訪談錄）二書及學術論文《從契理契機面向，探討印順導師人間佛教思想及其實踐》。這些論著，都是闡述印順學之人間佛教理論的作品。」〔註371〕因此，可以說，這些著述都很有針對性。在實踐上，秉持印順人間佛

〔註367〕關正宗：《傳法弘道——傳道法師人間佛教理路》，載《2011 年第十屆印順導師思想之理論與實踐學術會議論文集》，第 394 頁。

〔註368〕傳道法師主講：《印順導師與人間佛教》釋開證序，中華佛教百科文獻基金會，2001 年。

〔註369〕潘煊著：《法影一世紀——印順導師百歲》，天下遠見出版股份有限公司，2005 年，第 155 頁。

〔註370〕潘煊著：《法影一世紀——印順導師百歲》，天下遠見出版股份有限公司，2005 年，第 155 頁。

〔註371〕藍吉富：《印順學的薪火相傳與傳道法師的人間佛教事業》，載《2011 年第十

教思想從事弘法利生活動。「人間佛教的實踐，這是（傳道）法師之弘法利生事業中，最豐富多彩的一面。也是秉持印公人間佛教理念所從事的利生活動。除了會在妙心寺內興辦頗具規模的幼兒園，以及到各處（廣播電臺、電視臺、學校、監獄及海外華人佛教圈）弘法布教之外，有下列兩類事項特別令人讚歎：（1）社會關懷（2）環境關懷。」〔註372〕可以看到，傳道法師不僅在諸多公共場所弘法布教，而且還從事社會關懷和環境關懷的活動。「在思想上，他（指傳道法師）受到印順法師之人間佛教理念的啓發，經常以此時、此地、此人的關懷與淨化的觀念自勵勵人。在實踐上，他不只是印順思想的弘揚者，同時也是關懷時代與眾生的人間佛教實行家。他所戮力從事反污染、反公害、反賄選等活動，以及對環保理念的推廣等事，固然在思想上都源自人間佛教的基本理念，然而，在行事上，他又能超越傳統佛教的弘法格局，不只是在傳統框架下依樣畫葫蘆。」〔註373〕可見，傳道法師所從事的社會關懷和環境關懷的內容，就是繼承和發揚印順人間佛教思想的生動體現。

此外，還有菩妙和尚佛教教育。菩妙和尚在高雄元亨寺推動佛教教育也深受印順人間佛教思想的影響。「卓遵宏在《高雄元亨寺推動佛教教育落實人間佛教——從口述史探索菩妙長老的宗教實踐》一文中說，印順法師與菩妙和尚亦師亦友半世紀情誼，菩妙和尚在高雄元亨寺推動佛教教育，落實人間佛教的理念，實深受導師與演培，及元亨寺中其他導師與演培教誨的弟子，如吳老擇、淨明、淨珠等之影響。」〔註374〕

綜上所述，印順人間佛教對其諸弟子的實踐產生了重要影響。可以說，「印順法師是當代的光源，在在說著：人間佛教，是整個佛法的重心。他的入室弟子、私淑門人，在他人間佛教的活水裏走活路，證嚴法師的慈濟志業、昭慧法師的經論研究與生命關懷、傳道法師的環境生態保護、……，每一條路，都從民國三十年印順法師人間佛教發出的第一聲，奔向人間，擁抱眾生。」〔註375〕

屆印順導師思想之理論與實踐學術會議論文集》，第 8 頁。

〔註372〕藍吉富：《印順學的薪火相傳與傳道法師的人間佛教事業》，載《2011 年第十屆印順導師思想之理論與實踐學術會議論文集》，第 8 頁。

〔註373〕關正宗：《傳法弘道——傳道法師人間佛教理路》，載《2011 年第十屆印順導師思想之理論與實踐學術會議論文集》，第 400 頁。

〔註374〕侯坤宏：《對人間佛教的歷史性與永續性的一些思考》，載《2011 年第十屆印順導師思想之理論與實踐學術會議論文集》，第 68 頁。

〔註375〕潘煊著，《法影一世紀——印順導師百歲》，天下遠見出版股份有限公司，2005年，第 210 頁。

印順法師諸弟子，可以說，「皆是因受印順導師的法乳深恩，而成爲人間佛教的追隨者與弘揚者；更因欲報答導師法乳深恩，將人間佛教思想加以發揚光大。」〔註376〕他們人間佛教實踐的內容豐富多彩，「從導師的弟子與私淑弟子所發表的文章、書論中，也不難看到其受導師的法乳深恩，而積極弘傳人間佛教的思想理念，並落實於社會關懷，以幫助眾生離苦得樂，此皆是受護正法的最佳展現。」〔註377〕由此，我們應該堅信，「人間佛教的永續性發展，應該從這些成就中，再進一步出發。」〔註378〕

第三節　印順人間佛教的評價

從上一節的論述可知，印順人間佛教在華人佛教圈，尤其是在臺灣影響甚大，作出了突出的貢獻。爲了進一步明確認識印順人間佛教在臺灣佛教中的地位和對現代佛教的價值，我們將從印順人間佛教與星雲人間佛教、印順人間佛教與現代禪、以及印順人間佛教與現代佛教等方面進行必要的述評。

一、印順人間佛教與星雲人間佛教

印順人間佛教與星雲人間佛教是臺灣人間佛教思想的代表，二者之間既有理論上的爭辯，又有社會的實踐問題。從理論上來看，「1989 年當年，代表戰後臺灣人間佛教思想的兩大路線倡導者：印順和星雲，分別提出其相關的著作和新觀點的詮釋，於是已經歷時三年多的關於印順人間佛教思想的爭辯問題，立刻在印順本人新著作的背景之下，成爲代表其一生佛教著作的正式且唯一的思想標籤。」〔註379〕不過，這些爭辯的問題，雖然使印順人間佛教獨樹一幟，但是至今仍未得到圓滿解決。從實踐上來說，「……以及印順和星雲兩者的人間佛教理念，何者更具有社會的實踐性問題。」〔註380〕這依然是

〔註376〕許姝貞：《〈勸發菩提心集〉的人菩薩行》，載《2011 年第十屆印順導師思想之理論與實踐學術會議論文集》，第 303 頁。
〔註377〕許姝貞：《〈勸發菩提心集〉的人菩薩行》，載《2011 年第十屆印順導師思想之理論與實踐學術會議論文集》，第 305～306 頁。
〔註378〕侯坤宏：《對人間佛教的歷史性與永續性的一些思考》，載《2011 年第十屆印順導師思想之理論與實踐學術會議論文集》，第 73～74 頁。
〔註379〕江燦騰：《從解嚴前到解嚴後——戰後印順導師的人間淨土思想在臺灣的變革、爭辯與分化發展》，載《2009 年第八屆印順導師思想之理論與實踐學術會議論文集》，第 C14～12 頁。
〔註380〕江燦騰：《從解嚴前到解嚴後——戰後印順導師的人間淨土思想在臺灣的變

一個值得檢討的問題。關於這些理論和實踐上的問題，臺灣和大陸的學者有各自不同的見解。

在臺灣，對印順人間佛教與星雲人間佛教進行比較，有兩位代表性學者：一位是江燦騰；一位是邱敏捷。先看江燦騰的觀點。他認為，印順人間佛教是對太虛思想的批判性繼承，而星雲人間佛教是太虛思想的無批判繼承。「江燦騰是首先將印順視為是對太虛思想的批判性繼承者，而認為依星雲所走的佛教路線應該算是太虛思想的無批判繼承者，並公開指出印順曾對星雲人間佛教思想中的融和顯密思想，有所貶抑的情形。」〔註381〕這就是說，二者之間是有分歧的。其分歧突出表現在法源上，印順人間佛教是以中觀思想為基礎，而星雲人間佛教是以不分宗派的融通活用為依據。「江燦騰將印順法師與佛光山星雲法師的人間佛教進行比較後說，他們分別代表了臺灣戰後兩大人間佛教思想潮流。在法源上，印順法師重視原始佛教和初期大乘，特別是以中觀思想為核心，有異於太虛大師的法界圓覺思想，可以說他是批判地繼承，而星雲法師則對佛法不分宗派一概加以融通活用，就此而言，星雲法師可以說是太虛佛教精神的追隨者。」〔註382〕從這裡，歸納起來，可以說，江燦騰指出二者儘管同源，卻是異流。再看邱敏捷的論點。她與江燦騰既有相同處，又有不同處。相同處表現在法源上，「在內容方面，邱女士說：他們的人間佛教思想有其根本上的差異，印順導師建立在緣起性空思想上，星雲法師則八宗並宏思想，⋯⋯」〔註383〕邱敏捷同樣認為，印順人間佛教是以中觀思想為基礎，而星雲人間佛教是以不分宗派的融通活用為依據。不同處有兩點，基本上都是延續其師楊惠南教授的觀點。第一點是以印順人間佛教思想作為批評的標準。「但是，以印順的人間佛教思想作為批評標準的詮釋觀點，也被楊惠南教授和邱敏捷博士相繼提出和展開對與其相異者的強烈批判。」〔註384〕

革、爭辯與分化發展》，載《2009年第八屆印順導師思想之理論與實踐學術會議論文集》，第C14～12頁。

〔註381〕江燦騰：《從解嚴前到解嚴後──戰後印順導師的人間淨土思想在臺灣的變革、爭辯與分化發展》，載《2009年第八屆印順導師思想之理論與實踐學術會議論文集》，第C14～12～13頁。

〔註382〕侯坤宏：《對人間佛教的歷史性與永續性的一些思考》，載《2011年第十屆印順導師思想之理論與實踐學術會議論文集》，第62～63頁。

〔註383〕溫金柯著：《繼承與批判印順法師人間佛教思想》，現代禪出版社，2001年，第86頁。

〔註384〕江燦騰：《當代慈濟宗的建立與臺灣佛教界去印順化新趨勢的辯證發展》，載

這裡的相異者當然包括星雲人間佛教在內。她還以印順人間佛教思想作爲批評標準，將星雲人間佛教的佛光山事業判定爲屬於非了義的世俗化人間佛教。「可是，作爲印順思想的忠實追隨者的邱敏捷，在其博士論文中，則一反江燦騰的並列方式，而是以印順的人間佛教思想爲其判準的最後依據，一舉將包括佛光山、慈濟功德會和法鼓山等，當代臺灣各大佛教事業的人間佛教思想，一概判定爲屬於非了義的世俗化人間佛教思想。」〔註385〕這種貶低星雲人間佛教的看法與江燦騰的同源異流觀點迥然有異。第二點是，認爲印順人間佛教是治本模式，而星雲人間佛教是治標模式。「邱敏捷認爲：印順法師較傾向第一義悉檀、對治悉檀，較重視勝義諦，主張從根本上、制度面下手的改革參與方式，屬於治本模式；而星雲法師、證嚴法師、聖嚴法師三者的人間佛教思想，係屬於世界悉檀、各各爲人悉檀，較偏重世俗諦一面，他們的佛教事業，較多地屬於治標模式。」〔註386〕這裡也有貶低星雲人間佛教，抬高印順人間佛教的意思。從這兩點不同，可以很容易看出邱敏捷的用心。說到底，「邱敏捷的上述持論立場，其實是將其師楊氏的此一論點，再擴大爲，包括對佛光山星雲的人間佛教思想的理念和做法在內的全面性強力批判。」〔註387〕很自然，邱敏捷此種說法，引來佛光山慈容法師強烈不滿。「另一篇論文，是邱敏捷女士的（印順導師人間佛教思想——與臺灣當今其（他人間佛教之比較），因立論過份貶抑其他派別，引起佛光山《普門雜誌》發行人慈容法師，在該雜誌發表《人間佛教的眞義——駁斥邱敏捷女士的謬論》一文，來加以反駁。從這些由討論印順法師思想內涵及其影響所引申的學術論辯看來，印順法師思想的一些有待理清的問題，以及傳統的佛教宗派和印順法師人間佛教之間的互動關係，都仍然是值得進一步究明的問題。」〔註388〕這裡所謂的

《第九屆印順導師思想之理論與實踐論壇》，2010年。

〔註385〕江燦騰：《從解嚴前到解嚴後——戰後印順導師的人間淨土思想在臺灣的變革、爭辯與分化發展》，載《2009年第八屆印順導師思想之理論與實踐學術會議論文集》，第C14～13頁。

〔註386〕侯坤宏：《對人間佛教的歷史性與永續性的一些思考》，載《2011年第十屆印順導師思想之理論與實踐學術會議論文集》，第62～63頁。

〔註387〕江燦騰：《從解嚴前到解嚴後——戰後印順導師的人間淨土思想在臺灣的變革、爭辯與分化發展》，載《2009年第八屆印順導師思想之理論與實踐學術會議論文集》，第C14～14頁。

〔註388〕溫金柯著：《繼承與批判印順法師人間佛教思想》，現代禪出版社，2001年，第46頁。

「另一篇論文」，實則就是談到印順人間佛教是治本模式和星雲人間佛教是治標模式的內容。相互的辯論也暴露出印順人間佛教自身存在的問題。最後辯論的結果是，雙方各自仍然堅持自己的觀點。「其後，在佛光山方面，雖然立刻由星雲女徒慈容法師撰文反駁，但如純就佛教義理的思維來說，慈容的觀點是無效的陳述，所以同樣遭到來自邱敏捷針鋒相對地論述強力回擊，因此其最後的發展，也各自仍然堅持原有的觀點，不曾有任何改變。」〔註389〕

　　在大陸，學術界看法基本一致，認為印順人間佛教與星雲人間佛教各有特色。一是模式不同。「徐孫銘、陳芷烽、焦自軍在《海峽兩岸人間佛教改革方向的辯證思考》一書中主張，近現代中國人間佛教改革，主要有四種模式：太虛模式、印順模式、趙樸初模式、星雲模式。太虛對人間佛教理念有開創之功；印順的著名弟子證嚴，致力於慈濟功德事業，將其理念進一步付之實現；趙樸初在中國大陸，對人間佛教改革有其卓越貢獻；星雲開創的佛光山，亦以人間佛教為目標。」〔註390〕也就是說，印順人間佛教是印順模式，星雲人間佛教是星雲模式，二者是不同的。二是定位不同。「何建明：認為在近百年來中國佛教人間佛教運動史中，最令人矚目的莫過於太虛大師、印順法師和星雲法師。太虛大師是現代人間佛教運動的開創者和思想家，印順法師是現代人間佛教運動的推動者和佛學家，而星雲法師是現代人間佛教運動的發展者和實踐家。他們共同構成了近百年來中國佛教復興運動的三大座標，為人間佛教史在現代寫下了最輝煌的篇章。」〔註391〕可以看到，印順法師是作為人間佛教的理論家，而星雲法師則是作為人間佛教的實踐家，其定位是有別的。

二、印順人間佛教與現代禪

　　印順人間佛教與現代禪二者之間互有批判或批評，但批判或批評的性質是不同的，而且更多的體現為現代禪對印順人間佛教的批判繼承。印順法師對於現代禪的批評，作為現代禪重要代表人物溫金柯是這樣看的，他說：「可

〔註389〕江燦騰：《從解嚴前到解嚴後──戰後印順導師的人間淨土思想在臺灣的變革、爭辯與分化發展》，載《2009年第八屆印順導師思想之理論與實踐學術會議論文集》，第C14～14頁。

〔註390〕侯坤宏：《對人間佛教的歷史性與永續性的一些思考》，載《2011年第十屆印順導師思想之理論與實踐學術會議論文集》，第69頁。

〔註391〕侯坤宏：《對人間佛教的歷史性與永續性的一些思考》，載《2011年第十屆印順導師思想之理論與實踐學術會議論文集》，第69頁。

以看到，六年前，我就指出，印順法師的〈《我有明珠一顆》讀後〉對於現代
禪的批評，以及從這些批評所反映的印順法師人間佛教思想本身，充滿了一
些的漏洞、偏頗和矛盾。」〔註392〕由此可以推斷，印順法師對於現代禪的批
評是不能成立的。然而，溫金柯認爲，現代禪對於印順人間佛教是批判的繼
承。他是通過現代禪與印順法師的弟子性廣法師的人間佛教禪法比較而得出
這一結論的。他說：「以現代禪與人間佛教禪法的比較來說，現代禪對印順法
師進行了批判性的繼承，而性廣法師仍然是照著講。」〔註393〕以後，他還更
加明確地指出，現代禪和性廣法師提出的人間佛教禪法的差異，「由於現代禪
和性廣法師提出的人間佛教禪法，同樣都是在印順法師思想的啓發下邁向修
行之路──其差別只在於對印順法師的思想見解，是全盤接受，抑或是批判
的繼承。」〔註394〕也就是說，他所謂的批判的繼承與性廣法師人間佛教禪法
全盤照搬是明顯不同的。

　　現代禪對於印順人間佛教批判的繼承，其內容主要表現在溫金柯重要的
反駁著作《繼承與批判印順人間佛教思想》中。爲了敘述方便，對於這種批
判的繼承，我們可以分兩個部份來談，一是繼承；一是批判。在繼承上，溫
金柯認爲，現代禪繼承吸收了印順人間佛教否定鬼化與神化的內容。他說：「印
順法師反對佛教中鬼化與神化的傾向。這個精神，可以說被現代禪徹底接受，
並進一步發揮。」〔註395〕在批判上，可分爲兩點：一是不重修證；二是淺化
了菩薩道。不重修證，主要是指不重禪定的修習。溫金柯認爲印順人間佛教
不重修證會導致佛教俗化。「但是，如果要在一個修證之道亟待提振的社會，
佛教內部沒有修證者風範的感召、提攜，而印順法師的人間佛教思想在這種
情況下，成爲佛教信仰的主流，這種入世而且不斷煩惱、不修禪定的初階菩
薩道，就會讓佛教越來越傾向於俗化，而終至不可收拾。」〔註396〕其危害是

〔註392〕溫金柯著：《繼承與批判印順法師人間佛教思想》，現代禪出版社，2001年，
　　　　　第51頁。
〔註393〕溫金柯著：《繼承與批判印順法師人間佛教思想》，現代禪出版社，2001年，
　　　　　第43頁。
〔註394〕溫金柯著：《繼承與批判印順法師人間佛教思想》，現代禪出版社，2001年，
　　　　　第32～33頁。
〔註395〕溫金柯著：《繼承與批判印順法師人間佛教思想》，現代禪出版社，2001年，
　　　　　第33～34頁。
〔註396〕溫金柯著：《繼承與批判印順法師人間佛教思想》，現代禪出版社，2001年，
　　　　　第84～85頁。

很嚴重的。他在批判印順人間佛教不重修證的危害後，認爲要想辦法解決這一問題。他說：「回顧二十世紀的佛教，以呂澂居士、印順法師爲代表的佛教新義學的建立，已經爲中國佛教的發展奠定了堅實而良好的基礎。然而他們所奠定的佛教風格，現代性有餘，但是對於修證道的熱情不足，卻也是明顯的問題。這將使漢傳佛教在不斷往現代化發展的同時，也含藏著俗化、淺化的傾向，甚至可能導致佛教面貌的模糊，與根本精神的淪喪。因此，站在關心佛教發展方向的角度來看，我們在繼承與發揚印順法師思想的同時，還要想辦法克服其潛藏的可能危機。」〔註397〕爲此，他指出現代禪要重視禪定的修證，來對治這種現象。他曾分析道：「印順法師提倡的人間佛教以『急求解脫』爲大忌，因此也就不會重視禪定的修習。爲彌補人間佛教，現代禪提出要重視禪定的佛法，以爲對治。」〔註398〕關於印順人間佛教淺化了菩薩道，溫金柯非常明確地表達過這一觀點。他說：「印順法師所建立的人間佛教思想，貶抑修證，淺化了菩薩道。」〔註399〕他還對淺化菩薩道的具體表現、內容、性質、以及影響等進行了較詳細的論述，這裡引用他書中一段較長的文字來說明這一點。他說：「印順法師繼承太虛大師的思想，提出契合時代理性人文思潮的人間佛教，當然是值得讚歎的，然則我們也必須看到，他所提倡的人乘的菩薩道或凡夫的菩薩行，淺化了大乘菩薩道。這種淺化菩薩道的傾向，尤其明顯的表現在他將重視佛法之契證的宗派，如禪宗，批評爲小乘急證精神的復活。精勤斷除三毒乃是佛法的根本精神，對比而加諸小乘的貶抑性的字眼，豈是合宜的？對修證傾向的懷疑與貶抑，正是印順法師的人間佛教所以爲淺化，而不符大乘菩薩道眞精神的根本原因。而淺化的菩薩道，可以說是俗化的佛教的土壤和促進劑，今天台灣佛教界俗化淺化的風氣彌漫，可以說與這樣的人間佛教直接間接的影響不無關聯。」〔註400〕現代禪對於印順人間佛教批判具有一定的代表性，在社會上引起了一些反響。既宣傳了自己的觀點，又獲得了相應的支持。現代禪對於印順人間佛教批判的兩點看法，

〔註397〕溫金柯著：《繼承與批判印順法師人間佛教思想》，現代禪出版社，2001年，第43頁。

〔註398〕李嶷：《印順法師佛學思想研究》，2001年北京大學博士學位論文。

〔註399〕溫金柯著：《繼承與批判印順法師人間佛教思想》，現代禪出版社，2001年，第83頁。

〔註400〕溫金柯著：《繼承與批判印順法師人間佛教思想》，現代禪出版社，2001年，第82～83頁。

在楊惠南教授的書中就有明確的表達。「對印順法師的批判，但卻僅以楊惠南教授在《從印順的人間佛教探討新雨社與現代禪的宗教發展》一文的提要所說的：這兩個臺灣當代新興佛教教派，對人間佛教的批評，主要有兩點：一、人間佛教不曾提供一套具體的修行方法。二、人間佛教所強調的不急求解脫的思想，被視為不關心究極的解脫。」〔註401〕在這裡，溫金柯雖然是引用楊惠南教授書中的敘述，但是可以看到，楊惠南教授已經知道現代禪對於印順人間佛教批判的兩點看法，因此，完全可以視為現代禪已起到宣傳自己觀點的效果。與此同時，現代禪對於印順人間佛教批判還獲得了佛教界的支持。「另外佛教界的如石法師和大陸學者恒毅博士，也對其表示聲援，甚至展開對印順論點的全面批判。」〔註402〕這種支持，實際上進一步加強現代禪對於印順人間佛教批判的自信。溫金柯曾十分肯定地說過：「印順法師作為臺灣佛教最有影響力的思想家，他的貢獻是無可取代的，但是我們在讚歎之餘，也認為他所提倡的人間佛教的人菩薩行無法完全擔當斯責，有加以求全責備的必要。」〔註403〕這充分表明了他對於印順人間佛教批判的自信態度。

三、印順人間佛教與現代佛教

印順人間佛教對現代佛教的理論和實踐都具有重要意義。從佛教史來看，「可以說，印順法師的人間佛教思想，是大乘菩薩行思想在中國的進一步延續和發揚。」〔註404〕印順人間佛教對現代佛教的發展仍然具有重要的指導作用。「當我們思考人間佛教如何永續性發展這一論題時，印順法師及太虛大師的著作，亦即他們所留下來的法身舍利，就具有非常重要的參考價值。」〔註405〕這突出表現在印順人間佛教對現代佛教的理論和實踐的價值上。

在理論上，印順人間佛教的貢獻有這麼三點：一是現代佛教實現現代化

〔註401〕溫金柯著：《繼承與批判印順法師人間佛教思想》，現代禪出版社，2001年，第26頁。

〔註402〕江燦騰：《從解嚴前到解嚴後——戰後印順導師的人間淨土思想在臺灣的變革、爭辯與分化發展》，載《2009年第八屆印順導師思想之理論與實踐學術會議論文集》，第C14～15頁。

〔註403〕溫金柯著：《繼承與批判印順法師人間佛教思想》，現代禪出版社，2001年，第85頁。

〔註404〕李嶷：《印順法師佛學思想研究》，2001年北京大學博士學位論文。

〔註405〕侯坤宏：《對人間佛教的歷史性與永續性的一些思考》，載《2011年第十屆印順導師思想之理論與實踐學術會議論文集》，第73頁。

的重要思想理論。「印順長期致力於佛學研究和教學，其所力倡的人間佛教思想是近代以來中國佛教現代化過程中最為重要的理論資源之一。」〔註406〕可以說，印順人間佛教在理論上對現代佛教實現現代化具有不可忽視的作用。「印順的人間佛教思想，具有響應中國現代化思潮的時代意涵，無疑屬於中國現代化過程中的重要組成部份。換句話說，印順的人間佛教思想，實際上具有了探索傳統佛教實現現代轉換的重要價值。」〔註407〕這也是現代佛教實現現代化的思想理論的重要體現。二是賦予現代佛教現實、倫理關懷。印順人間佛教具有深切的現實人文關懷，「我們認為印順法師所揭示出的人間佛教思想人本與創造的核心特徵，不僅有以人為本的現實關懷，而且具有淨化身心、和諧人類等創造人間淨土的社會改造精神，具有鮮明的倫理特徵。這種思想，不僅體現著佛教現代化的理論思考，也有佛教適應社會的現實訴求。」〔註408〕這種現實人文關懷，具有以人為本和社會改造的基本內容。印順人間佛教在現實關懷的基礎上又賦予倫理特徵，表現出鮮明的倫理關懷。「印順人間佛教思想中對於處世的、青年的、女性的三大特徵的強調，不僅是對漢語系佛教傳統重視男性、年長特點的顛覆，而且也是對中國傳統倫理中重老、重男的批判，彰顯出來的，正是對於個體自由、創造、平等等現代理性精神的積極響應，應該是一種頗具現代意義的倫理關懷。」〔註409〕這種倫理關懷張揚了自由、創造、平等的現代理性精神。三是具有和諧社會、和諧人類的思想。和諧思想是印順人間佛教最顯著的特徵之一。因為「印順論師在人間佛教理論建構上最主要的貢獻之一，就是他把人間佛教的思維，跟龍樹三乘共貫的思想結合在一起。這使得人間佛教成了佛教化解南北對立的重要契機。」〔註410〕可見，印順人間佛教在創建時已融合了大乘佛教化解對立的和諧思想。它對現代佛教可以提供和諧社會的思想資源。「印順『人間佛教』的

〔註406〕譚苑芳：《印順「人間佛教」倫理思想初探》，載《倫理學研究》，2011年，第2期。

〔註407〕劉成有：《印順的人間佛教思想及其倫理價值探析》，載《人間佛教研究》，第1期，香港中文大學出版社，2011年，第132頁。

〔註408〕劉成有：《印順的人間佛教思想及其倫理價值探析》，載《人間佛教研究》，第1期，香港中文大學出版社，2011年，第136頁。

〔註409〕劉成有：《印順的人間佛教思想及其倫理價值探析》，載《人間佛教研究》，第1期，香港中文大學出版社，2011年，第143頁。

〔註410〕游祥洲：《人間佛教與三乘共貫》，載《2012年第十一屆海峽兩岸印順導師思想之理論與實踐學術會議論文集》，第271頁。

倫理學框架具有很強的時代性和社會適應性，是能夠在當代多元化的社會發展過程中提供佛教獨特的和諧社會的思想資源的，例如其對善惡的操作性區分，可以爲佛教信眾樹立良好的榮辱觀；其對於公共生活的審視，也有可能爲現代民主生活培育出一種敬重感。這都是中國社會現代化進程中最爲需要的。」〔註411〕這種和諧社會的思想是現代佛教實現現代化所必需的。和諧社會離不開和諧人類，和諧人類的思想在現代佛教實現現代化中已經發揮著重要的作用。「我們可以發現，印順法師所揭示的人間佛教思想，明顯具有『人本』與『創造』的核心特徵，它不僅有以人爲本的現實關懷，而且還具有淨化身心，和諧人類等創造人間淨土的勇猛精進精神。這種思想，對當代佛教事業的發展，已經發生了重要的影響。」〔註412〕

　　在實踐上，印順人間佛教對現代佛教也產生了很大的作用。具體表現在三個方面：一是回答了現實中所遇到的問題。「印順的人間佛教思想，是漢語系佛教在二十世紀最重要的理論成果。這一理論成果的重要價值，不僅表現在它積極、主動地響應了漢語系佛教適應現代化的問題，回答了梁漱溟對於佛教此時此地此人關懷的詰難，而且還表現爲它對二十世紀中華民族價值觀重建的思考。」〔註413〕如果追根溯源的話，那麼回答這一現實問題也成爲印順人間佛教的來源線索。二是給予現代佛教相關團體有益的啓示。「對於印順法師之思想，對於現今人間佛教團體可能的啓示，此處列出三點，分別是：（一）重視佛教史興衰的經驗；（二）重視全體佛教立場的權衡；及（三）佛教正確知見的強化。」〔註414〕這三點啓示，將有助於現代佛教相關團體開展相應的活動。三是提供具體可行的方法。印順人間佛教很注重修持，並能爲修學者提供具體可行的方法。「尤其他所揭示的凡夫菩薩、菩薩行與印順導師所提倡的人間佛教、人菩薩行之思想相輝映，對發心修學者提供具體可行的方法，具有現代意義。」〔註415〕

〔註411〕譚苑芳：《印順「人間佛教」倫理思想初探》，載《倫理學研究》，2011年，第 2 期。

〔註412〕張斌：《對印順導師人間佛教思想的一點認識》，載《魅力中國》，2009年，總第 98 期。

〔註413〕劉成有：《印順的人間佛教思想及其倫理價值探析》，載《人間佛教研究》，第 1 期，香港中文大學出版社，2011年，第 131 頁。

〔註414〕江燦騰：《當代慈濟宗的建立與臺灣佛教界去印順化新趨勢的辯證發展》，載《2010 年第九屆印順導師思想之理論與實踐論壇》。

〔註415〕呂姝貞：《勸發菩提心集的人菩薩行》，載《2011 年第十屆印順導師思想之理論與實踐學術會議論文集》，第 275 頁。

這也是印順人間佛教對現代佛教在實踐上的價值體現。

　　總的來說，印順人間佛教對現代佛教的理論和實踐都具有重要價值，因此「繼承和發揚印順法師的人間佛教思想，無疑是今後臺灣佛教發展的一條康莊大道。」〔註416〕當然，其他華人圈的佛教也可以借鑒。

　　在肯定印順人間佛教對現代佛教的重要價值同時，不應迴避其所遭遇的一些反對和批評意見。事實上，在「印順的人間佛教提出之後，並沒有獲得廣泛的認同。」〔註417〕甚至遭到了反對。「在來臺灣的最初 12 年，印順基本上在吃從大陸帶來的『老本』，在臺灣所立的『新功』除了建道場而外，就是把人間佛教的種子撒在臺灣和東南亞，並引起從大陸到臺灣的長老僧伽的反對，……」〔註418〕這些反對勢力是中國所謂正統佛教流派的代表。印順人間佛教會受到中國正統佛教流派的反對，其實也是在意料之中的。「大陸學者魏德東雖然肯定印順人間佛教思想是漢傳佛教現代化進程中的重要篇章，但他卻認為，印順人間佛教思想注定受到中國正統佛教流派的冷落。」〔註419〕可以說，這是現代佛教內部矛盾的客觀反映。除了內部的反對，還有來自外部的批評。批評主要有兩個方面：一方面是批評印順人間佛教自相矛盾。「由於傳統大乘思想事實上被顛覆，釋印順唯許可『佛法（根本佛法）』或者說傳統意義上的小乘符合『人間佛教』的標準。但此舉卻暴露出他的思想的不可調和的內在矛盾。一方面，如果據實依於釋印順的『人間佛教』思想，小乘佛教不可能被挑選而為真正之佛教。因為小乘承諾的是成就阿羅漢之道，而非成就佛陀之道，直接與其『人間佛教』提倡成佛之道相矛盾。這樣，一切傳統佛教（不論小乘、大乘）將皆非正法，將皆應遭到否定。另一方面，如果斷定唯小乘是正法，亦基於前述原因，他的『人間佛教』思想就要被否定。」〔註420〕從這裡可以看到，印順人間佛教自相矛盾是由於把印順人間佛教理解為小乘，而否定大乘所引起的。這種看法，在同一篇文章中也有類似的表述。「釋印順的『佛在人間』的佛陀觀直接導致對大乘的否定。在此意義上，他

〔註416〕溫金柯著：《繼承與批判印順法師人間佛教思想》，現代禪出版社，2001 年，第 42 頁。

〔註417〕蒲長春：《印順如來藏思想研究》，2004 年北京大學博士學位論文。

〔註418〕李尚全：《印順思想脈絡論》，《佛學研究》，2005 年，第 14 期。

〔註419〕侯坤宏：《對人間佛教的歷史性與永續性的一些思考》，載《2011 年第十屆印順導師思想之理論與實踐學術會議論文集》，第 73 頁。

〔註420〕周貴華：《釋印順「人間佛教」思想之特質評析》，載《哲學研究》，2006 年，第 11 期。

自己的『人間佛教』提倡即人成佛，亦成無根之說。」〔註421〕針對這種批評，我們也許會問：印順人間佛教否定大乘嗎？在印順法師的所有著作中幾乎不可能找到印順人間佛教否定大乘的依據。現在從我們所論述的印順中觀思想來說，印順法師是極力贊成大乘佛教的，其中觀思想也是大乘佛教的重要內容。因此，這種批評應該說是站不住腳的。另一方面是批評印順人間佛教淺化俗化佛教。對於印順人間佛教，「值得指出的是，印順的這種偏於在家的倫理觀念有淺化俗化佛教的可能，佛教倫理在其引導者（出家眾）道德失範的前提下，甚至會出現全面淪喪的危險。這也是印順人間佛教招致批評之處。」〔註422〕出現這種淺化俗化佛教的批評，也許是對印順人間佛教的人間產生歧義而導致的。因為印順人間佛教令人「『憂慮』」之一就是：人間佛教所說的『人間』不過是世俗社會，而不是佛教中的『人間』——佛教中的『人間』指六道之一，既包括世俗社會，也包括非世俗社會，如荒無人煙的山林。這個擔憂是有一定道理的。因為，如果人間佛教的人間僅僅指世俗社會，顯然就喪失了佛教的超越性和神聖性，有可能淪為世俗化和庸俗化的佛教。但是，印順人間佛教的「人間」實際上是既指六道中的『人間』（人界或人），又指世俗社會，還特別地指勝義的大乘的世間。」〔註423〕

對於現代佛教來說，「人間佛教是 20 世紀中國佛教最可寶貴的智慧結晶。她的內容極其豐富，尤其表現在太虛、印順的著作中，表現在趙樸初眾多的論述裏。」〔註424〕由此可以說，印順人間佛教只是整個人間佛教的一部份，而不能全面代表整個人間佛教。儘管「（印順）人間佛教的理論，雖然言之成理，也只能算作一家之言。」〔註425〕印順人間佛教在現代佛教中所發揮的作用，就需要與其他人間佛教相互取長補短而得以實現。印順人間佛教與趙樸初人間佛教就具有這種相互補充的作用。「太虛的理論建構博大，包容性強，初步奠定了人間佛教的基礎。在此基礎上，印順立『異』，趙樸初趨『同』，

〔註421〕周貴華：《釋印順「人間佛教」思想之特質評析》，載《哲學研究》，2006 年，第 11 期。

〔註422〕譚苑芳：《印順「人間佛教」倫理思想初探》，載《倫理學研究》，2011 年，第 2 期。

〔註423〕蒲長春：《印順如來藏思想研究》，2004 年北京大學博士學位論文。

〔註424〕陳兵、鄧子美著：《二十世紀中國佛教》，民族出版社，2000 年，第 223 頁。

〔註425〕麻天祥：《印順佛學思想解讀》，載《閩南佛學》（第四輯），宗教文化出版社，2005 年，第 373 頁。

他們對整個人間佛教理論建構各有貢獻，而且可相互補充。」〔註 426〕可以看到，這種相互補充體現了「異」與「同」的相結合。從人間佛教思想的形成來說，趙樸初人間佛教思想是對印順人間佛教的繼承和發揚，因此，趙樸初人間佛教在某些方面超越印順人間佛教也是自然的。「黃夏年分析說，趙樸初的人間佛教思想體系，與太虛、印順的人間佛教思想既有繼承關係，也有與之不同的地方。他們的人間佛教思想都具當代性，關注現實，提高佛教徒素質，關心佛教文化的發展。但是趙樸初的人間佛教思想，是在中國社會主義社會這個現實環境下提出的，與太虛和印順所在的社會環境不同。所以趙樸初超越了太虛和印順人間佛教思想，並使人間佛教思想更具可操作性和現實性。」〔註 427〕儘管如此，但是卻不可忽視印順人間佛教對現代佛教的重要價值。因此，在大力倡導人間佛教的旗幟下，「應深入學習領會太虛大師、印順導師和趙樸初等高僧大德關於人間佛教的思想，不宜將人間佛教僅僅作為一句口號，而應作廣泛的講解宣傳和深入的研究。」〔註 428〕也就是說，太虛人生佛教、印順人間佛教、趙樸初人間佛教三者具有同等重要的作用，決不可偏廢任何一方。

〔註 426〕陳兵、鄧子美著：《二十世紀中國佛教》，民族出版社，2000 年，第 217～218 頁。

〔註 427〕侯坤宏：《對人間佛教的歷史性與永續性的一些思考》，載《2011 年第十屆印順導師思想之理論與實踐學術會議論文集》，第 67～68 頁。

〔註 428〕陳星橋：《關於當前佛教界幾個思想理論問題的反思》，載《法音》，2006 年，第 2 期。

主要參考文獻

一、印順法師的著作

1. 印順導師著：《平凡的一生》，正聞出版社，2005 年。
2. 印順著：《我之宗教觀》，正聞出版社，1992 年。
3. 印順著：《中觀今論》，正聞出版社，1992 年。
4. 印順著：《教制教典與教學》，正聞出版社，1992 年。
5. 印順著：《華雨香雲》，正聞出版社，1994 年。
6. 印順著：《人間佛教論集》（贈送版），正聞出版社，2002 年。
7. 黃夏年主編：《印順集》，中國社會科學出版社，1995 年。
8. 印順著：《印度佛教思想》，正聞出版社，1990 年。
9. 印順著：《我之宗教觀》，正聞出版社，1992 年。
10. 印順導師著：《永光集》，正聞出版社，2004 年。
11. 印順著：《無諍之辯》，正聞出版社，1995 年。
12. 印順著：《印度之佛教》，正聞出版社，2004 年。
13. 印順著：《佛教史地考論》，正聞出版社，1992 年。
14. 印順著：《成佛之道》，正聞出版社，1993 年。
15. 印順著：《人間佛教論集》，正聞出版社，1992 年。
16. 印順著：《佛教史地考論》，正聞出版社，1992 年。
17. 印順著：《青年的佛教》，正聞出版社，1992 年。
18. 印順著：《華雨香雲》，正聞出版社，1994 年。
19. 印順講、演培記：《中觀論頌講記》，正聞出版社，1992 年。

20. 印順著：《佛在人間》，正聞出版社，1992 年

21. 印順講、續明記：《中觀今論》，正聞出版社，1992 年。

22. 印順著：《佛法是救世之光》，正聞出版社，1992 年。

23. 印順著：《以佛法研究佛法》，正聞出版社，1992 年。

24. 印順講、妙欽記：《性空學探源》，正聞出版社，1992 年。

25. 印順著：《佛法概論》，正聞出版社，1992 年。

26. 印順著：《空之探究》，正聞出版社，1986 年。

27. 印順著：《學佛三要》，正聞出版社，1994 年。

28. 印順著：《原始佛教聖典之集成》，正聞出版社，2002 年。

29. 印順著：《寶積經講記》，正聞出版社，1992 年。

30. 印順著：《華雨集》，第一冊，南普陀寺慈善事業基金會，2002 年。

31. 印順著：《華雨集》，第二冊，南普陀寺慈善事業基金會，2002 年。

32. 印順著：《華雨集》，第三冊，南普陀寺慈善事業基金會，2002 年。

33. 印順著：《華雨集》，第四冊，南普陀寺慈善事業基金會，2002 年。

34. 印順著：《華雨集》，第五冊，南普陀寺慈善事業基金會，2002 年。

35. 印順講，演培、續明記：《般若經講記》，正聞出版社，1992 年。

36. 印順講，妙峰、常覺記：《藥師經講記》，正聞出版社，1992 年。

37. 印順著：《唯識學探源》，正聞出版社，1992 年。

38. 釋印順著：《菩薩心行要略》，中華書局，2010 年。

39. 印順講，演培、續明記：《勝鬘經講記》，正聞出版社，1991 年。

40. 印順講，演培、續明記：《大乘起信論講記》，正聞出版社，1992 年。

二、研究印順法師的著作

1. 潘煊著：《法影一世紀——印順導師百歲》，天下遠見出版股份有限公司，
   2005 年。

2. 楊惠南著：《當代佛教思想展望》，東大圖書股份有限公司，2006 年。

3. 釋昭慧著：《人間佛教的播種者》，東大圖書股份有限公司，1995 年。

4. 藍吉富編輯：《印順導師的思想與學問——印順導師八十壽慶論文集》，
   正聞出版社，1992 年。

5. 傳道法師主講：《印順導師與人間佛教》，中華佛教百科文獻基金會，2001
   年。

6. 李元松著：《我有明珠一顆》，中國友誼出版公司，1995 年。

7. 宏印法師主編：《印順導師著作導讀篇》，印順文教基金會，2014 年。

8. 《2009 年第八屆印順導師思想之理論與實踐學術會議論文集》。

9. 《2010 年第九屆印順導師思想之理論與實踐論壇》。

10. 《2011 年第十屆印順導師思想之理論與實踐學術會議論文集》。

11. 《2012 年第十一屆海峽兩岸印順導師思想之理論與實踐學術會議論文集》。

12. 《2013 年第十二屆印順導師思想之理論與實踐國際學術會議論文集》。

13. 《2015 年第十三屆印順導師思想之理論與實踐國際學術會議論文集》。

14. 釋厚觀：《印順導師佛學著作述要》，印順文教基金會，2012 年。

15. 陳兵、鄧子美著：《二十世紀中國佛教》，民族出版社，2000 年。

16. 邱敏捷著：《印順導師的佛教思想》，法界出版社，2001 年。

17. 江燦騰著：《人間淨土的追尋——中國近世佛教思想研究》，稻香出版社，1989 年。

18. 郭朋著：《印順佛學思想研究》，中國社會科學出版社，1991 年。

三、研究印順法師的論文

1. 李嶷：《印順法師佛學思想研究》，2001 年北京大學博士學位論文。

2. 莊朋：《印順中觀思想受到宗喀巴與月稱之影響的考察》，載《2014 年東亞佛教思想文化國際研討會論文》。

3. 鄭群輝：《印順及其佛學思想》，載《世界宗教文化》，2005 年，第 2 期。

4. 韓煥忠：《借徑南華入佛智——印順法師與莊子的因緣》，載《弘道》，2013 年，第 2 期。

5. 李樹生：《論印順法師的佛教人本思想》，載《忻州師範學院學報》，2008 年，第 1 期。

6. 羅顥：《印順導師判教理論述要》，載《弘誓院訊》，2002 年，第 68 期。

7. 昭慧法師：《印公導師思想的真義（一）》，載《弘誓院訊》，2002 年，第 68 期。

8. 李宜靜：《二十世紀思想界對中國傳統佛學的批判與抉擇——以太虛印順爲例》，載《社會科學論壇》，2013 年，第 7 期。

9. 蒲長春：《印順如來藏思想研究》，2004 年北京大學博士學位論文。

10. 林建德：《印順及聖嚴如來藏觀點之對比考察》，載《臺大中文學報》，2013 年，第 40 期。

11. 麻天祥：《印順佛學思想解讀》，載《閩南佛學》（第四輯），宗教文化出版社，2005 年。

12. 星雲：《值得尊崇的當代沸學泰斗——永懷印順導師》，載《普門學報》，第 30 期。

13. 釋聖嚴：《印順長老的護教思想與現代社會》，載《中華佛學學報》，1991年，第 4 期。

14. 李思凡、徐弢：《印順對菩薩觀念的源流考》，載《雲夢學刊》，第 33 卷，2012 年，第 2 期。

15. 黃夏年：《印順的人間佛教思想》，載《佛學研究》，2005 年，第 14 期。

16. 周貴華：《釋印順「人間佛教」思想之特質評析》，載《哲學研究》，2006年，第 11 期。

17. 李尚全：《印順思想脈絡論》，載《佛學研究》，2005 年。

18. 劉成有：《印順的人間佛教思想及其倫理價值探析》，載《人間佛教研究》，第 1 期，香港中文大學出版社，2011 年。

19. 慈光禪學研究所整理：《印順長老訪談錄》，載《世界宗教研究》，1999年，第 1 期。

20. 學誠：《〈印順法師佛學著作全集〉出版座談會上的致詞》，載《法音》，2009 年，第 11 期。

21. 海波：《印順與福嚴佛學院關係探源》，載《西北工業大學學報》，2005年，第 3 期。

22. 江燦騰：《當代慈濟宗的建立與臺灣佛教界去印順化新趨勢的辯證發展》，載《2010 年第九屆印順導師思想之理論與實踐論壇》。

23. 李玉珍：《佛教與出版——戰後印順導師的著作與影響》，《2010 年第九屆印順導師思想之理論與實踐論壇》。

24. 聖嚴法師：《佛門星殞　人天哀悼》，載《人生雜誌》，2005 年，第 263期。

25. 譚苑芳：《印順「人間佛教」倫理思想初探》，載《倫理學研究》，2011年，第 2 期。

26. 張斌：《對印順導師人間佛教思想的一點認識》，載《魅力中國》，2009年，總第 98 期。

27. 楊郁文：《人本的佛法與人本爲中心的佛教——論印順導師「人間佛教」之本懷》，載《宗風》，宗教文化出版社，2009 年。

後　記

　　《印順中觀思想及其繹論》完稿，歷時近十年。如果按不同時間段來劃分的話，那麼大致可分爲以下三個階段：

　　首先，是在南京大學攻讀博士學位期間。當時在賴永海教授的悉心指導下，選定了「印順中觀思想研究」爲博士論文題目。經過認眞閱讀印順法師四十餘本著作（達 700 萬餘字），然後提煉概括出印順中觀思想的主要內容和基本特徵，由此延伸到菩薩道精神，並進一步展開其人間佛教的理念。從論文的選題至定稿，洪修平教授、徐小躍教授、楊維中教授、李承貴教授等給予了不少幫助，最終完成近達 15 萬字博士論文。博士論文在答辯會上，受到答辯委員會的各位專家教授的一致好評，充分肯定論文具有較高的學術價值，並給出全票優秀的結果。

　　其次，是在從事國家社科基金項目時期。2012 年，我利用博士論文申報國家社科基金項目，獲得一般項目的立項。2013 年，親赴臺灣收集相關資料，特別注意搜集近五、六年的最新研究成果。集中兩年多的時間進行研究，完成了近達 25 萬字的結項成果。結項成果與當初的博士論文有較大不同：一是在字數上，由博士論文的近 15 萬字增至 24 萬餘字，可以說，增加了近 10 萬字。二是在結構上，由博士論文的四章改爲結項成果的五章。三是在標題上，部份章節目的標題根據內容的變化作了相應的改變。四是在內容上，各章節目都有不同程度的改寫。五是在論證上，增加了一些新資料。結項成果吸收了自博士論文完成後至 2015 年期間的有關研究成果。從學術意義上來說，把握和運用了最新的前沿成果。六是在觀點上，又提出了一些有價值的新見解和新看法。

　　最後，是修訂完善階段。金無足赤。結項成果中仍然存在一些不盡人意的地方，因此，這一階段主要是根據結項成果的鑒定意見進行修訂完善。修訂過程中，工作做得較爲全面仔細，其中，包括文中的個別字句都作了適當的修改。現在擺在大家面前的這本書，就是經過這三個階段而形成的最後成果。

　　學術研究是無止境的。人生幾何，儘管短暫，而且往往身不由己，不得自由自在，這也是人生的逆緣所致。事實上卻相反，人總是希望因緣相順相成，今後能照自己的興趣和本性而生存和工作，朝著自己理想的目標和方向奮鬥，且看到燈塔式的光明照耀，從而從容度過自己的美好時光，發揮出人生本具的眞意義。因此，我覺得，人應順應人生的本性而生存，不管今後的人生之路是多麼曲折和坎坷，我也不會回頭，堅持不懈地走下去。在這裡，我也想借用常爲學者所引用的兩句話：「路漫漫其修遠兮，吾將上下而求索」來表達我此時的心情，並願把它作爲人生的座右銘。